Ravensburger Naturbücher in Farben

Heinz Schröder

Insekten
der Trockengebiete
in Farben

Über 350 Schmetterlinge, Käfer und
andere Kleintiere in Düne, Heide, Trockenrasen

Farbtafeln von Henning Anthon

Hella Paris

Otto Maier Verlag Ravensburg

Die Reihe der »Ravensburger Naturbücher in Farben«
wird herausgegeben von Hans Joachim Conert

Es sind erschienen:

Flora in Farben
Bäume und Sträucher in Farben
Gebirgsflora in Farben
Sommerblumen in Farben
Gartenstauden in Farben
Zimmerpflanzen in Farben
Speisepilze in Farben

Säugetiere in Farben
Insekten auf Feld und Wiese in Farben
Insekten des Waldes in Farben
Lurche und Kriechtiere in Farben

Steine in Farben
Fossilien in Farben

Weitere Bände sind in Vorbereitung,
als nächster erscheint:

Immergrüne Gartensträucher und Nadelbäume in Farben
Sommergrüne Gartengehölze und Rosen in Farben

Textteil © 1974 by Otto Maier Verlag
Tafelteil © 1972 by Politikens Forlag, Kopenhagen

Die Originalausgabe »Hvad finder jeg i Klit og Hede«
ist erschienen im Politikens Forlag A/S, Kopenhagen

Alle Rechte dieser Ausgabe vorbehalten durch
Otto Maier Verlag Ravensburg
Satz und Druck des deutschen Textes: Georg Appl, Wemding
Printed in Denmark und Germany 1974
ISBN 3 473 46117 2

Inhaltsübersicht

Vorwort

An die flachen und sandigen, vom Meer regelmäßig überspülten Küstenstreifen der Nord- und Ostsee schließen sich landeinwärts einige bemerkenswerte Lebensräume an, von menschlichen Einflüssen noch weitgehend unberührt. Gemeint sind hier die weißen Hügel der Küstendünen, die weite Landschaft der Zwergstrauch- und Küstenheiden sowie die einsamen und stillen Moorgebiete. Solche Lebensräume sind indessen keineswegs nur auf den Küstenbereich beschränkt. Uralte Dünen des Binnenlandes haben sich schon während der Eiszeit gebildet, Heiden und Moore kommen außer im Flachland auch in mittleren und selbst in hohen Gebirgslagen vor. Ein großer landschaftlicher Reiz geht von diesen oft so einförmig wirkenden Naturräumen aus, der Biologen und Naturfreunde in seinen Bann schlägt. Auf seinen Streifzügen wird sich dem aufmerksamen Beobachter hier eine Welt kleiner und kleinster Lebewesen auftun, vor allem aus dem Reiche der Insekten. Zum Erkennen und Bestimmen dieser Kleintiere soll unser Buch, das eine reiche Auswahl farbiger Abbildungen aufweist, ein zuverlässiger Führer sein. Damit ergänzt es nicht nur die Bände »Insekten auf Feld und Wiese« sowie »Insekten des Waldes« aus der Reihe der Ravensburger Naturbücher in Farben, vielmehr vermittelt das Buch gleichsam zwischen den beiden genannten und dem Band »Meerestiere am Strand in Farben«.
Auf insgesamt 48 Farbtafeln sind in systematischer Reihenfolge Regenwürmer, Tausendfüßer, Hundertfüßer, Insekten, Spinnentiere und Schnecken dargestellt, einige von ihnen auch im Larvenstadium. Die letzten 3 Tafeln sind der Abbildung einiger besonders auffallender Gallenbildungen vorbehalten, die nicht selten auf Pflanzen trockener Standorte angetroffen werden. Den Tafeln folgt ein ausführlicher Textteil, dessen Beschreibungen die markantesten Merkmale der dargestellten Tiere aufzeigen und einen weitgehenden Überblick über Vorkommen, Verhalten und über sonstige Lebensgewohnheiten vermitteln. Es soll nicht unerwähnt bleiben, daß neben verhältnismäßig leicht und sicher zu bestimmenden, charakteristischen Arten auch solche abgebildet und behandelt sind, die sich äußerlich kaum oder überhaupt nicht voneinander unterscheiden. Diese Tiere einwandfrei zu determinieren, wird nur dem Spezialisten gelingen. Der Benutzer des Buches wird sich in solchen kritischen Fällen mit der Feststellung der Gattungszugehörigkeit eines aufgefundenen Tieres zufriedengeben. Des weiteren sei die Tatsache vermerkt, daß es für viele der in diesem Buch behandelten Tier-Arten keinen deutschen, das heißt volkstümlichen Namen gibt. In solchen Fällen ist denn auch nur die wissenschaftliche Bezeichnung des betreffenden Tieres (lateinischer Gattungs- und Artname) angegeben. Die Kenntnis des lateinischen Namens ist für den zoologisch interessierten Leser ohnehin empfehlenswert. Für diesen Leserkreis sind den Art-Beschreibungen noch die Familiennamen sowie die Namen der Ordnungen, Klassen und Stämme, der systematischen Einheiten oder Kategorien also, vorangestellt. Ferner machen kurze Texte den Benutzer des Buches mit den Besonderheiten der Ordnungen und Klassen bekannt.
Leif Lyneborg hat für die dänische Ausgabe dieses Buches die Tiere und Pflanzen ausgewählt, die von Henning Anthon mit großem Einfühlungsvermögen gemalt worden sind. Der Text für die vorliegende deutsche Ausgabe wurde dagegen völlig neu verfaßt in der Hoffnung, daß damit die Kenntnis unserer heimischen Tierwelt vertieft oder aber die bloße Freude am Beobachten geweckt wird.

Rembrücken, im März 1974   Heinz Schröder

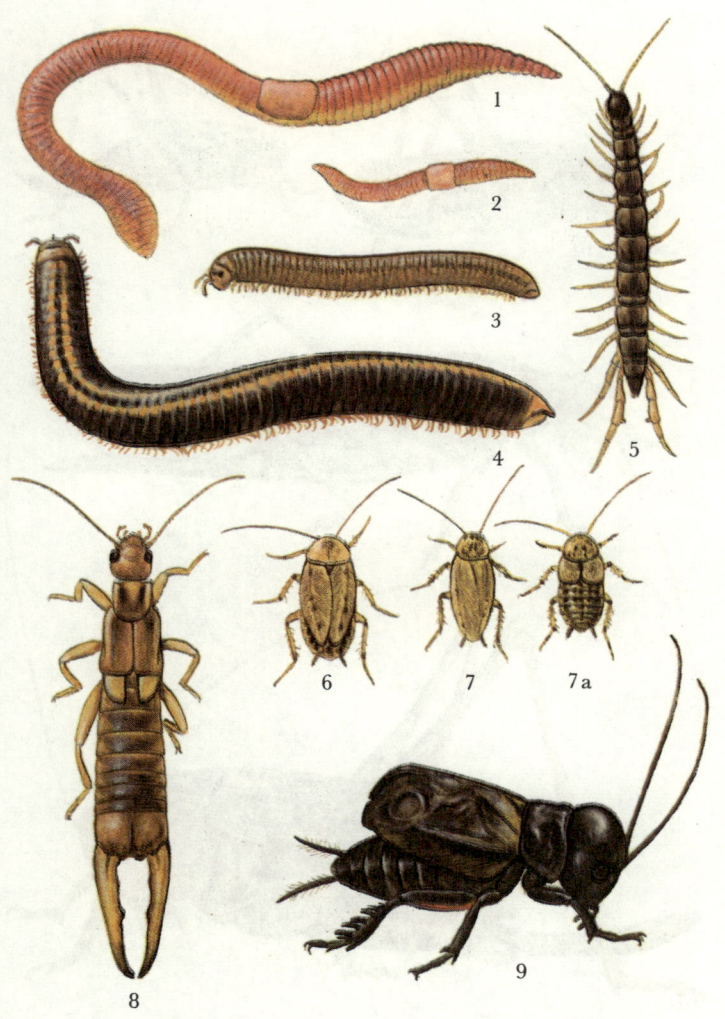

1. Roter Waldregenwurm *Lumbrícus rubéllus* 2. Kupferroter Laubregenwurm
Dendrobáena octaédra 3. *Cylindroíulus latestriátus* 4. Sandschnurfüßer *Schizophýllum sabulósum* 5. *Lithóbius calcarátus* 6. Lappländische Waldschabe *Ectóbius lappónicus* 7. Sand-Waldschabe *Ectóbius pánzeri*, Männchen 7a Weibchen
8. Sandohrwurm *Labidúra ripária* 9. Feldgrille *Grýllus campéstris*, zirpendes
Männchen

6

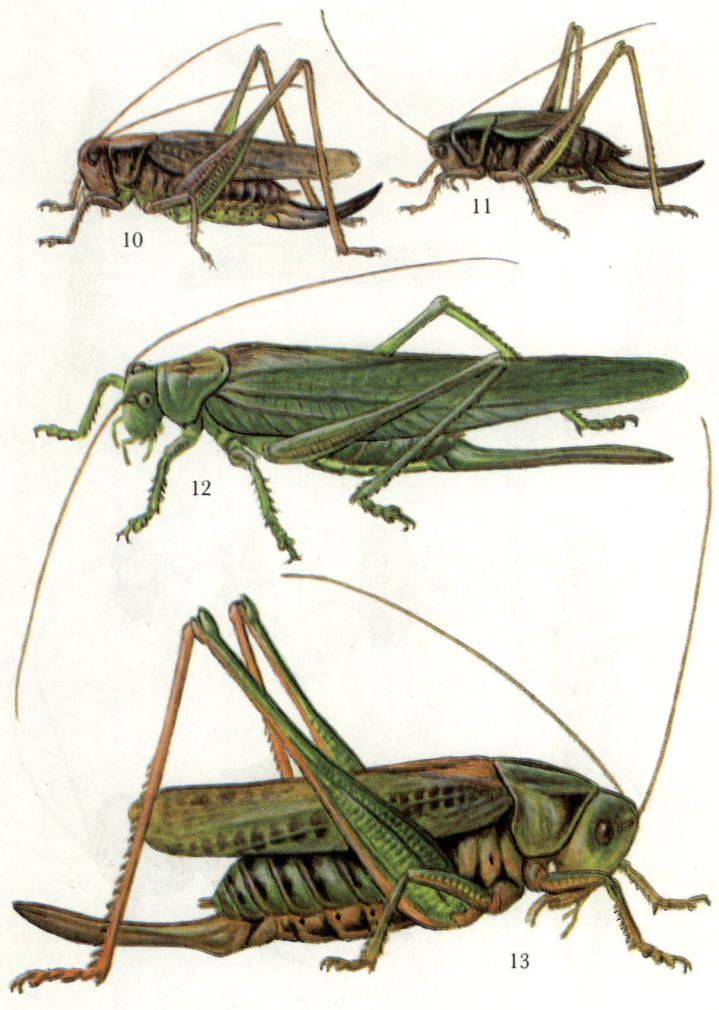

10. Westliche Beißschrecke *Platýcleis denticuláta* 11. Kurzflügel-Beißschrecke *Metrióptera brachýptera* 12. Großes Heupferd *Tettigónia viridíssima* 13. Warzenbeißer *Décticus verrucívorus*

14. Schönschrecke *Callíptamus itálicus* 15. Schnarrschrecke *Psóphus strídulus*
16. Gefleckte Schnarrschrecke *Bryódema tuberculáta*

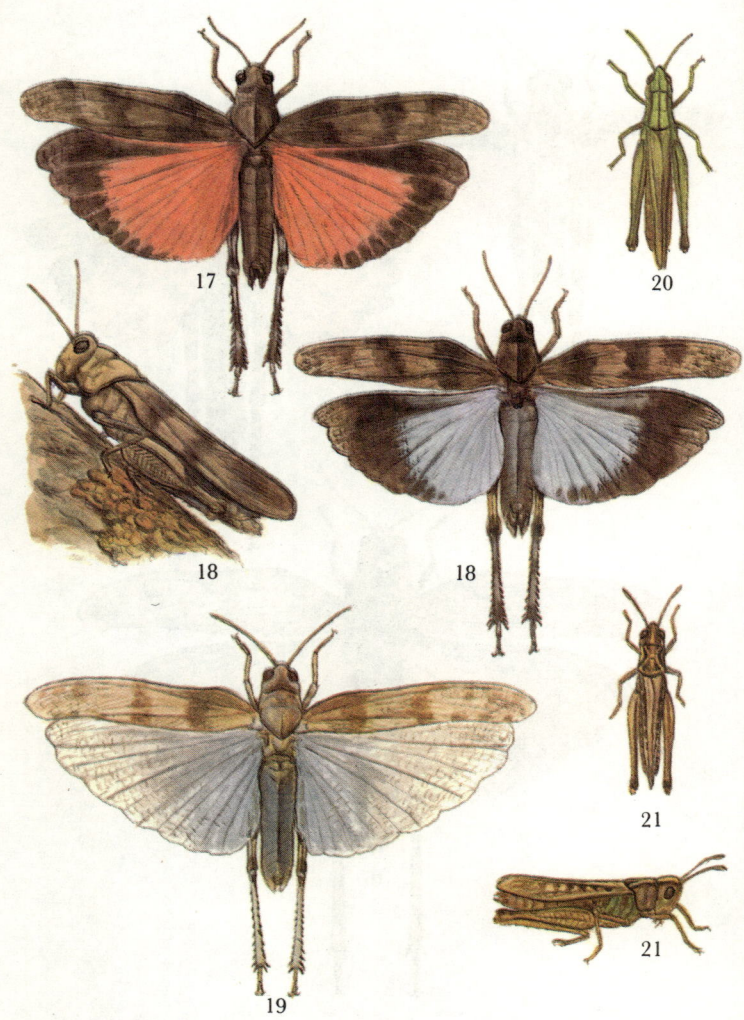

17. Rotflügelige Ödlandschrecke *Oedípoda germánica* 18. Blauflügelige Ödlandschrecke *Oedípoda caeruléscens* 19. Blauflügelige Sandschrecke *Sphingonótus cáerulans* 20. *Chorthíppus albomarginátus* 21. Gefleckte Keulenschrecke *Myrmeleotéttix maculátus*

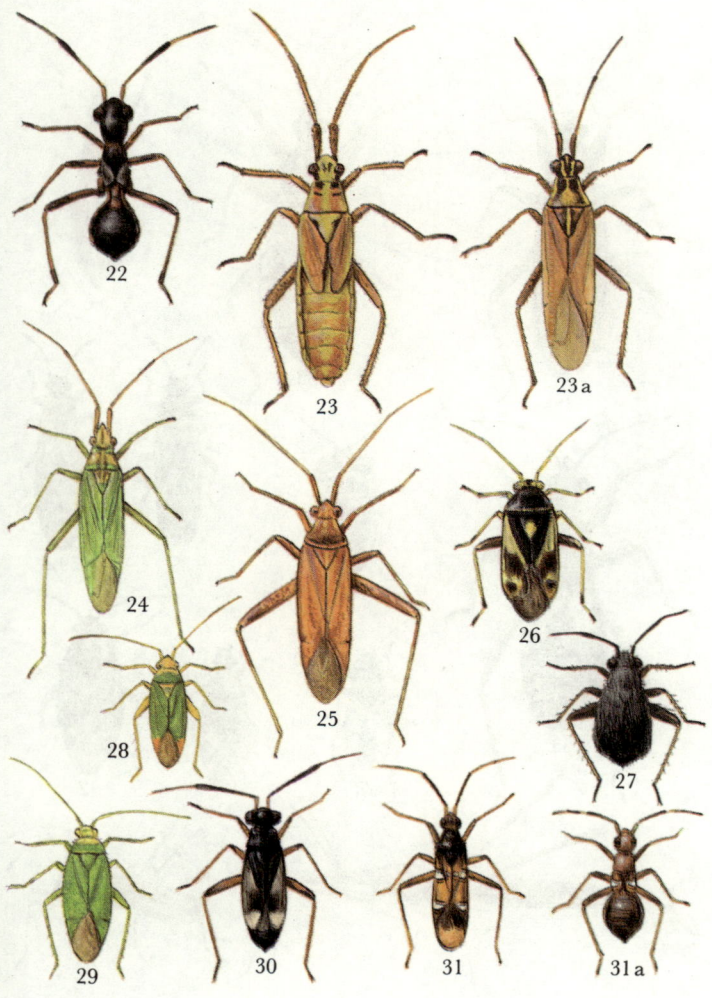

22. Ameisenwanze *Myrmécoris grácilis* 23. *Leptoptérna ferrugáta* 24. *Trigonotýlus élymi* 25. *Phytócoris váripes* 26. *Polýmerus brevicórnis* 27. *Orthocéphalus saltátor* 28. *Orthótylus ericetórum* 29. *Orthótylus viréscens* 30. *Glóbiceps fulvicóllis cruciátus* 31. *Systellonótus triguttátus*, Männchen 31a Weibchen

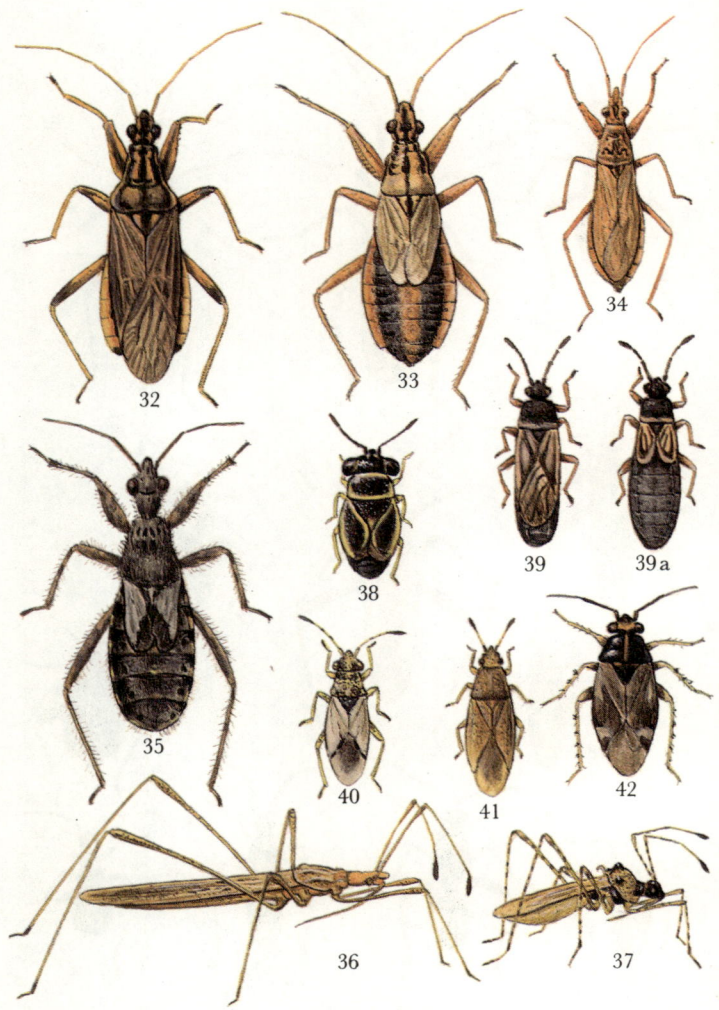

32. Große Sichelwanze *Nábis májor* 33. Gelbstreifen-Sichelwanze *Nábis flavo-marginátus* 34. *Nábis rugósus* 35. *Córanus subápterus* 36. Große Stelzenwanze *Neídes tipulárius* 37. *Gampsócoris púnctipes* 38. Grillenwanze *Geócoris grylloídes* 39. *Ischnodémus sabuléti* 39a kurzflügelige Form 40. *Nýsius thými* 41. *Cýmus glandícolor* 42. *Monosynámma bohemáni*

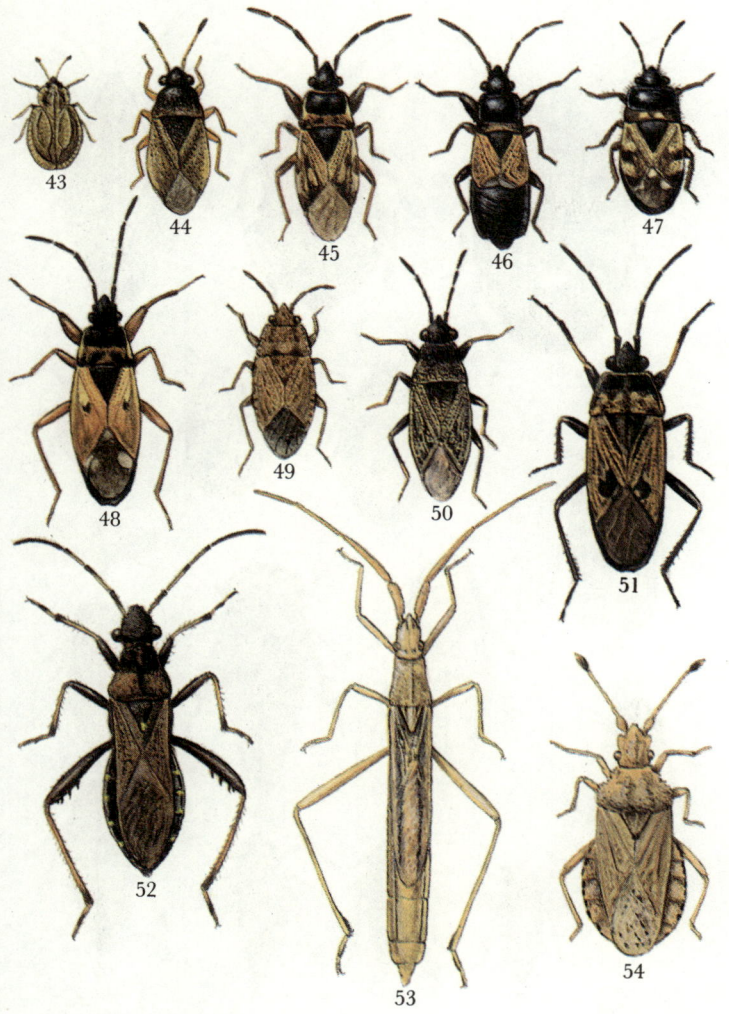

43. *Acalýpta párvula* 44. *Stygnócoris pedéstris* 45. *Scolopostéthus decorátus* 46. *Macrodéma micrópterum* 47. *Pionosómus várius* 48. *Eremócoris abiétis* 49. *Gonianótus marginepunctátus* 50. *Peritréchus geniculátus* 51. *Rhyparochrómus píni* 52. *Alydus calcarátus* 53. *Chorosóma schillíngi* 54. *Arenócoris falléni*

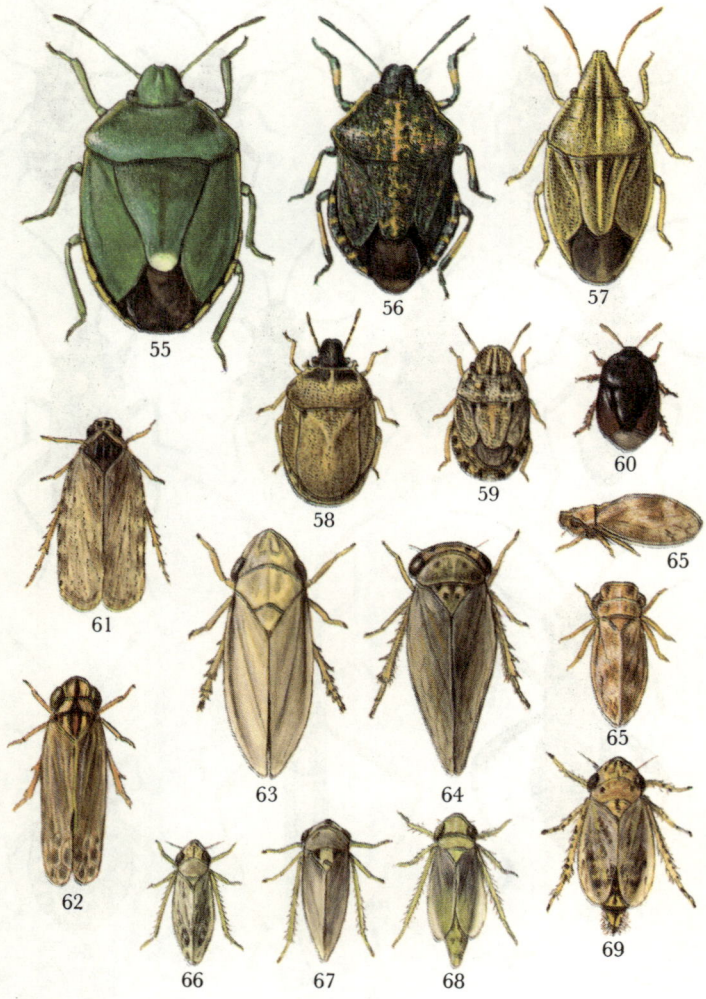

55. Wacholder-Baumwanze *Pitédia juniperína* 56. *Rhacognáthus punctátus*
57. Spitzling *Áelia acumináta* 58. *Pódops inúncta* 59. *Sciócoris cúrsitans* 60.
Legnótus pícipes 61. *Cíxius símilis* 62. *Ommatidiótus dissímilis* 63. *Neophi-
láenus lineátus* 64. *Idiócerus liturátus* 65. *Ulópa reticuláta* 66. *Doratúra exílis*
67. *Macrópsis impúra* 68. *Mocuéllus collínus* 69. *Euscélis plebéjus*

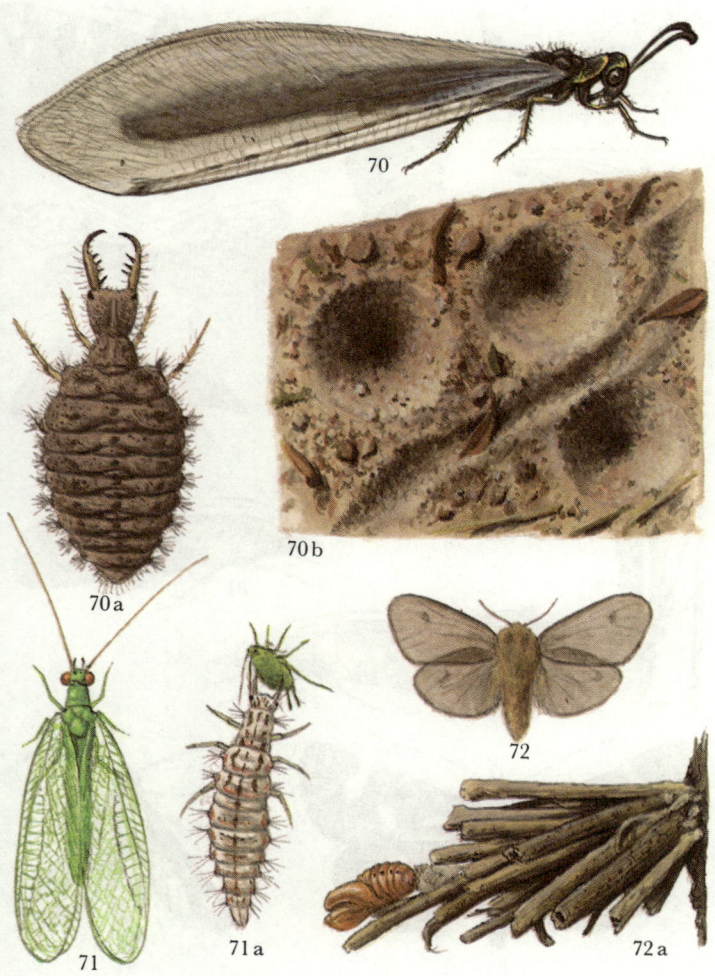

70. Gemeine Ameisenjungfer *Myrméleon formicárius*   70a Larve (Ameisenlöwe)
70b Fangtrichter 71. Goldauge *Chrysópa abbreviáta* 71a Larve beim Aussaugen einer Blattlaus 72. Zottiger Sackträger *Pachythélia villosélla*, Männchen
72a Larvensack mit leerer Puppenhülle

14

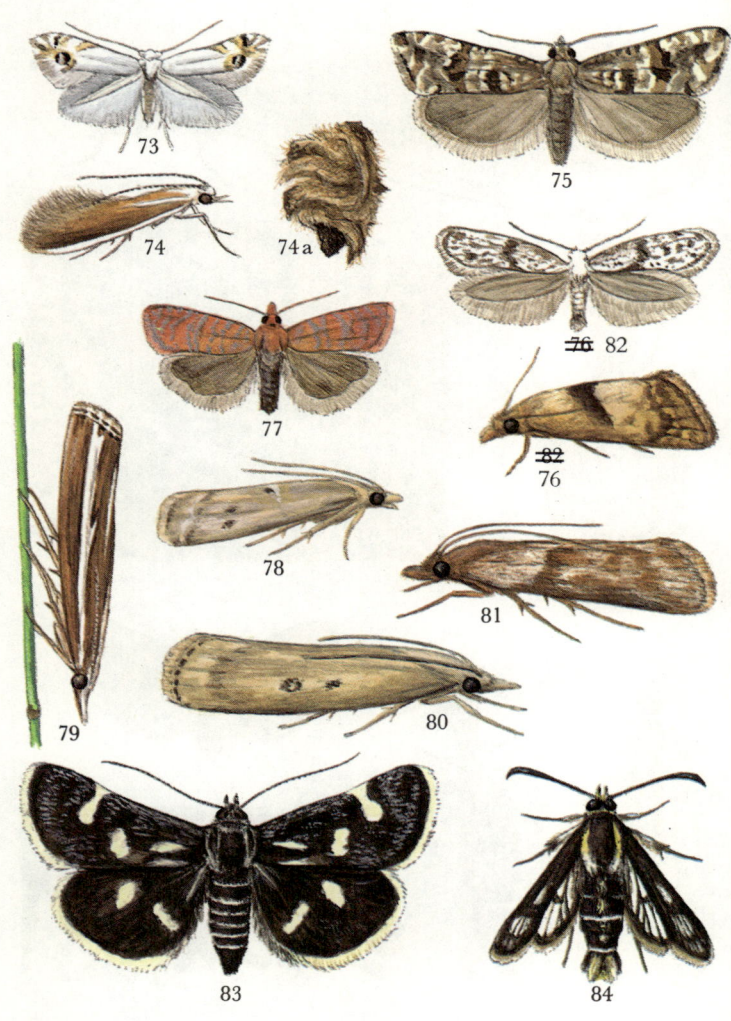

73. *Leucóptera spartifoliélla* 74. *Coleóphora bilineatélla* 74a Raupensack 75. *Lobésia littorális* 76. *Stenódes hilarána* 77. *Argyróploce arbutélla* 78. *Gymnáncyla canélla* 79. *Catóptria fulgidélla* 80. *Melissobláptes zélleri* 81. *Selágia spadicélla* 82. *Swammerdámia conspersélla* 83. *Titánio pollinális* 84. *Chamaesphécia muscaefórmis*

85. *Thálera fimbriális* 86. Rotbandspanner *Rhodostróphia vibicária* 86a Farbvariante 87. Purpurspanner *Lýthria purpuráta* 88. Breitbandspanner *Scotópteryx plumbária* 89. *Eupithécia nanáta* 90. *Percónia strigillária* 91. *Semiothísa
carbonária* 92. *Selidoséma brunneária* 93. Heidespanner *Ematúrga atomária*,
Weibchen 93a Männchen 94. *Gnóphos obscuráta* 95. Herbst-Ginsterspanner
Chésias legatélla

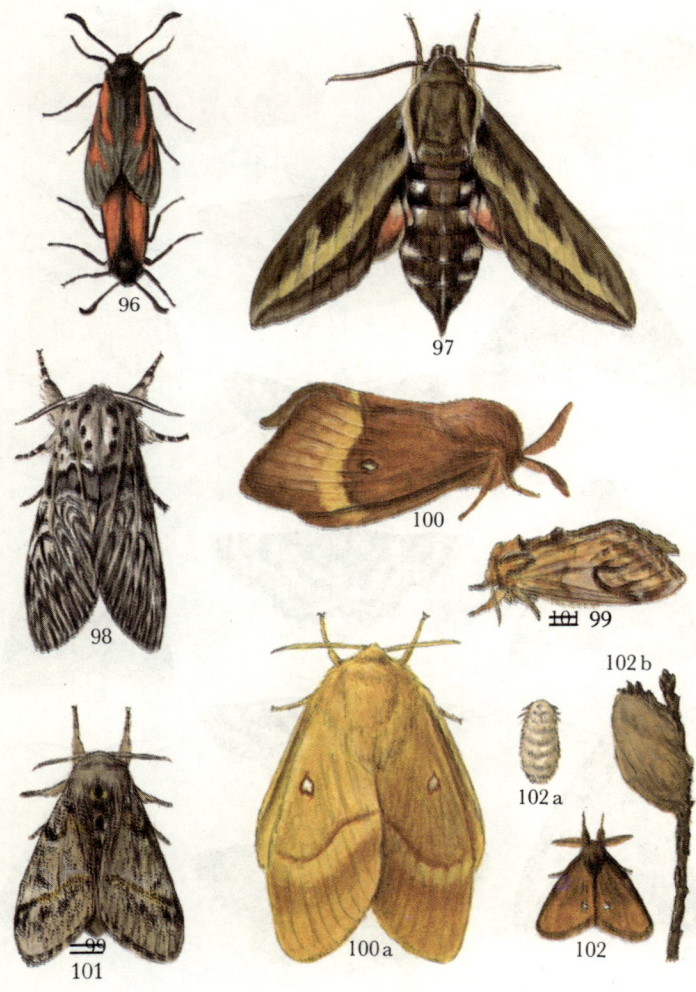

96. *Zygáena pupurális* 97. Labkrautschwärmer *Celério gállii* 98. Großer Gabelschwanz *Cerúra vínula* 99. Zickzackspinner *Notodónta zíczac* 100. Eichenspinner *Lasiocámpa quércus*, Männchen 100a Weibchen 101. *Dasychíra fascelína* 102. *Orgýia erícae*, Männchen 102a Weibchen 102b Kokon

103

103a

104   105   106

107   107a   108

103. Kleines Nachtpfauenauge *Éudia pavónia*, Männchen   103a Weibchen
104. Kiefernsaateule *Scótia vestigiális*   105. *Lycophótia porphýrea*   106. Heidekrauteulchen *Anárta myrtílli*   107. *Mesolígia literósa*, Farbvariante   107a typische
Form   108. *Mythímna littorális*

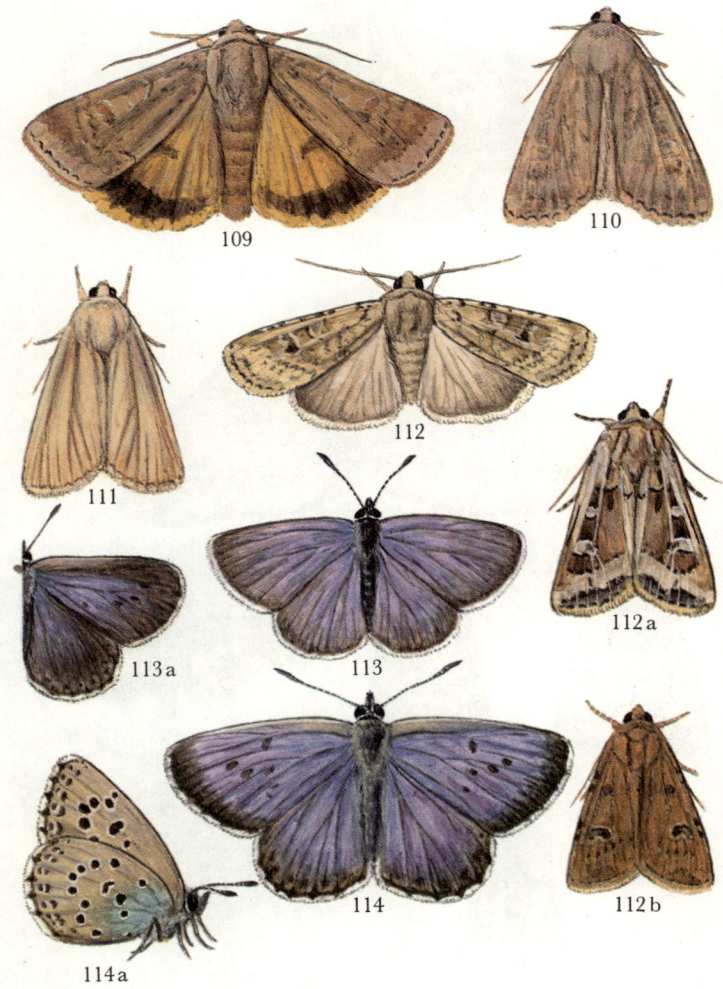

109. *Nóctua cómes* 110. *Apaméa ánceps* 111. Strandhafereule *Photédes élymi* 112. *Euxoa cursória* 112a Farbvariante 112b Farbvariante 113. Kleiner Moorbläuling *Maculínea álcon*, Männchen 113a Weibchen 114. Schwarzgefleckter Bläuling *Maculínea aríon* 114a Unterseite

115

115a

117

117a

116a

118

116

115. Stiefmütterchen–Perlmutterfalter *Fabriciána níobe* 115a Unterseite 116. Kleiner Perlmutterfalter *Issória lathónia* 116a Unterseite 117. Ockerbindiger Samtfalter *Hippárchia sémele*, Weibchen 117a Männchen 118. Mauerfuchs *Lasiómmata megéra*

119. *Eupithécia nanáta*   120. Heidespanner *Ematúrga atomária*   121. Heidekraut-eulchen *Anárta myrtílli*   122. Labkrautschwärmer *Celério gállii*   123. Großer Gabelschwanz *Cerúra vínula*   124. *Dasychíra fascelína*   125. *Orgýia erícae*

126a 126 127

128

128b 128a 129

126. Eichenspinner *Lasiocámpa quércus* 126a Kokon 127. Zickzackspinner *Notodónta zíczac* 128. Kleines Nachtpfauenauge *Éudia pavónia* 128a Raupe nach der 1. Häutung 128b Kokon 129. Ockerbindiger Samtfalter *Hippárchia sémele*

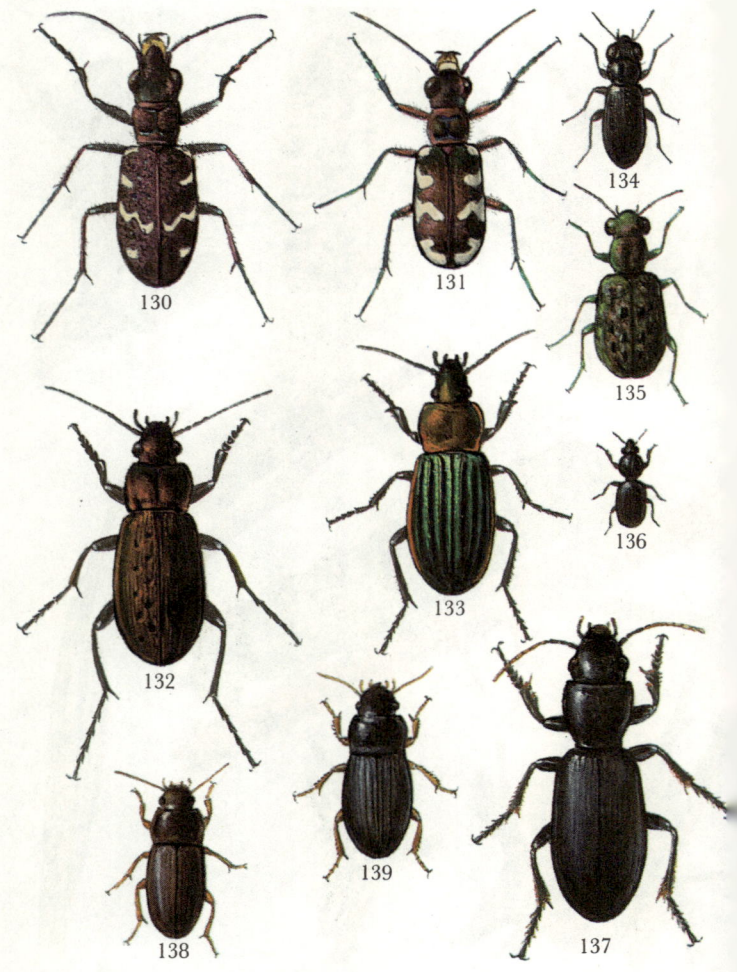

130. Wald-Sandlaufkäfer *Cicindéla silvática* 131. Dünen-Sandlaufkäfer *Cicindéla hýbrida* 132. Hügel-Laufkäfer *Cárabus arcénsis* 133. Heide-Laufkäfer *Cárabus nítens* 134. Eilkäfer *Notióphilus aquáticus* 135. Raschkäfer *Élaphrus ripárius* 136. Handkäfer *Dyschírius obscúrus* 137. Großkopf *Bróscus cephalótes* 138. Schnelläufer *Hárpalus smaragdínus* 139. *Hárpalus rubripés*

140. *Bradycéllus harpalínus* 141. Kanalkäfer *Amára spréta* 142. *Amára bífrons*
143. Kreiselkäfer *Cálathus móllis* 144. Rennkäfer *Drómius lineáris* 145. *Sýntomus truncatéllus* 146. Listkäfer *Póecilus punctulátus* 147. *Blédius arenárius*
148. *Sténus geniculátus* 149. *Philónthus várians* 150. Graubindiger Raubkäfer
Creóphilus maxillósus 151. Stinkender Raubkäfer *Ócypus ólens*

152. Totengräber *Necróphorus fóssor* 153. *Saprínus semistriátus* 154. *Maláchius víridis* 155. Blauer Kolbenkäfer *Necróbia violácea* 156. Erzfarbener Schnellkäfer *Corymbítes aéneus* 157. Mausgrauer Schnellkäfer *Lácon murínus* 158. *Hypnoídus pulchéllus* 159. *Derméstes laniárius* 160. *Orthócerus clavicórnis* 161. *Heterócerus fúsculus* 162. Gewöhnlicher Pillenkäfer *Býrrhus pílula*

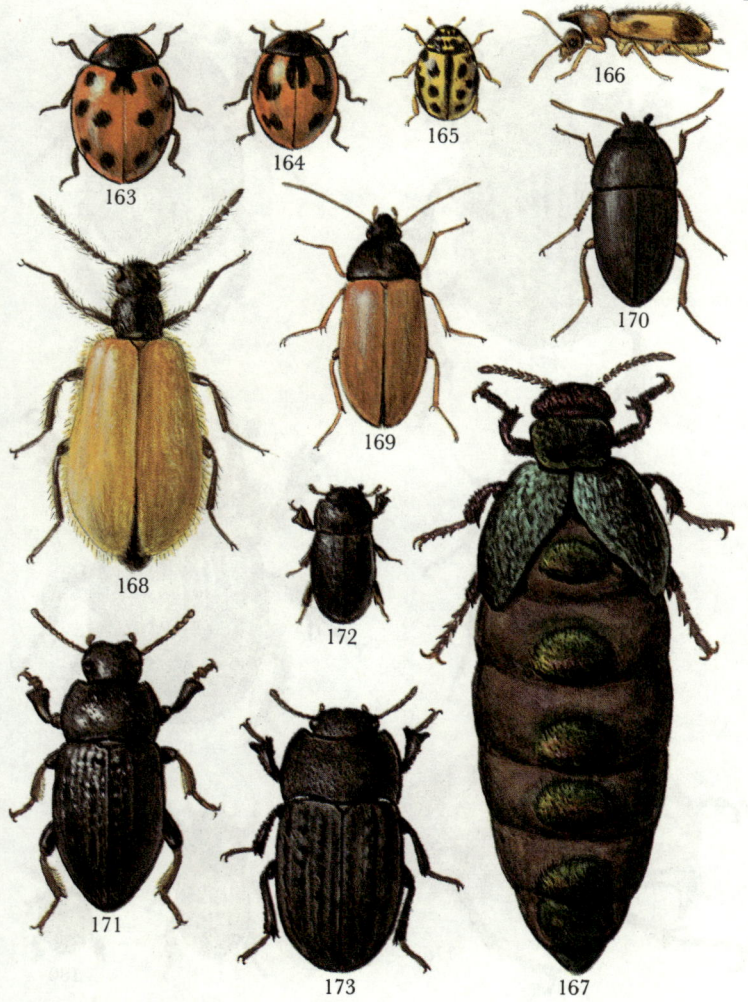

163. Elfpunkt-Marienkäfer *Coccinélla undecimpunctáta* 164. *Coccinélla hieroglýphica* 165. Sechzehnpunkt-Marienkäfer *Tyttháspis sedecimpunctáta* 166. *Notóxus monóceros* 167. Ölkäfer *Méloe variegátus* 168. Rauhhaariger Wollkäfer *Lágria hírta* 169. *Isomíra murína* 170. *Crýpticus quisquílius* 171. *Phýlan gíbbus* 172. *Melánimon tibiális* 173. Staubkäfer *Ópatrum sabulósum*

26

174. Mondhornkäfer *Cópris lunáris*   175. Frühlings-Mistkäfer *Geotrúpes vernális*
176. Stierkäfer *Typhóeus typhóeus*   177. Julikäfer *Anómala dúbia*   178. Waldmaikäfer *Melolóntha hippocástani*   179. Dungkäfer *Aphódius főetens*   180. *Aegiália arenária*

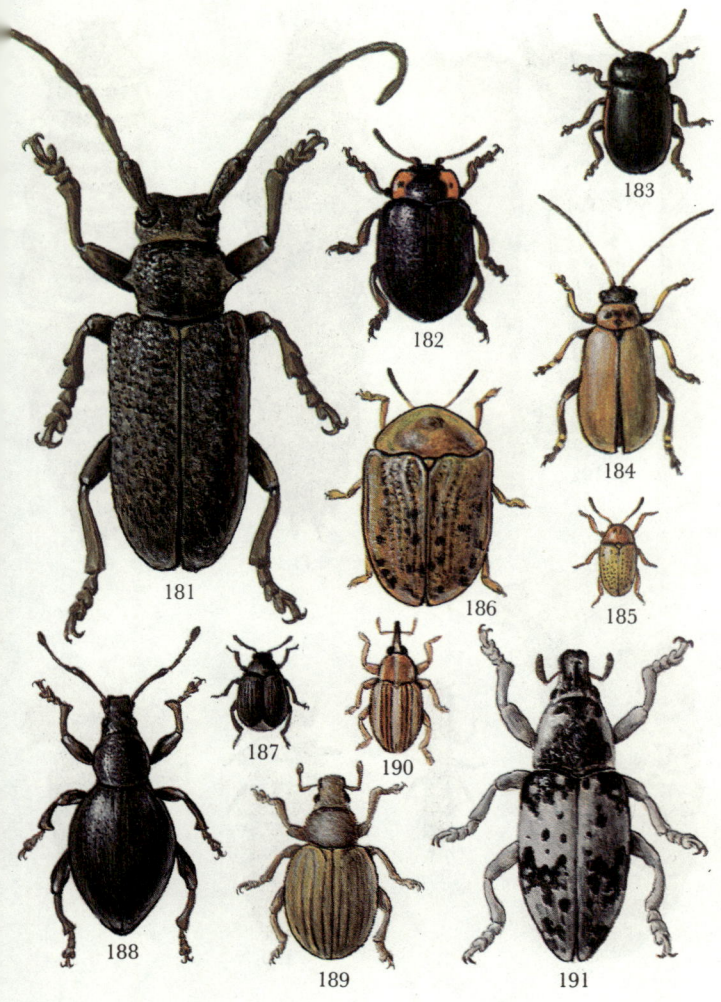

181. Weberbock *Lámia téxtor*   182. *Melasóma colláris*   183. *Chrysoméla análison*
184. Heide-Blattkäfer *Lochmáea suturális*   185. *Cryptocéphalus fúlvus*   186. Nebliger Schildkäfer *Cássida nebulósa*   187. *Bruchídius fasciátus*   188. Otiorrhýnchus
atroápterus   189. Gestreifter Sandgraurüßler *Philópedon plagiátus*   190. *Týchius
venústus*   191. Gänsefußgallenrüßler *Chromóderus fasciátus*

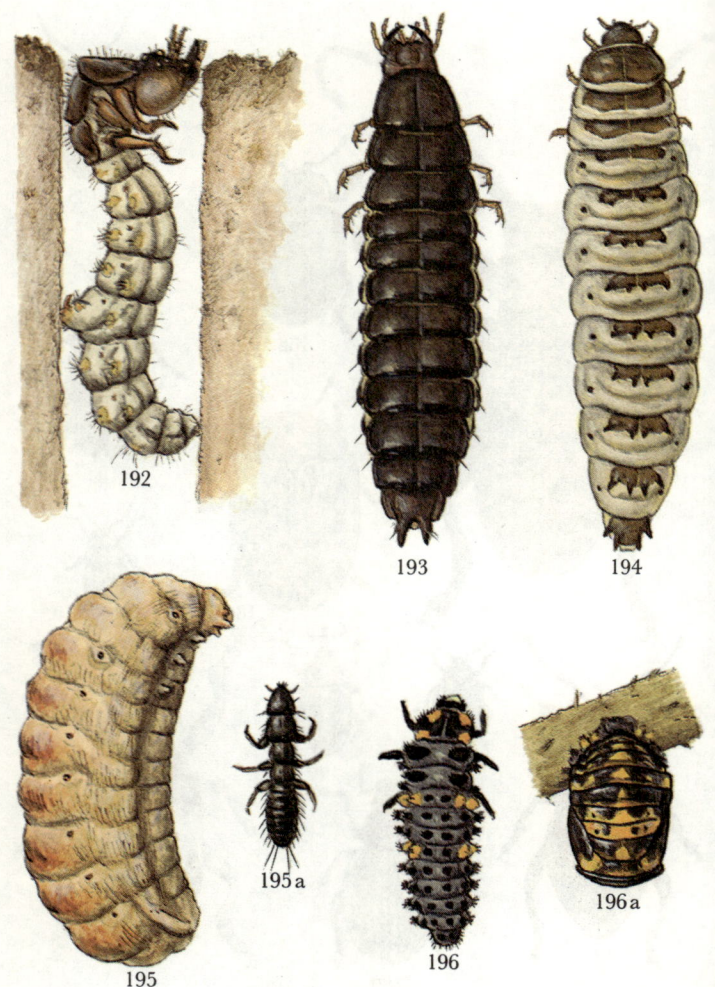

192. Dünen-Sandlaufkäfer *Cicindéla hýbrida* 193. Laufkäfer *Cárabus* species
194. Totengräber *Necróphorus fóssor* 195. Ölkäfer *Méloe variegátus* 195a
Triungulinus–Larve 196. Marienkäfer *Coccinélla* species 196a Puppe

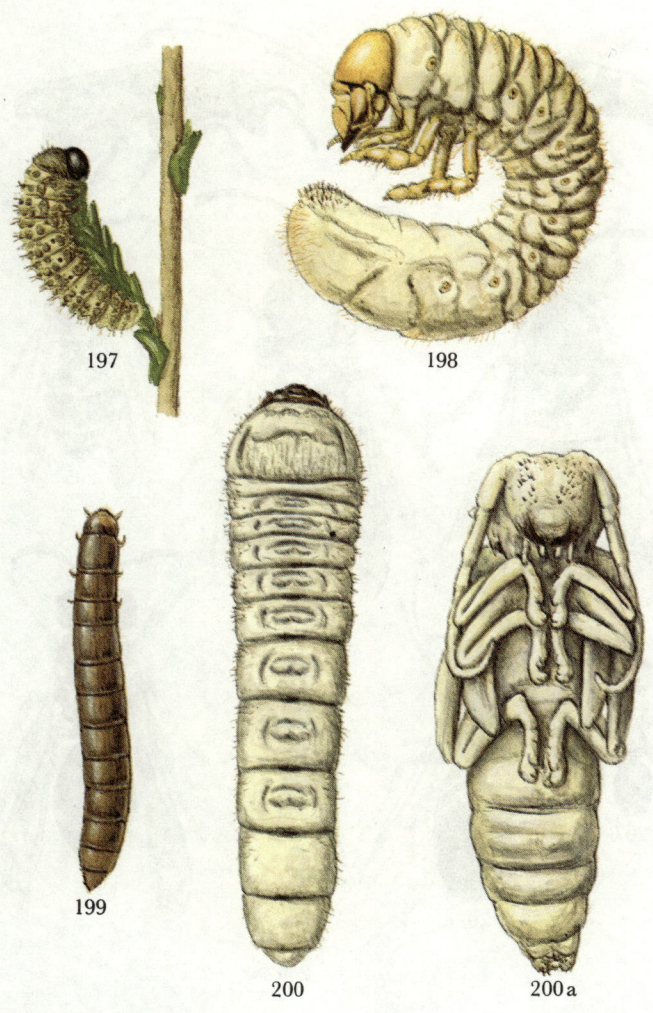

197. Heide-Blattkäfer *Lochmáea suturális* 198. Julikäfer *Anómala dúbia* 199.
Staubkäfer *Ópatrum sabulósum* 200. Weberbock *Lámia téxtor* 200a Puppe

201. *Bánchus compréssus*   202. *Hedýchrum nóbile*   203. Rote Wespe *Paravéspula rúfa*   204. Pillenwespe *Euménes pedunculátus*   205. *Nannopteróchilus phalerátus* 206. *Oplómerus spínipes*   207. Rotbärtige Hilfsameise *Formíca rufibárbis* Arbeiterin   207a Weibchen (Königin)   208. Schwarzgraue Hilfsameise *Formíca fúsca*   209. Schwarzgraue Wegameise *Lásius níger*

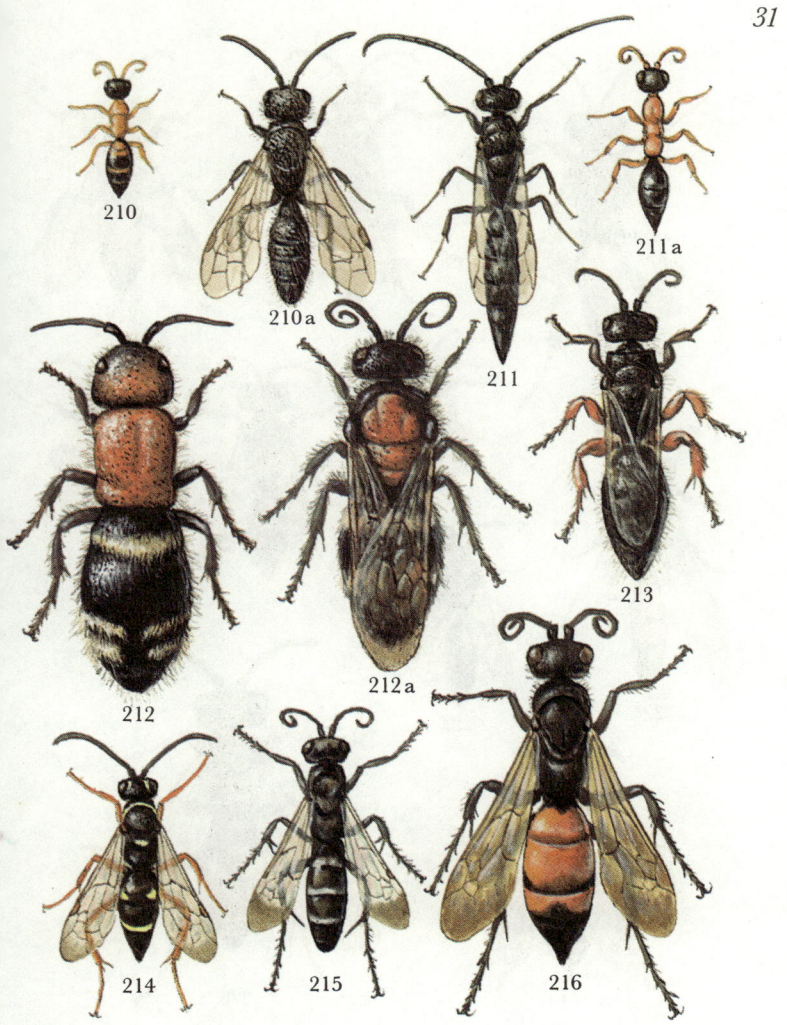

210. *Myrmósa melanocéphala*, Weibchen   210a Männchen   211. *Methóca ich-neumonídes*, Männchen   211a Weibchen   212. Europäische Ameisenwespe *Mutílla europáea*, Weibchen   212a Männchen   213. Rotschenklige Rollwespe *Típhia femoráta*   214. *Cerópales maculátus*   215. Bleigraue Wegwespe *Pómpilus plumbeus*   216. Rotbraune Bürstenwegwespe *Pómpilus fúscus*

217. *Astáta stígma* 218. *Miscóphus áter* 219. *Táchysphex ibéricus boreális* 220. *Táchysphex pompilifórmis* 221. *Psen equéstris* 222. *Psénulus pállipes* 223. *Diodóntus trístis* 224. *Passalóecus insígnis* 225. *Nýsson maculátus* 226. *Nýsson spinósus*

227. Gemeine Sandwespe *Ammóphila sabulósa* 228. Kurzstiel-Sandwespe *Podalónia viática* 229. *Argogorýtes mystáceus* 230. Bienenwolf *Philánthus triángulum* 231. Kotwespe *Mellínus arvénsis* 232. Sandknotenwespe *Cérceris arenária* 233. Kreiselwespe *Bémbix rostráta*

234. *Lindénius albilábris*   235. *Entomognáthus brévis*   236. *Crossócerus wesmáeli*
237. *Crossócerus quadrimaculátus*   238. *Crábro cribrárius*, Weibchen   238a Männchen   239. *Ectémnius contínuus*   240. *Ectémnius cávifrons*   241. Fliegenspießwespe *Oxýbelus uniglúmis*   242. *Oxýbelus lineátus*

243. Maskenbiene *Hyláeus confúsa* 244. Seidenbiene *Collétes succínctus* 245.
Furchenbiene *Halíctus tumulórum*, Männchen 245a Weibchen 246. *Epéolus
variegátus* 247. Blattschneiderbiene *Megachíle argentáta* 248. Blattschneiderbiene *Megachíle circumcíncta* 249. Mauerbiene *Osmia marítima* 250. Kegelbiene
Coelióxys elongáta 251. Buckelbiene *Sphecódes pellúcidus*

252. Wespenbiene *Nomáda flavopícta* 253. Wespenbiene *Nomáda rúfipes* 254. Trugbiene *Panúrgus banksiánus* 255. Sandbiene *Andréna vága* 256. Sandbiene *Andréna fúscipes* 257. Sandbiene *Andréna hattorfiána* 258. Hosenbiene *Dasýpoda hírtipes* 259. Veränderliche Hummel *Bómbus variábilis* 260. Heidehummel *Bómbus jonéllus*

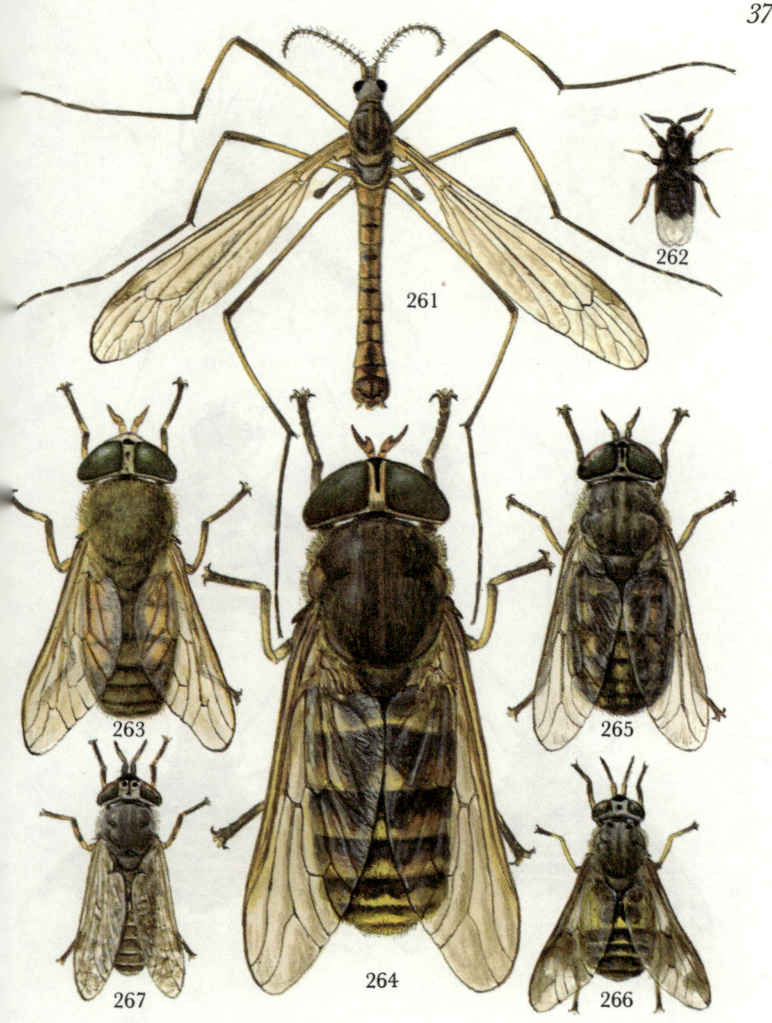

261. *Típula juncéa* 262. *Aspístes berolinénsis* 263. *Atylótus rústicus* 264. *Tabá-nus sudéticus* 265. *Hybomítra montána* 266. *Chrýsops relíctus* 267. Regen-bremse *Haematopóta pluviális*

268. Schnepfenfliege *Rhágio tringárius* 269. Kleinschweber *Phthíria pulicária* 270. Großer Wollschweber *Bombýlius májor* 271. *Systóechus sulphúreus* 272. *Thyridánthrax fenestrátus* 273. Trauerschweber *Anthrax ánthrax* 274. Gemeiner Trauerschweber *Hemipénthes mório*

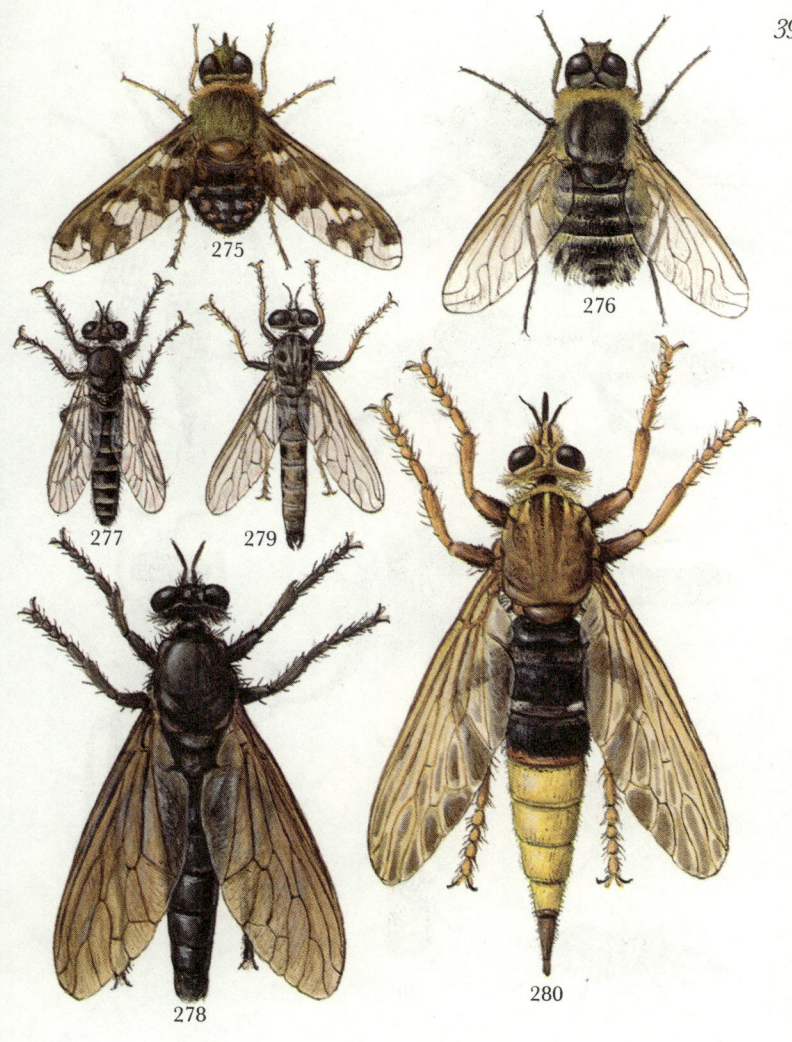

275. *Exprosópa capucína*   276. *Vílla modésta*   277. *Lasiopógon cínctus*   278. Wolfsfliege *Dasypógon diadéma*   279. *Rhadiúrgus variábilis*   280. Hornissenraub-fliege *Asílus crabroniförmis*

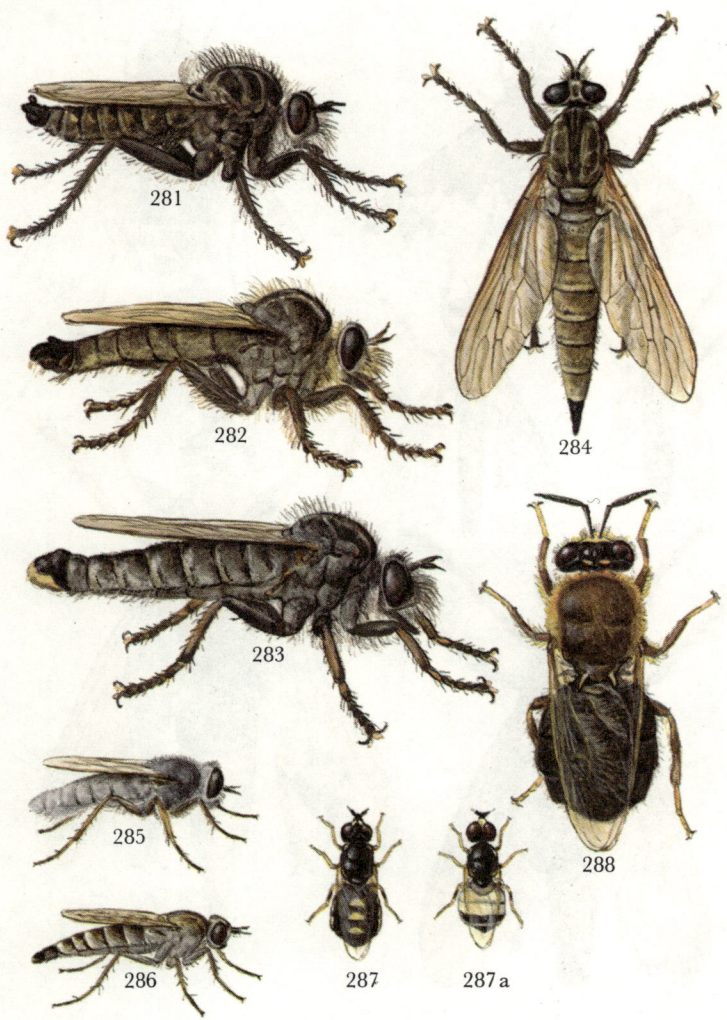

281. *Dýsmachus trigónus* 282. *Máchimus rústicus* 283. *Antípalus váripes* 284. *Philónicus álbiceps* 285. Stilettfliege *Théreva annuláta* 286. Stilettfliege *Théreva margínula* 287. *Nemótelus uliginósus*, Weibchen 287a Männchen 288. *Stratíomys longicornis*

289. *Pipizélla váripes* 290. Stengelmark–Schwebfliege *Cheilósia mutábilis*
291. *Eumérus sabulónum* 292. *Páragus tibiális* 293. *Chrysotóxum festívum*
294. *Chrysotóxum bicínctus* 295. *Dídea intermédia* 296. *Sericomýia siléntis*
297. Hummelschwebfliege *Volucélla bómbylans* 298. Mistbiene *Erístalis intricária*

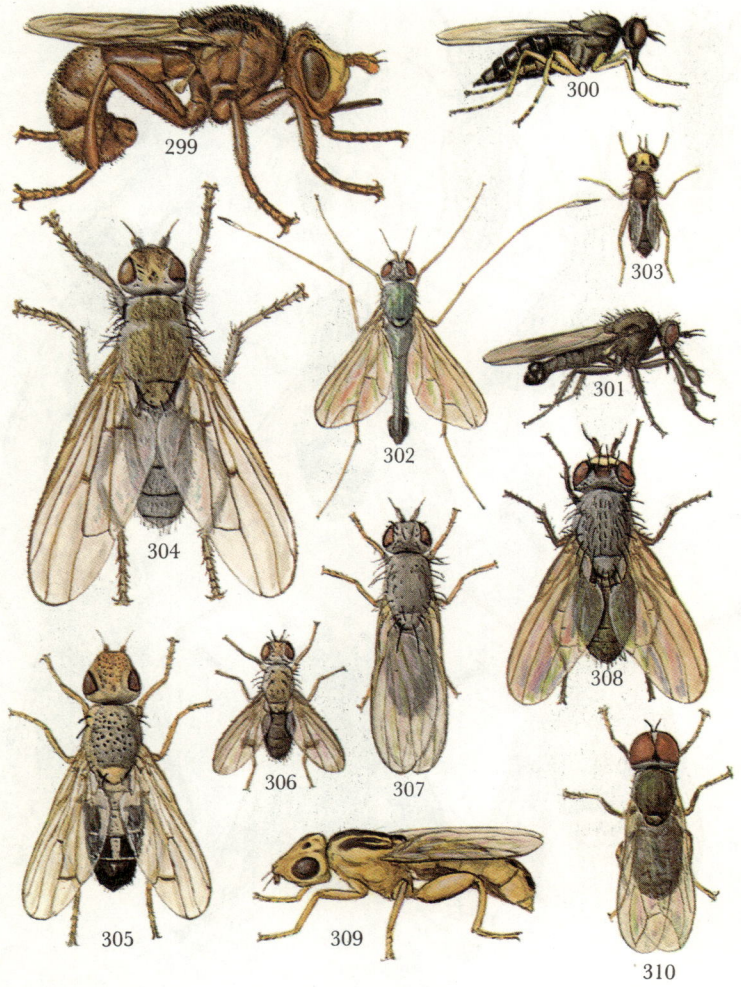

299. Rostfarbige Blasenfliege *Sícus ferrugíneus*   300. *Platypálpus strígifrons*
301. *Hílara lundbécki* 302. Langbeinfliege *Scíapus lóewi* 303. *Stiphrosóma*
sabulósum 304. *Helcomýza ustuláta* 305. *Tétanops myopína* 306. *Trixóscelis*
obscurélla 307. *Chamaemýia flavipálpis* 308. *Minéttia desmometópa* 309. Halmfliege *Meromýza pratórum* 310. Augenfliege *Allonéura littorális*

311. Goldfliege *Lucília sericáta*   312. *Melínda cognáta*   313. *Miltográmma punctátum*
314. *Metópia leucocéphala*   315. *Gónia ornáta*   316. Igelfliege *Echinomýia féra*
317. *Echinomýia gróssa*   318. *Phórbia penicilláris*   319. *Helína protúberans*

320. Stilettfliege *Théreva* species   321. Raubfliege *Máchimus* species   322. Hummelschwebfliege *Volucélla* species   323. Bienenfächerflügler *Stýlops múelleri*, Männchen   323a Weibchen   323b nur das flache Kopfbruststück des Weibchens ragt zwischen den Hinterleibsringen der Sandbiene hervor   324. Moosskorpion *Neobísium carcinoídes*

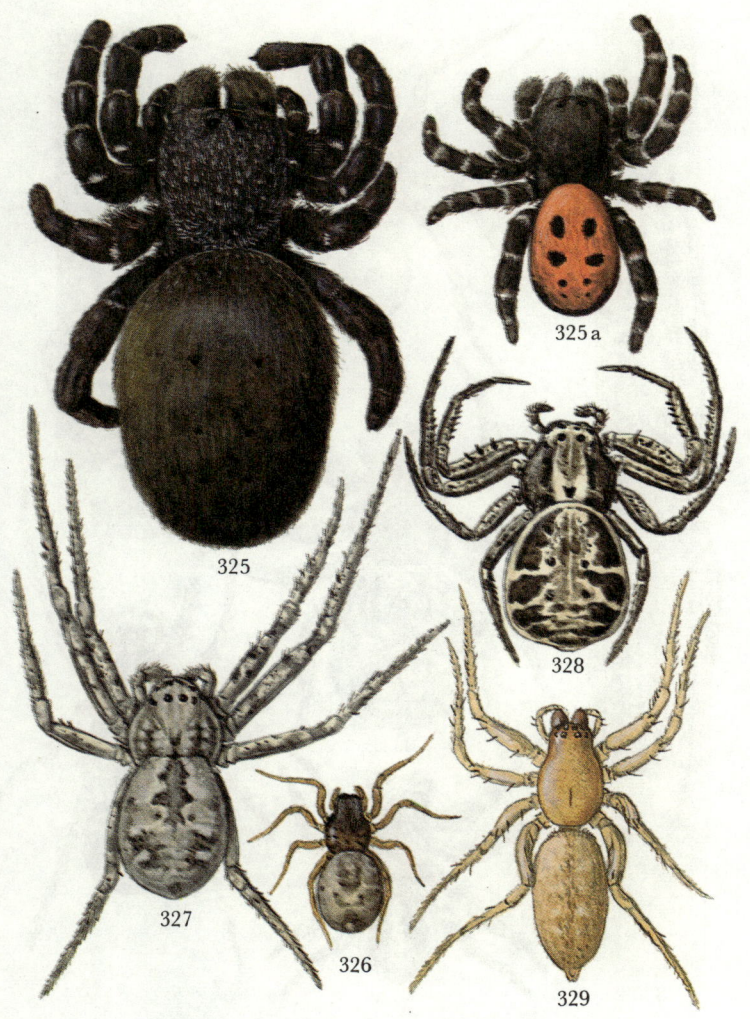

325. Röhrenspinne *Éresus cinnaberínus*, Weibchen   325a Männchen   326. Kräu-
selspinne *Dictýna arundinácea*   327. Flachstrecker *Philódromus fállax*   328. Krab-
benspinne *Xýsticus cristátus*   329. Eigentliche Sackspinne *Clubíona símilis*

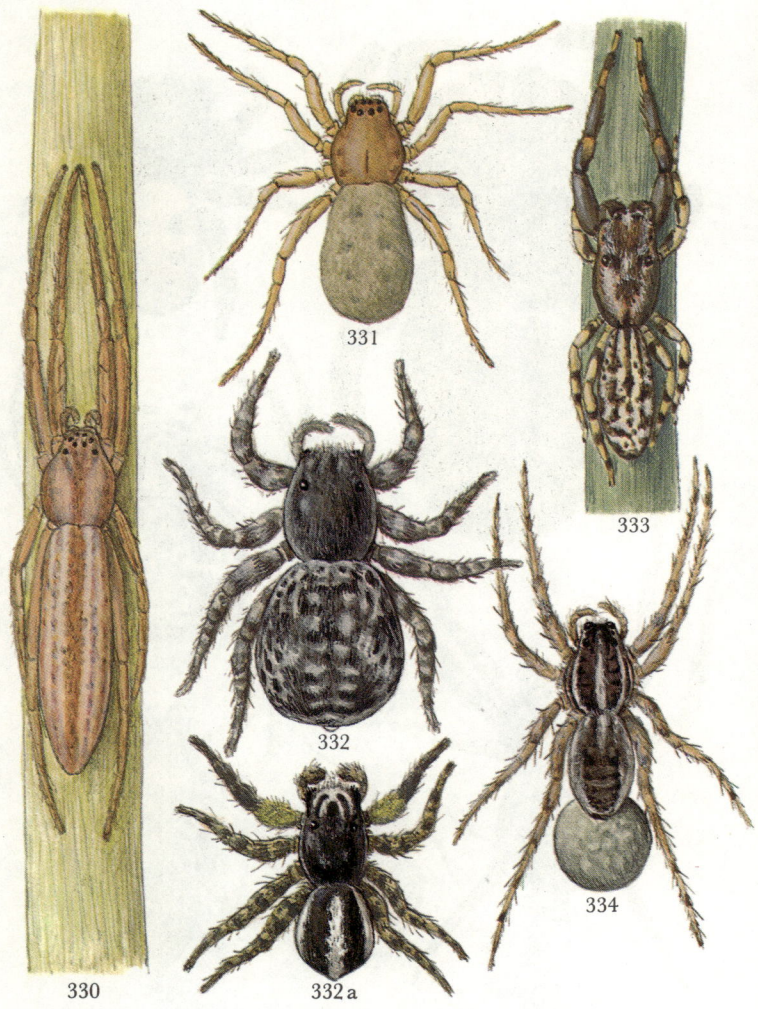

330. Laufspinne *Tibéllus marítimus* 331. Sackspinne *Agróeca próxima* 332.
Springspinne *Aeluríllus v-insígnitus*, Weibchen 332a Männchen 333. Springspinne *Hýctia nivóyi* 334. Wolfsspinne *Lycósa montícola*

335. Wolfsspinne *Arctósa períta*   336. Wolfsspinne *Alopecósa fabrílis*   337. Raubspinne *Pisáura mirábilis*   338. Labyrinthspinne *Ageléna labyrínthica*   339. Heideradspinne *Aráneus adiántus*   340. Strauchradspinne *Aráneus rédii*

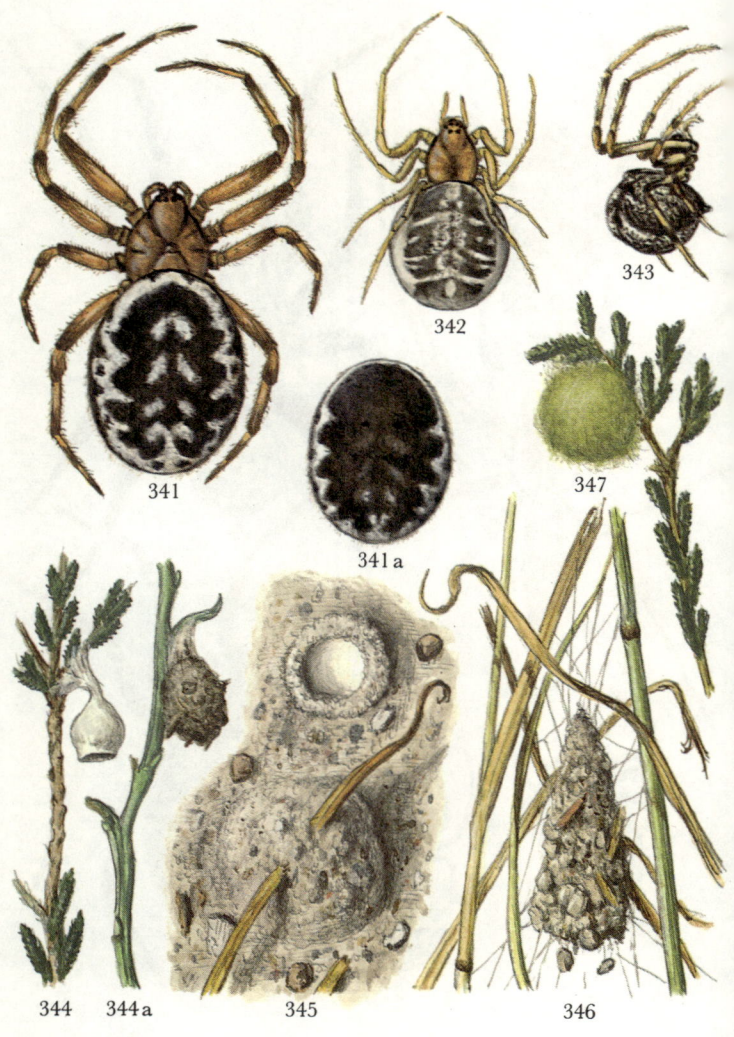

341. Kugelspinne *Lithyphántes albomaculátus* 341a Farbvariante 342. Kugelspinne *Therídion sisýphium* 343. *Therídion ripárium* 344. Eikokon der Sackspinne *Agróeca brúnnea* 344a Eikokon, mit Erdkrumen getarnt 345. Eikammer des Flachstreckers *Philódromus fállax* 346. Schlupfwinkel der Kugelspinne
Therídion ripárium 347. Eikokon der Strauchradspinne *Aráneus rédii*

348. *Cochlícopa lubricélla*   349. *Pupílla muscórum*   350. *Columélla áspera*   351. *Vallónia excéntrica*   352. Rillen–Glanzschnecke *Nesovítrea hammónis*   353. Glasschnecke *Vitrína pellúcida*   354. Braune Wegschnecke *Aríon subfúscus*   355. Ackerschnecken *Deróceras agréste* (von oben) und *Deróceras reticulátum* (von der Seite)   356. Kreiselschnecke *Eucónulus fúlvus*   357. Heideschnecke *Candídula caperáta*

358. Quirlgalle auf Wacholder (Gallmücke)   359. Sproßspitzengalle auf Quecke (Zehrwespe)   360. Zweiggallen auf Kriech-Weide (Weidenruten-Blattwespe) 361. Rote Blattgallen auf Kriech-Weide (Blattwespe) 362. Behaarte Blattgallen auf Kriech-Weide (Blattwespe)   363. Rosettengalle auf Kriech-Weide (Weidenrosen-Gallmücke)   364. Triebspitzengallen auf Kriech-Weide (Gallmücke)   365. Kleine behaarte Blattgallen auf Kriech-Weide (Weiden-Gallmilbe)

366. Ovale Blattgallen auf Rosen (Gallwespe)   367. Knospengallen auf Besenginster (Gallmücke)   367a Hülsengalle   368. Blütenknospengalle auf Besenginster (Gallmücke)   369. Blattschopfgallen auf Ginster (Gallmücke)   370. Sproßgalle auf Krähenbeere (Gallmilbe)   371. Knospengallen auf Bärentraube (Gallmilbe)   372. Blütengallen auf Thymian (Gallmilbe)

373. Artischockengalle auf Labkraut (Gallmücke)   374. Stengelgallen auf Labkraut (Gallmücke)   375. Kegelförmige Gallen auf Labkraut (Gallmilbe)
376. Stengelgallen auf Beifuß (Wickler)   377. Artischockenähnliche Gallen auf
Beifuß (Gallmücke)   378. Stengelgallen auf Habichtskraut (Gallwespe)

Die Lebensgemeinschaft der Trockengebiete

Zu den Trockengebieten, von deren Kleintierwelt in diesem Buch die Rede ist, gehören die Dünen der Küste und des Binnenlandes, die Heidelandschaften mit einigen Mooren sowie die Trockenrasen und manche Ödländereien. Alle diese Gebiete sind durch besondere Pflanzengesellschaften charakterisiert, die ihrerseits wiederum weitgehend von der Beschaffenheit des Bodens abhängen, auf dem sie gedeihen. Typisch ist ferner der buschige, oft gestrüppartige Wuchs der meisten auf diesen Böden stehenden Gehölze sowie eine gewisse Einförmigkeit, hervorgerufen durch die verhältnismäßig geringe Artenzahl der auf diesem Untergrund wachsenden Stauden- und Krautgesellschaften. Bezeichnend für die meisten der genannten Lebensräume ist ein sandiger, trockener Untergrund, der sich tagsüber durch Sonneneinstrahlung sehr stark erwärmen kann und nachts, wie es etwa in den Dünen der Fall ist, empfindlich abkühlt. Den oftmals sehr hohen Temperaturen an der Oberfläche der Dünen, die Werte um 50° C erreichen können, entziehen sich viele ihrer Bewohner durch Eingraben in die obere Sandschicht. In der Insektenfauna trockener Sandgebiete sind die Hautflügler, besonders Grab- und Wegwespen sowie Bienen reich vertreten, von denen einige zur Aufzucht ihrer Brut oft einfache Höhlen, andere aber verzweigte Gangsysteme im Boden anlegen. Zum Graben im sandigen Boden sind neben den genannten Wespen auch viele Käfer vorzüglich ausgestattet, die einen durch eine Verbreiterung ihrer Vorderbeine, die anderen durch den Besitz kräftiger Dornenreihen am ersten Beinpaar. Darüber hinaus werden einige Wanzen-Arten, zahlreiche Fliegen und schließlich auch Spinnen häufiger angetroffen.

Insgesamt gesehen, sind die obersten Schichten des Dünensandes besonders bei heißem Wetter äußerst trocken, so daß sie nur für extrem sand- und trockenheitsliebende (psammo- und xerophile) Tiere als Lebensraum in Frage kommen. Niederschläge versickern sehr schnell in dem mehr oder minder grobkörnigen und deshalb wasserdurchlässigen Dünensand. Eine kurzfristige hohe Feuchtigkeit müssen die Dünenbewohner indessen vertragen, ebenso wie eine gewisse Salzkonzentration, was vor allem die im Vorfeld der Dünen lebenden Arten betrifft. Als Leitpflanze solcher Sandflächen tritt der Strandhafer auf. Dieses hohe Gras durchwächst in großen Beständen den vom Winde stark bewegten Dünensand und fördert schließlich seine Festlegung. Auf Kies- und Geröllstrand dagegen bildet der Strandroggen weite Fluren. Ältere Dünen werden im Laufe der Zeit von einem dichten Pflanzenteppich überwachsen, darunter auch Stauden und niedrige Gehölze, wie etwa die Kriechweide.

Landeinwärts finden sich auf bereits festgelegtem Sandboden die Küstenheiden, in denen zumeist die Krähenbeere vorherrscht. Früher bedeckten auch die Zwergstrauch-Heiden in den Sandgebieten Nordwesteuropas gewaltige Flächen. Heute ist diese Pflanzengesellschaft, in der immergrüne Besenheide, verschiedene Ginster sowie Wacholderbüsche dominieren, teils durch Aufforstung und teils durch Überführung in Grünland- und Ackerflächen erheblich zurückgedrängt worden. Restbestände, so etwa in der Lüneburger Heide, sind nur durch die Umwandlung in Naturschutzgebiete vor dem endgültigen Verschwinden zu bewahren. Unerläßlich ist jedoch auch hier eine regelmäßige Beweidung durch Schafe, wie sie seit Jahrhunderten geübt und damit einer Überalterung und Degeneration der Besenheide-Bestände begegnet wurde. Von Sandgegenden des westlichen Europa sind außerdem die Glockenheide-Gesellschaften bekannt, während die Heiden der höheren Gebirgslagen neben dem reichen Bestand an Krähenbeere in der Regel einen dichten Bewuchs mit Heidelbeere, Preiselbeere und Moorbeere aufweisen. Vergesellschaftet mit dieser Heidevegetation findet sich sowohl im Flachland als auch im Gebirge eine charakteristische Kleintierwelt, die nur Überleben kann, wenn die Vegetationsflächen ebenfalls erhalten bleiben. Das gleiche gilt für die so eindrucksvolle Pflanzengesellschaft der Steppenheide, wie sie vor allem an warmen, nach Süden gerichteten Trockenhängen entwickelt ist. Welche Fülle erwartet an solchen Hängen den Insekten- oder Spinnenfreund und wie viele Tier-Arten gibt es nur hier und sonst nirgendwo! Seltene Pflanzen wachsen schließlich in Moorgebieten, begleitet wiederum von einer ebenso eigenartigen, an diese Lebensstätte gebundenen Tierwelt. Wenn mit fortschreitender Kultivierung und Technisierung die genannten Lebensräume immer weiter eingeengt werden und eines Tages völlig verschwinden, dann werden auch einmalige Pflanzengesellschaften und die mit ihnen verbundenen Tiere unwiederbringlich vernichtet sein. Möge menschliche Einsicht die Natur und auch uns vor dieser Entwicklung bewahren!

Beschreibungen

Die Größenangaben am Anfang der Beschreibungen beziehen sich jeweils auf die Körperlänge, ohne Fühler oder Anhänge des Hinterleibs gemessen. Nur bei den Schmetterlingen ist die Spannweite der Vorderflügel, von einer Flügelspitze zur anderen, angegeben.

Stamm:
Gliederwürmer *Annelída*

Klasse:
Gürtelwürmer *Clitelláta*

Die geschlechtsreifen Würmer zeichnen sich durch eine gürtelförmige, drüsenreiche Hautverdickung (Clitellum) im Bereich des Vorderkörpers aus. Neben dem Fehlen von Parapodien (paarweise angeordneten Stummelbeinchen) und Fühlern, wie sie den meeresbewohnenden Gliederwürmern eigen sind, stellt das Clitellum ein wichtiges Merkmal der Gürtelwürmer dar. Alle Angehörigen dieser Klasse der Gliederwürmer sind Zwitter, dennoch erfolgt die Vermehrung stets so, daß sich zwei Tiere paaren. Dabei spielt der von dem Gürtel reichlich ausgeschiedene Schleim eine große Rolle: zunächst als Klebesubstanz, die während der Begattung die beiden Partner eng miteinander verbindet und dann später abgestreift als verfestigte Schutzhülle (Kokon), in der die eingelagerten Eier befruchtet werden und auch ihre gesamte Entwicklung durchlaufen.

Ordnung:
Wenigborster *Oligocháeta*

Die Ordnung der Wenigborster, denen als bekannteste Gruppe die Regenwürmer angehört, leitet ihren Namen von den kräftigen Borsten ab, die, in Reihen angeordnet, im sogenannten Hautmuskelschlauch stecken und der Fortbewegung dienen. Mit ihrer Hilfe steigt der Wurm in den senkrechten Wohnröhren auf und ab, verankert sich mit seinem Hinterende, so daß er bei Störungen zu blitzschnellem Rückzug befähigt ist. Im allgemeinen verlassen die Regenwürmer nur nachts oder bei starkem Dauerregen ihre überschwemmten Röhren, wenn hier der Sauerstoff, den die Tiere mit ihrer ganzen Körperoberfläche aufnehmen, knapp wird. Die oft tot in Wasserpfützen liegenden Würmer sind nur selten ertrunken, sondern vielmehr durch die längere Einwirkung ultravioletter Strahlung, die ihre Körperzellen schädigt, zugrunde gegangen. Ihre Fähigkeit, verlorene Körperteile zu regenerieren, ist erstaunlich: Ein durchtrennter Regenwurm bildet stets ein neues Hinterende, während das Nachwachsen eines Vorderteiles von der Anzahl der verlorengegangenen Segmente abhängt. Das Lebensalter mancher Arten ist mit 8–10 Jahren beachtlich hoch.

Familie:
Regenwürmer *Lumbrícidae*

1. Roter Waldregenwurm
Lumbrícus rubéllus
70–150 mm
Im Humusboden sowie in sandigem Erdreich lebt der leuchtend rotbraune und auf seiner ganzen Körperoberfläche violett irisierende Rote Waldregenwurm, der nicht selten auch tagsüber im Fallaub oder im feuchten Gras herumkriecht. Er zieht abgefal-

lene Blätter und andere Pflanzenteile in seine Röhren, wo sie verrotten und alsdann gefressen werden. Daneben werden beim Bohren im Boden größere Erdmengen durch den Darm des Wurmes befördert, die er später, vermischt und umgewandelt, als auffallende Kothäufchen neben den Gängen absetzt. Die Tätigkeit des Waldregenwurms als Humuserzeuger, die Vermengung und Belüftung der oberen Bodenschichten und schließlich die Düngewirkung seiner zahllosen Kothäufchen machen ihn und seine Verwandten zu einem unersetzlichen Bestandteil der Bodenfauna, ohne den neuer Pflanzenwuchs nicht denkbar wäre.

2. Kupferroter Laubregenwurm
Dendrobáena octaédra
24–40 mm
Der kupferfarbene Laubregenwurm kommt in den verschiedensten Böden vor, doch meidet er in der Regel feuchte Örtlichkeiten. Während die kleineren *Dendrobáena*-Arten eine starke Pigmentierung von Rot- bis Braunviolett aufweisen und hierin den Vertretern der Gattung *Lumbrícus* gleichen, haben die Würmer der Gattungen *Octolásium* und *Allolobóphora* meist keine Hautfarbstoffe und erscheinen vorwiegend grau, grünlich oder gelblich. Dennoch ist die genaue Artbestimmung vieler Regenwürmer mit erheblichen Schwierigkeiten verbunden, da hierzu nicht selten die inneren Organe, stets jedoch die genaue Lage des Clitellums und ähnlicher Drüsenwülste untersucht werden muß. Da den Jungtieren diese Bildungen noch fehlen, ist bei ihnen die Artfeststellung von vornherein ausgeschlossen.

Stamm:
Gliederfüßer *Arthrópoda*

Klasse: **Doppelfüßer, Tausendfüßer**
Diplópoda

Der Körper der Doppelfüßer ist zylindrisch oder länglich bandförmig, bei letzteren teilweise mit flachen seitlichen Erweiterungen der einzelnen Glieder versehen. Die überwiegende Mehrzahl der Segmente ist – nach außen hin nicht sichtbar – paarweise miteinander verschmolzen, so daß jedes (Doppel-) Segment nunmehr 2 Beinpaare trägt (Name!). Außerdem wird ihr Körper durch Kalkeinlagerungen in der Haut wirkungsvoll verfestigt.

Ordnung:
Schnurfüßer *Iulifórmia*

Sämtliche Arten der Schnurfüßer, die die umfangreichste Ordnung der Tausendfüßer bilden, besitzen eine zylindrische, langgestreckte Körpergestalt. Der Rumpf erwachsener Schnurfüßer weist immer mehr als 40 Körperringe auf und ist bei einigen Arten sehr stark gepanzert. Aus diesem Grunde sind die Tiere zum Teil auch nur wenig feuchtigkeitsbedürftig. Bei Beunruhigung können sie aus Wehrdrüsen eine ätzende Flüssigkeit absondern.

Familie:
Schnurfüßer *Iúlidae*

3. *Cylindroíulus latestriátus*
15–20 mm
Dieser kleine Schnurfüßer gehört zu einer der etwa 50 verschiedenen Iuliden-Arten, die in Mitteleuropa beheimatet sind. Im Gelände ist es indessen kaum möglich, Schnurfüßer genau zu bestimmen. Eine sichere Unterscheidung gelingt in den meisten Fällen nur nach dem Bau der männlichen Gonopoden (Begattungsorgane), die bei den einzelnen Arten spezifisch ausgebildet sind. Die Tiere, die sich spiralig zusammenrollen, wenn sie behelligt werden, leben vornehmlich auf sandigem Boden, wo sie sich tagsüber meist unter Steinen

und Holzstücken verborgen halten. Sie ernähren sich besonders von modernden Pflanzenstoffen, fressen jedoch, vor allem bei starker Vermehrung, auch an lebenden Pflanzen. Von besonderer Eigenart sind die Fortpflanzungsgewohnheiten dieser Familie: Die bereits geschlechtsreifen Männchen häuten sich von Zeit zu Zeit, wobei sie während der einzelnen Häutungsintervalle abwechselnd fortpflanzungsfähig und dann durch Rückbildung der äußeren Geschlechtsorgane (Gonopoden) wiederum unreif werden (sogenannte Schalt-Männchen). Mit jeder Häutung ist außerdem eine Vermehrung der Segmentzahl und somit auch der Beinzahl verbunden, die auf über hundert Paare anwachsen kann. Die aus einem kuppelförmigen Erdnestchen schlüpfenden Jungen besitzen nur 3 Beinpaare und einige fußlose Segmente. Erst die weiteren Häutungen bringen mit der Ausbildung der Beine auch eine Vermehrung der Segmente.

4. Sandschnurfüßer *Schizophýllum sabulósum*
Bis 50 mm
Über den Rücken des dunkelbraunen bis schwarzen Sandschnurfüßers ziehen 2 auffallende gelbe bis gelbrote Längsstreifen, die zuweilen in Flecken aufgelöst sind und nur selten ganz fehlen. Obwohl diese häufige Art die verschiedensten Lebensräume besiedelt, liegt der Schwerpunkt ihrer Verbreitung doch eindeutig in sandigem Gelände. Die im Gegensatz zu vielen anderen Schnurfüßern auch am Tage aktiven Tiere klettern hier gerne auf Sträucher, um an den Blättern und Blüten zu fressen. In manchen Jahren tritt der Sandschnurfüßer in riesigen Mengen auf, wobei es häufig zu Massenwanderungen kommt, an denen sich Tausende von Tieren beteiligen. Die Ursachen für dieses Wandern sind bis heute unbekannt. Zur Ablage der Eier, die in kleinen Erdkammern mit einem kuppelförmigen Dach untergebracht werden, sucht *Schizophýllum* feuchte Örtlichkeiten auf. An solchen Stellen ziehen die Tiere sich auch zur Winterruhe zurück.

Klasse:
Hundertfüßer *Chilópoda*

Der Körper der Hundertfüßer ist langgestreckt und abgeplattet, seine Glieder tragen nur je ein Beinpaar, von denen das letzte, stark verlängerte, zumeist als Abwehrwaffe dient. Im Gegensatz zu den Doppelfüßern sind die Angehörigen dieser Klasse schnelle und wendige Räuber, deren 1. Beinpaar zu äußerst wirkungsvollen Giftklauen umgebildet ist. Gepackte Beutetiere werden durch die Giftwirkung fast augenblicklich getötet.

Ordnung:
Steinläuferartige *Lithobiomórpha*

Die Vertreter dieser Ordnung besitzen nur 15 Beinpaare und unterscheiden sich dadurch von den 30 cm Länge erreichenden und ihres Giftbisses wegen sehr gefürchteten Scolopendern tropischer Zonen, die 21–23 Beinpaare aufweisen. Jungtiere schlüpfen mit einer weit geringeren Beinzahl, die dann von Häutung zu Häutung zunimmt.

Familie:
Steinläufer *Lithobíidae*

5. *Lithóbius calcarátus*
11–14 mm
Auf steinigen Rasenplätzen sowie in sandigem, stark besonntem Gelände wird diese Steinläufer-Art nicht selten angetroffen. Die auffallend schlanken, dunkelbraunen Tiere tragen oft ein dunkles Mittelband, und die verlängerten Endbeine weisen noch eine kleine Nebenklaue auf. Man findet die Lithobien namentlich unter Stei-

nen, und erst in der Dämmerung verlassen sie ihre Verstecke, um kleine Insekten, Spinnen und andere Gliederfüßer zu jagen. Das Weibchen legt seine Eier einzeln ab, wobei an deren klebriger Oberfläche eine Menge winziger Erdpartikel haften bleiben. Die ausgeschlüpften Jungen ernähren sich in der ersten Zeit offenbar vorwiegend von kleinen Ur-Insekten, wie etwa Springschwänzen (*Collémbola*).

Klasse:
Insekten *Insécta*

Mit etwa 800000 bekannten Arten (ca. 28000 einheimische), die jährlich noch um eine große Zahl neu entdeckter Formen vermehrt werden, bilden die Insekten die umfangreichste Klasse nicht nur der Gliederfüßer, sondern des gesamten Tierreiches überhaupt. Ihre wichtigsten Kennzeichen liegen in der Gliederung des Körpers in drei voneinander abgegrenzte Regionen (Kopf, Brust und Hinterleib) und im Besitz dreier Beinpaare. Als entscheidende Neuerwerbung innerhalb der Gliederfüßer treten bei der überwiegenden Mehrzahl der Arten zwei Flügelpaare auf, die als seitliche Ausstülpungen des Brustabschnitts, ihrer Funktion entsprechend, eine Umbildung zu Flugorganen erfahren haben.

Die Fähigkeit des aktiven Fluges hat sicher dazu beigetragen, daß die Insekten nahezu alle Lebensräume besiedeln und sich damit von allen Gliederfüßern am weitesten verbreiten konnten. Auch im Hinblick auf die Staatenbildung, die wir bei verschiedenen Insektengruppen antreffen, stehen sie an der Spitze der gesamten wirbellosen Tiere. Die Entwicklung vom Ei bis zum fertigen Insekt verläuft auf zwei völlig verschiedenen Wegen: bei den ursprünglichen Ordnungen (Schaben, Heuschrecken, Wanzen, Zikaden) gleichen die Ju-

gendstadien in ihrem Körperbau bereits weitgehend den erwachsenen Tieren, wobei sich die Anlagen ihrer Flügel von Häutung zu Häutung vergrößern. Die Larven der stammesgeschichtlich jüngeren Ordnungen (Käfer, Schmetterlinge, Netz-, Zwei- und Hautflügler), die weit über 80% der Arten umfassen, sind dem Vollinsekt (Imago, Mehrzahl Imagines) gegenüber extrem unähnlich und verwandeln sich erst im Verlaufe eines eingeschalteten Puppen- oder Ruhestadiums.

Ordnung:
Schaben *Blattária*

Schaben sind im allgemeinen leicht an ihrem länglich-ovalen, abgeplatteten Körper zu erkennen; der Kopf liegt unter dem großen schildförmigen Vorderrücken (Pronotum) verborgen, und nur die überlangen borstenförmigen Fühler, Tastorgane bei der nächtlichen Nahrungssuche, ragen weit hervor. Die außerordentlich scheuen Tiere verschwinden bei Beunruhigung blitzschnell in ihren Verstecken, so daß den lästigen Allesfressern, wenn sie einmal in Gebäuden Fuß gefaßt haben, nur schwer beizukommen ist. Ihre Eiablage erfolgt in harten, gekammerten Eikapseln, die zuweilen vom Weibchen noch so lange mit herumgetragen werden, bis die Jungtiere schlüpfen. Sie sehen den erwachsenen Schaben schon sehr ähnlich und zeigen auch bereits die gleichen Lebensgewohnheiten.

Familie:
Waldschaben *Ectobíidae*

6. Lappländische Waldschabe
Ectóbius lappónicus
6,5–12 mm
Der Name dieser wohl erstmals aus dem hohen Norden bekanntgewordenen Schabe darf uns nicht darüber täuschen, daß wir es hier mit einer in

ganz Europa weit verbreiteten und häufigen Art zu tun haben. Die gelblichbraunen, mit vereinzelten dunklen Fleckchen besetzten Vorderflügel sind beim Weibchen oft kürzer als der Hinterleib, im männlichen Geschlecht lanzettförmig und länger als der Hinterleib. Die fluggewandten Männchen sind oft auf niedrigen Pflanzen in Wald- und Heidegebieten zu beobachten, und auch die Weibchen leben hier am Boden versteckt. Als Nahrung dienen sich zersetzende Pflanzenteile. Die erwachsenen Tiere erscheinen von Mai–September, ihre Larven überdauern den Winter im Fallaub.

7. Sand-Waldschabe *Ectóbius pánzeri*
4,6–8 mm

Die Vorderflügel dieser kleinsten Art der Waldschaben sind beim Männchen ebenfalls lanzettförmig und überragen den Hinterleib. Beim Weibchen sind sie dagegen sehr stark verkürzt, breit eiförmig und am Ende abgestutzt. Der gelblichgraue Vorderrücken ist mit dunkleren Strichen und Punkten besetzt, desgleichen, nur etwas feiner, auch die Vorderflügel. Die Sand-Waldschabe, deren Hauptflugzeit in die Monate Juni–September fällt, bewohnt vor allem die Heide- und Waldgebiete im Bereich der Nordseeküste und wird auch auf den spärlich bewachsenen Dünen der küstennahen Inseln angetroffen.

Ordnung:
Ohrwürmer *Dermáptera*

Ein gestreckter, abgeflachter Körper, stark verkürzte, lederartige Vorderflügel, unter denen die vielfach gefalteten Hinterflügel noch Platz finden, und ein kräftiges Zangenpaar (Cerci) am Ende des Hinterleibs kennzeichnen diese Insektenordnung. Neben einem übelriechenden Sekret, das von Duftdrüsen an den Seiten des Hinterleibs

ausgeschieden wird, dienen die Zangen in erster Linie als Abwehrwaffe; mit ihnen ergreift der Ohrwurm kleine Beutetiere. In zweiter Linie benutzt er sie bei der Begattung. Einige Arten entfalten mit Hilfe ihrer gekrümmten Zangen die zusammengelegten Hinterflügel. Als lichtscheue Dämmerungstiere zeigen diese Insekten eine Vorliebe für dunkle, möglichst enge Verstecke, in denen sie sich nach allen Seiten hin anschmiegen können. In dieser Gewohnheit mag auch eine Erklärung für ihren schlechten Ruf als »Ohrkriecher« zu suchen sein, der sich indessen als völlig unbegründet erweist. Von besonderem Interesse ist das Brutpflegeverhalten des Weibchens. Seine Eier legt es in selbstgegrabene Erdhöhlen, wo sie sorgfältig betreut und bewacht werden; diese Fürsorge wird auch den geschlüpften Jungtieren noch eine Zeitlang zu teil.

Familie:
Ohrkriecher *Labidúridae*

8. Sandohrwurm *Labidúra ripária*
9–26 mm

Das leicht gebogene und hinter der Mitte mit einem Zahn bewehrte Zangenpaar des männlichen Sandohrwurms ist bis zu 11 mm lang, während die fast geraden und nur an der Spitze gekrümmten, zahnlosen Zangen des Weibchens kaum halb so lang werden. Die heller oder dunkler rotbraunen Tiere, deren Beine und Körperseiten gelblich gefärbt sind, leben im feuchten Sand der Küsten sowie an den sandigen Ufern der Flüsse. Gelegentliche Funde sind indessen auch von Dünen im Binnenland sowie aus Heidegebieten bekannt geworden. Im feuchten Sand legen die Ohrwürmer Röhren an, deren Eingang eine charakteristische dreieckige Form aufweist. Häufig finden sich die Gänge, die zur Überwinterung besonders tief gegraben werden (bis 2 m), unter

Steinen und Holzstücken. Ihre Breite ist so bemessen, daß sich die Tiere innerhalb der Gänge umdrehen können. Ist eine Röhre besetzt, so wird ihr Eingang mit Sand verschlossen; in der Regel sitzt der Ohrwurm dann unmittelbar dahinter. Im Mai erscheinen die Tiere aus ihren Überwinterungsgängen, mit deren Anlage sie gegen Ende September beginnen. Ihre Nahrung setzt sich vorwiegend aus tierischen Stoffen, besonders aus toten und geschwächten Insekten, zusammen. Der Sandohrwurm, der in Mitteleuropa nur stellenweise auftritt, ist vor allem in den Tropen und in den wärmeren Gebieten der gemäßigten Regionen verbreitet.

Ordnung:
Heuschrecken und **Grillen** *Saltatória*

Eine wohlbekannte Erscheinung unserer Insektenfauna sind die Heuschrecken, die einerseits durch ihr kräftiges Sprungvermögen, zum anderen durch ihren während der Sommermonate ausdauernd vorgetragenen Gesang auffallen. Ihre Sprünge verdanken sie den langen und muskelstarken Hinterbeinen, die zusammen mit dem großen, senkrecht zur Körperachse gerichteten »Pferdekopf« und dem sattelförmigen Schild des Vorderrückens wichtige Kennzeichen dieser Ordnung darstellen. Der Gesang, durch Reiben eines Körperteiles an einem anderen hervorgebracht, spielt im Leben der Heuschrecken eine sehr wichtige Rolle: Nach seinen Rhythmen, die bei den verschiedenen Arten sehr abweichend vorgetragen werden, finden Männchen und Weibchen zur Paarung zusammen. Wir unterscheiden innerhalb der Heuschrecken 2 Unterordnungen, die Kurzfühlerschrecken (*Caelifera*) sowie die Langfühlerschrecken (*Ensifera*), zu denen auch die Grillen gehören. Bei den erstgenannten sind die Fühler stets

kürzer als der Körper, die Laut-Erzeugung geschieht durch Reiben der Hinterschenkel an den Vorderflügeln, und die Gehörorgane befinden sich an der Basis des Hinterleibs. Die andere Gruppe hingegen zeichnet sich durch mehr als körperlange Fühler aus, sie produziert ihren Gesang durch Aneinanderreiben der Vorderflügel und hört mit den Vorderbeinen, in denen dicht unterhalb der Kniegelenke ihre »Ohren« sitzen.

Familie:
Grillen *Grýllidae*

9. Feldgrille *Grýllus campéstris*
20–25 mm
Ein bezeichnender Bewohner sonniger und trockener Wiesenhänge, Heiden, sandiger, lichter Kiefernheiden, Binnendünen und trockener Waldränder ist die wärmeliebende Feldgrille. Die Vorderflügel der glänzend schwarzen, dickköpfigen Tiere sind bräunlich und am Grunde gelblich, die Hinterschenkel unten blutrot gefärbt. Während der Fortpflanzungszeit, die von Mai bis in den Juli dauert, kann man vom frühen Vormittag bis tief in die Nacht den melodischen, scharfklingenden Gesang der Männchen vernehmen. Die Grillen sitzen dabei vor ihren selbstgegrabenen Erdlöchern, in denen sie bei der geringsten Störung blitzschnell verschwinden. Durch das Zirpen der Männchen werden paarungswillige Weibchen angelockt. Sie betasten sich dann gegenseitig mit den Fühlern, worauf ein spezieller Werbegesang das normale Stridulieren ablöst. Begegnen sich jedoch 2 Männchen, so produzieren die erregten Tiere typische Rivalenlaute, ehe sie aufeinander losgehen. Bei der folgenden Beißerei wird der Schwächere mitunter getötet; meist gelingt es ihm aber, die Flucht zu ergreifen. Das Weibchen legt kurze Zeit nach der Paarung bis zu etwa 40 Eier in seine Erdhöhle ab,

aus denen nach 2–3 Wochen die Larven schlüpfen. Diese leben zunächst gesellig unter Steinen oder in ähnlichen Verstecken, bevor sich im Herbst jede Larve ihre eigene Wohnröhre gräbt. Im darauffolgenden Frühjahr häuten sie sich zum erwachsenen, geschlechtsreifen Insekt (Imaginalhäutung). Lautes Zirpen im Mai/Juni geht stets auf die Feldgrille zurück; sie verstummen, wenn im Hochsommer die Laub- und Feldheuschrecken zu singen anfangen. Als Nahrung nimmt die Feldgrille sowohl pflanzliche als auch tierische Stoffe auf.

Familie:
Singschrecken *Tettigoníidae*

10. Westliche Beißschrecke
Platýcleis denticuláta
15–18 mm

Wärme und Trockenheit sind die Voraussetzungen für das Vorkommen dieser Beißschrecke. Die überwiegend grau gefärbten Tiere besiedeln deshalb Heidegebiete, sonnige Hänge und Hügel mit spärlichem Bewuchs von Sträuchern und niedrigen Pflanzen sowie offene Sandstellen wie etwa Binnendünen. Von Mai bis September lassen die Beißschrecken ihr stundenlang vorgetragenes Stridulieren hören, sowohl bei Tage als auch abends und während der Nacht. Ihre Eier versenken die Weibchen mit Hilfe der für die Langfühlerschrecken charakteristischen Legescheide in getrocknete Pflanzenstengel. Als Nahrung dienen ihnen Pflanzenteile und kleinere Gliederfüßer, namentlich Insekten und deren Larven.

11. Kurzflügel-Beißschrecke
Metrióptera brachýptera
13–16 mm

Obwohl auch diese Beißschrecke gelegentlich an trockenen Örtlichkeiten wie in Heiden oder in lichten, auf Sandböden stockenden Wäldern angetroffen wird, ist sie dennoch eine mehr feuchtigkeitsliebende Art. Als solche hält sie sich vorwiegend auf feuchten Wiesen, in Moorgebieten und an Waldrändern auf, aber meist nur zerstreut. Der Gesang von *Metrióptera* ähnelt dem der vorigen Art und ist ebenfalls viele Stunden ohne Unterbrechung zu vernehmen. Im Aussehen sind beide indessen sehr verschieden, zumal bei der Kurzflügel-Beißschrecke die Vorderflügel kürzer sind als der Hinterleib. Nur selten treten einmal langflügelige Tiere auf. Die Grundfarbe ist braun, der Vorderrücken oben grün und seine Seiten hinten schmal hell gesäumt. Auch die Vorderflügel sind grün, jedoch mit Braun oder Grau untermischt. Die Weibchen legen ihre Eier in den Erdboden ab.

12. Großes Heupferd *Tettigónia viridíssima*
28–35 mm

Als geschickter Kletterer hält sich diese große laubgrüne Heuschrecke besonders im Blattwerk der Büsche und Bäume in Waldrandnähe auf. Ebenso begegnet man ihr auch an den dicht bewachsenen Rändern von Getreidefeldern oder auf Kartoffeläckern. Hier jagt sie nach verschiedensten Insekten, die im Sprung erbeutet, mit den Vorderbeinen festgehalten und verzehrt werden. Bei Gefahr flieht das Heupferd mit weiten Sprüngen, die nicht selten in einen schwirrenden Flug übergehen können. Die Tiere sind nicht nur am Tage, sondern auch in der Nacht aktiv, namentlich in lauen Sommernächten ist der Gesang der Männchen bis in die frühen Morgenstunden zu hören. Das Weibchen versenkt seine Eier mit Hilfe der langen und nicht sonderlich harten Legeröhre in den weichen Boden. Die Larven schlüpfen im Frühjahr und gleichen, zumindest in den späteren Stadien, weitgehend den erwachsenen Heuschrecken; indessen geben die noch kurzen Flügelanlagen ihren Larvencharakter auf den ersten Blick zu erkennen.

13. Warzenbeißer *Décticus verrucívorus*
24–35 mm
In unserem Gebiet bevorzugt diese große braungefleckte Singschrecke, deren Hinterschenkel im Gegensatz zu denen des Großen Heupferds stark keulenförmig verdickt sind, keinen besonderen Lebensraum. Sie ist ebenso in feuchtem Wiesengelände wie auf Äckern, trockenen Wiesen und Heideland anzutreffen. Neben seiner Hauptnahrung, die aus den verschiedensten Insekten und deren Larven besteht, knabbert der Warzenbeißer auch gerne an saftigen Pflanzenteilen. Sein Name erinnert an den früher bei der Landbevölkerung geübten Brauch, sich von den kräftigen und scharfen Kiefern des mit den Fingern festgehaltenen Tieres die Warzen abbeißen zu lassen. Während das Große Heupferd seinen Gesang häufig von erhöhter Warte, Buschwerk oder Bäumen, herab vorträgt, läßt der Warzenbeißer sein lautes Stridulieren stets vom Boden aus ertönen.

Familie:
Feldheuschrecken *Acrídidae*

14. Schönschrecke *Callíptamus itálicus*
15–25 mm
Von Juli–September kann man auf trockenem Ödland die Schönschrecke beobachten. Ihre Grundfarbe ist graubraun, die Vorderflügel sind gelblichbraun mit dunkleren Flecken. Die innere Hälfte der glashellen Hinterflügel ist rosenrot. Ein typisches Kennzeichen sind außerdem die intensiv rot gefärbten, schwarzbedornten Schienen der Hinterbeine. In besonders heißen und trockenen Jahren kommt es gelegentlich zu Massenvermehrungen der Schönschrecke.

Sie ernährt sich wie alle Feldheuschrecken ausschließlich von Pflanzen, so daß die Tiere durch ihren Fraß beträchtlichen Schaden an Kulturpflanzen verursachen können.

15. Schnarrschrecke *Psóphus strídulus*
20–34 mm
Wenn diese gedrungen gebaute Heuschrecke auffliegt, erzeugt sie mit den Flügeln ein lautes Schnarrgeräusch. Dadurch zieht sie die Aufmerksamkeit ebenso auf sich, wie durch das Aufleuchten der lebhaft rot gefärbten Hinterflügel. Während nur der Spitzensaum der Hinterflügel dunkelbraun angelegt ist, sind der übrige Körper und die Vorderflügel einheitlich braun in verschiedenen Abstufungen, wobei auch fast schwarze Exemplare auftreten. Die Hinterschienen zeigen einen gelblichen Ring unterhalb des Kniegelenkes. Auffallend ist schließlich auch der dachförmig erhöhte Mittelkiel des Vorderrückens. Als eine besonders wärmeliebende Art hält sich die Schnarrschrecke auf sonnigen, trockenen Wiesen und Hängen auf und besiedelt auch entsprechendes Ödland. Desgleichen findet man sie an besonnten Waldrändern sowie in Heidegebieten. Die Weibchen haben kürzere Vorderflügel als die Männchen und sind offenbar flugunfähig. Dennoch vermögen auch sie einen etwas leiser klingenden Schnarrlaut im Sitzen und im Sprung hervorzubringen.

16. Gefleckte Schnarrschrecke *Bryódema tuberculáta*
27–36 mm
Zu der graubraunen, dunkel gesprenkelten Grundfarbe steht das Blaßrot der Hinterflügel in betontem Kontrast, wenn es beim Abflug plötzlich aufleuchtet. Auffallend ist auch das kräftige Schnarrgeräusch während des Fluges, das durch kurze Pausen, wenn das Tier im Gleitflug schwebt, unter-

brochen wird. Die Art lebt vorzugsweise auf trockenen Sandböden in
Heidegebieten, kommt aber auch im
Geröll von Flußufern des Alpenge-
bietes vor.

17. Rotflügelige Ödlandschrecke
Oedípoda germánica
17–23 mm
Anders als die beiden vorangegangenen Arten erzeugen die Ödlandschrecken während des Fliegens kein
Schnarrgeräusch. Lediglich ein leise
schwirrender Ton ist zu vernehmen,
der dem normalen Fluggeräusch entspricht. In der Regel fliegen die Tiere
nur, wenn sie aufgescheucht werden
oder das Männchen einem Weibchen
folgt. Die dabei zurückgelegten Strek-
ken sind nicht sehr weit; wenn die
Heuschrecken landen, schlagen sie
dabei stets einen Haken. Gewöhnlich
bewegen sich die Ödlandschrecken
durch Laufen fort, wobei sie durch
ihre Färbung vorzüglich an den je-
weiligen Untergrund angepaßt sind,
auf dem sie leben. Meist entdeckt man
sie erst, wenn sie auffliegen und die
leuchtende Farbe ihrer Hinterflügel
sichtbar wird. Bei *Oedípoda germánica*
sind die Hinterflügel zinnoberrot mit
einer dunklen Randbinde. Diese Art
ist sehr wärme- und trockenheits-
liebend und hat bereits in Mittel-
deutschland die Nordgrenze ihrer
Verbreitung. Zu ihren Lebensräumen
gehören trockene, steinige und sandige Örtlichkeiten, vor allem die
Ränder von Weinbergen, Steppen-
heiden, warme Muschelkalkhänge
und entsprechendes Ödland. Feuchte,
kühle Waldgebiete meidet sie.

18. Blauflügelige Ödlandschrecke
Oedípoda caeruléscens
16–24 mm
Mit der vorhergehenden Art nahe
verwandt, zeichnet sich die Blauflügelige Ödlandschrecke durch ihre,
wie der Name sagt, lichtblauen Hinterflügel aus, die von einer breiten,

dunklen Binde gesäumt sind. Durch
die 2–3 dunkleren Querbinden der
Vorderflügel wird der Körper optisch
so aufgelöst, daß durch diese Anpassung an den gemusterten Untergrund
ein am Boden sitzendes Tier so gut
wie unsichtbar ist. Das gleiche trifft
auch für die rotflügelige Art zu.
Heidegebiete, Steinbrüche, Sandgru-
ben, Dünen, Binnendünen, Ödland
und ähnliche Stellen, also warme und
trockene, spärlich bewachsene Örtlichkeiten sind die Lebensräume dieser
Heuschrecke, die gegen Kälte offenbar
recht empfindlich ist. Gleichwohl
wird sie noch weiter nördlich angetroffen als *Oedípoda germánica*, nämlich bis in Südschweden. Die Nahrung
der beiden *Oedípoda*-Arten setzt sich
vorwiegend aus Gräsern zusammen.

19. Blauflügelige Sandschrecke
Sphingonótus cáerulans
15–22 mm
Der bräunlichgraue Körper der Sandschrecke zeigt häufig eine bläulich-
weiße Bereifung, die Schienen der
Hinterbeine sind bläulich. Blaßblau
sind auch die Hinterflügel, die zuweilen eine mehr oder weniger stark ausgebildete rauchbraune Querbinde aufweisen, während der heller braungrauen Vorderflügel in der Regel 2–3
dunklere Querbinden tragen. Gleich
den Ödlandschrecken ist die in der
äußeren Erscheinung ähnliche Sandschrecke ein wärme- und trocken-
heitsliebender Bewohner pflanzenar-
mer Sandböden. Daneben besiedelt
sie auch Grasheiden, Binnendünen
und die Kiesbänke am Rande von
Flüssen, wo die Tiere dank ihrer aus-
gezeichneten Schutzfärbung kaum zu
erkennen sind. Der Gesang dieser Art,
der im August/September vorgetragen wird, ist außerordentlich zart und
melodisch. Lange Zeit hielt man sie
überhaupt für stumm. Außerdem ver-
mag die Sandschrecke ausgezeichnet
zu fliegen.

20. *Chorthíppus albomarginátus*
13–19 mm
Die abgebildete Heuschrecke gehört
einer jener zahlreichen Grashüpfer-
Arten an, die im Hochsommer unsere Wiesen bevölkern. In vielen Fällen läßt sich ihre Artzugehörigkeit
jedoch nur nach wenig auffallenden
Merkmalen des Körperbaues bestimmen; bei *Chorthíppus albomarginátus*
beispielsweise verlaufen die Seiten-
kiele des Vorderrückens fast parallel
oder sie sind nur leicht gebogen.
Strukturen des Vorderflügels sowie
die Zahl der Schrillzäpfchen auf den
Hinterschenkeln, die beim Vorbei-
streichen an den Vorderflügeln die
verschiedenen Laute hervorbringen,
spielen eine zusätzliche Rolle bei der
Bestimmung. Dagegen ist die Färbung innerhalb ein und derselben Art
oft außerordentlich veränderlich: Von
dem hier dargestellten *Chorthíppus*
gibt es außer hellgrünen Exemplaren
auch solche mit gelblicher, violetter
oder bräunlicher Grundfarbe. Er bewohnt überwiegend feuchte Wiesen
und wird nur gelegentlich auf trok-
kenem Gelände angetroffen.

21. Gefleckte Keulenschrecke
Myrmeleotéttix maculátus
10–15 mm
Die Männchen der meist heller oder
dunkler braunen, seltener grünen oder
schwarz und rot gezeichneten Keulenschrecke haben länglich verdickte
Fühlerenden. Beim Weibchen ist die
Fühlerspitze nur sehr schwach erweitert. Die Vorderflügel weisen eine
braune Fleckenzeichnung auf, die den
überwiegend sich am Boden aufhal-
tenden Tieren eine sehr gute Tarnung
verleiht. Als ausgesprochen wärmeliebende Heuschrecke lebt *Myrmeleotéttix* auf trockenen Wiesen, Heiden,
Dünen, Ödland und ähnlichen durch
das Klima begünstigten Böden. Während sie hier in trockenen Jahren von
Juni–Oktober in oft großer Zahl angetroffen wird, ist bei anhaltend

feuchten Sommern eine außerordent-
liche Minderung des Bestandes der
Keulenschrecke festzustellen.

Ordnung:
Wanzen *Heteróptera*

Zwei wichtige Merkmale kennzeichnen die Ordnung der Wanzen und
unterscheiden sie gleichzeitig von den
nahe verwandten Pflanzensaugern
(Homóptera). Die basale, körpernahe
Hälfte der Vorderflügel ist bei ihnen
lederartig verdickt und undurchsich-
tig, während die apikale, körperferne
als durchsichtige Membran ausgebildet ist. Dabei stoßen in der Ruhelage
die verdickten Hälften an der Mittellinie zusammen, die häutigen Flügel-
spitzen jedoch überdecken sich. Die
Mundwerkzeuge der Wanzen sind zu
einem Stechrüssel (Rostrum) umgebildet und verkörpern damit den
stechend-saugenden Typ. Sie setzen,
im Gegensatz zu den Pflanzensaugern,
am vorderen Teil des Kopfes an und
führen in der rinnenförmigen Unter-
lippe (Labium) die stilettähnlich gestalteten Ober- und Unterkiefer
(Mandibel und Maxillen). Sie stechen
damit ihre Nahrungswirte (Pflanzen,
andere Insekten und Warmblüter) an
und saugen durch ein von den beiden
Unterkieferborsten gebildetes Rohr
deren Säfte auf. Als ein weiteres eigen-
tümliches Merkmal der Wanzen ist
die Ausbildung von Stinkdrüsen zu
nennen, deren Sekret durch Öffnun-
gen an der Unterseite des Brustabschnitts, beiderseits zwischen den
mittleren und hinteren Hüften gelegen, ausgeschieden wird. Da der Ge-
ruch zumeist nur bei Störung des
Tieres wahrgenommen wird, ist ihm
offenbar eine abschreckende Wirkung
zuzuschreiben. Die Entwicklung der
Wanzen verläuft ohne Metamorphose, das heißt die Larven gleichen,
abgesehen von den noch fehlenden
Flügeln und Genitalorganen, bereits
den erwachsenen Tieren.

Familie:
Weichwanzen *Míridae*

22. Ameisenwanze *Myrmécoris grácilis*
4–5,5 mm

Durch ihre schlanke, langbeinige Gestalt, den am Grunde stark eingeschnürten Hinterleib (Ameisentaille) sowie durch die weitgehend verkürzten Flügel erinnert diese Wanze lebhaft an eine Ameise der Gattung *Formíca* (**207, 208**). Verstärkt wird dieser Eindruck noch durch die schwarzbraune oder teilweise rötlichbraune Färbung der Wanze und ihre kahle, matt glänzende Oberseite. Der Hinterleib, dessen Seitenränder aufgebogen sind, ist beim Männchen fast dreieckig, bei dem Weibchen mehr eiförmig. Die Ameisenwanze lebt an trockenen, stark besonnten Stellen, wo sie sich an und unter Gräsern und Heidekraut aufhält. Sie saugt andere kleine Kerbtiere aus, wobei es offenbar noch unklar ist, ob sie auch Ameisen angreift, in deren Gesellschaft die Ameisenwanze des öfteren angetroffen wird. Man findet die erwachsenen Tiere dieser Art, die vor allem Mittel- und Nordeuropa bewohnt, von Mitte Juni–Mitte August. Die Überwinterung erfolgt im Eistadium.

23. *Leptoptérna ferrugáta*
6,5–8 mm

Die graugrünlichen, rötlichgrau bis schwarzbraun gezeichneten Weibchen dieser Weichwanze sind kurzflüglig. Nur selten einmal tritt ein langgeflügeltes Weibchen auf. Kopf und Vorderrücken der bräunlichen Männchen sind schwarz mit gelber Zeichnung. Die Tiere leben von Ende Juni–Ende August recht häufig auf Wiesen an Gräsern und Kräutern. Sie überwintern als Ei.

24. *Trigonotýlus élymi*
5,3–6,8 mm

Von dieser blaßgrünen Weichwanze treten gelegentlich auch Exemplare auf, die mit bräunlichen Längsstreifen geziert sind. Sie kommt in den Dünen der Nord- und Ostseeküste vor, wo sie von Juni–Anfang Juli stellenweise häufig an Strandhafer und Strandroggen zu beobachten ist. Die Eier überwintern.

25. *Phytócoris váripes*
5,8–7 mm

Wie viele andere Weichwanzen der Gattung *Phytócoris* zeichnet sich auch die abgebildete Art durch auffallend lange und schlanke Fühler und Beine aus. Die deutsche Bezeichnung Weichwanze weist übrigens auf die wenig widerstandsfähige Körperdecke dieser zarten Insekten hin, die selbst beim behutsamen Fang leicht Schaden nehmen. Die gelblichrote, rotbraun gescheckte Art, über deren Kopf und Vorderrücken oft 2 rötliche Längsstreifen ziehen, ist von Mitte Juni bis in den Herbst an trockenen Standorten überall häufig. Die Tiere saugen hier an krautigen Pflanzen.

26. *Polýmerus brevicórnis*
4–4,8 mm

Während der Körperumriß der Männchen dieser schwarzen und mit einer gelben Zeichnung versehenen Weichwanze länglich und annähernd parallelseitig ist, zeigen die weiblichen Tiere eine breit ovale Form. Diese Art, die in Steppenheidegebieten vorkommt und auf Echtem Labkraut lebt, ist nicht häufig. Man trifft die erwachsenen Wanzen von Juni–September an; die Eier überwintern.

27. *Orthocéphalus saltátor*
3,5–5 mm

Auch bei dieser Wanzen-Art zeichnen sich die größeren Männchen durch eine langgestreckte und die Weibchen durch mehr gedrungene, eiförmige Gestalt aus. Außerdem sind die letzteren, wie das abgebildete Tier, zumeist kurzflüglig, die Männchen dagegen stets langflüglig. Die einfarbig schwarzen, glatten Wanzen tragen oberseits neben auffallenden schwarzen Borsten noch anliegende goldglänzende Schuppenhaare. Als Bewohner trockener Böden leben die erwachsenen Tiere von Ende Juni–Anfang August an Habichtskraut, Schafgarbe und anderen Korbblütlern. Sie sind weit verbreitet und häufig.

28. *Orthótylus ericetórum*
3–3,5 mm
Diese leuchtend hellgrüne Weichwanze hat im hinteren Teil der Vorderflügel noch orangefarbene Flecken. Eine aus den Alpen und dem Fichtelgebirge bekannte Unterart ist dagegen nur einfarbig grün. Die Hinterschenkel der grünlichen oder gelben Beine sind verdickt. In den Sommermonaten wird die in Deutschland überall häufige Art an Heidekraut angetroffen.

29. *Orthótylus viréscens*
3,8–4,5 mm
Die Arten innerhalb der Gattung *Orthótylus* sind einander sehr ähnlich und können am besten anhand der unterschiedlichen Behaarung ihrer Oberseite sowie durch den voneinander abweichenden Bau des männlichen Genitalapparates getrennt werden. Die Färbung der abgebildeten Art ist ein sattes Grün, mit dunkel graubrauner Membran der Vorderflügel. Man begegnet ihr von Juli–September recht häufig an Besenginster, wo sie nicht nur Pflanzensäfte saugt, sondern auch anderen kleinen Insekten nachstellt.

30. *Glóbiceps fulvicóllis cruciátus*
4,5–5,5 mm
Die Männchen dieser breitköpfigen Weichwanze sind immer langflüglig, die Weibchen in der Regel kurzflüglig. Über die Vorderflügel der einfarbig schwarzen Tiere ziehen 2 unterbrochene gelblichweiße Querbinden.

Die erwachsenen Wanzen leben im Juli/August auf heideartigem Gelände an krautigen Pflanzen und an Gebüsch, vor allem an Ginster. Auch sie überwintern im Eistadium.

31. *Systellonótus triguttátus*
3,3–4,5 mm
Recht unterschiedlich sind die beiden Geschlechter dieser in Deutschland überall verbreiteten und stellenweise nicht seltenen Weichwanze: Während die stets langflügligen Männchen eine gestreckte Körpergestalt aufweisen, haben die Weibchen eine ameisenähnliche Form. Ihr Hinterleib ist am Grunde stark eingeschnürt, der kugelige Kopf viel größer als beim Männchen, und die Flügel sind immer erheblich verkürzt. Die Färbung von Kopf und Vorderkörper ist schwarz, die schokoladenbraunen Vorderflügel des Männchens tragen 2 weiße, schwarz gesäumte Querbinden. *Systellonótus* besiedelt trockene Örtlichkeiten, wo sie sich am Boden, oft in Gesellschaft von Ameisen, aufhält.

Familie:
Sichelwanzen *Nábidae*

32. Große Sichelwanze *Nábis májor*
8,5–9 mm
Über den Vorderrücken dieser gelbbraun bis braun gefärbten Sichelwanze ziehen 3 schwarze Längsbinden. Der Außenrand der Vorderflügel ist ebenfalls schwarz, während der Rand des Hinterleibes einfarbig gelblich erscheint. Wie alle *Nábis*-Arten lebt auch die Große Sichelwanze räuberisch von anderen, meist kleineren Insekten. Beim Aussaugen hält sie diese oft mit den Vorderbeinen fest oder trägt sie auf dem Rüssel gespießt fort. Die Wanze bewohnt vor allem die Küstengebiete der Nord- und Ostsee, kommt aber auch im Binnenland vor. Die Tiere halten sich tagsüber gerne in Grasbüscheln auf, die sie erst in der Dämmerung auf der Suche

nach Beutetieren verlassen. Seine Eier legt das Weibchen in das untere Ende von Grashalmen ab; die Eier überwintern, und die Larven schlüpfen im Mai. Sie häuten sich im August zu Vollinsekten, die man dann bis in den November antrifft.

33. Gelbstreifen-Sichelwanze
Nábis flavomarginátus
5,7–9,6 mm
Diese etwas robuster wirkende Sichelwanze ist oberseits hell gelbbraun mit einem mittleren und 2 seitlich verlaufenden schwarzen Längsstreifen, die lediglich auf den stark verkürzten Flügeln fehlen. Der Hinterleibsrücken ist größtenteils schwarz und trägt nur in der Mitte 2 gelbe, mehr oder minder vereinigte Längsstreifen. Die Seiten sind gelbbraun. Der Hinterleib wird zudem von einer sehr kurzen und seidigen grauen Behaarung bedeckt. Der Lebensraum dieser *Nábis*-Art sind Heiden und Wiesen, auch Salzwiesen, namentlich im Norden Deutschlands sowie im Gebirge. Hier jagt sie auf den krautigen Pflanzen nach kleinen Insekten und Spinnen. Die Eier werden in die unteren Teile von Grashalmen versenkt, die Larven erscheinen von Mai–Juli, Vollinsekten von Juni–Oktober.

34. *Nábis rugósus*
6–8 mm
Neben der abgebildeten Sichelwanze gibt es in Deutschland noch 3 oder 4 weitere, sehr ähnlich aussehende Arten, deren Bestimmung jedoch nur durch Vergleich der Genitalstrukturen möglich und im Gelände nicht durchführbar ist. *Nábis rugósus* hat einen gelb- oder graubraunen Vorderkörper und ebensolche Vorderflügel, der erstere, noch mit 3 schwarzen Längsstreifen. In Deutschland ist *rugósus* die häufigste *Nábis*-Art und überall verbreitet. Seine Aufenthaltsorte sind grasbewachsene Stellen, wo die Tiere sowohl auf den Pflanzen als auch am

Boden leben. Die Überwinterung erfolgt als erwachsene Wanze. Nach der Paarung werden die Eier im Mai abgelegt, und die geschlüpften Larven entwickeln sich bis Anfang August zu Vollinsekten.

Familie:
Raubwanzen *Reduvíidae*

35. *Córanus subápterus*
9–12 mm
Obwohl von dieser graubraunen, mit anliegenden grauweißen Härchen besetzten Raubwanze auch langflüglige Exemplare gefunden werden, sind bei der Mehrzahl der Tiere beide Flügelpaare stark verkürzt. Auf trockenen Sandböden und in Heidegebieten ist *Córanus subápterus* verbreitet und recht häufig. Als Beutetiere werden andere Insekten sowie Spinnen gejagt und ausgesaugt. Aus den überwinterten Eiern schlüpfen im April/Mai die Larven, die bis zum Juli erwachsen sind. Beide, Larven und Vollinsekten, lassen bei Berührung Laute vernehmen, die durch reibende Bewegungen des Saugrüssels am Körper erzeugt werden.

Familie:
Stelzenwanzen *Berýtidae*

36. Große Stelzenwanze *Neídes tipulárius*
9–11 mm
Ein langer, schmaler Körper und sehr lange, dünne Beine geben dieser ockergelben Wanze ein mückenähnliches Aussehen. Dieser Eindruck wird durch die dünnen, knieartig gewinkelten und an der Spitze keulig verdickten Fühler noch verstärkt. In Deutschland ist diese Art überall verbreitet und an trockenen, grasreichen Standorten nicht selten. Hier hält sich die Stelzenwanze sowohl am Boden als auch an Gräsern und krautigen Pflanzen auf. Die erwachsenen Tiere überwintern.

37. *Gampsócoris púnctipes*
3,4–4,7 mm
Der Großen Stelzenwanze in der Gestalt recht ähnlich, unterscheidet sich der kleinere *Gampsócoris* vor allem durch die abweichende Form von Kopf und Vorderrücken sowie durch eine schwarze Ringelung an Beinen und Fühlern. Die gelbgraue, schwarzköpfige Wanze hat außerdem dunkle Schwielen auf dem Vorderrücken und einen aufrechten Dorn auf dem Schildchen (Scutellum). Sie ist auf trockenem Boden stellenweise häufig und lebt hier an Hauhechel-Arten. Ihre grünen Larven, deren Beine schwarz gefleckt sind und starke Borsten tragen, saugen an den Drüsenhaaren ihrer Wirtspflanze. *Gampsócoris* überdauert die kalte Jahreszeit als Vollinsekt.

Familie:
Bodenwanzen *Lygáeidae*

38. Grillenwanze *Geócoris grylloídes*
3,5–5 mm
Diese kleine, etwas eiförmig gestaltete Wanze fällt besonders durch ihre ungewöhnlich großen Augen auf, die fast die ganzen Kopfseiten einnehmen. Der häutige Teil der Vorderflügel ist zumeist verkürzt. Die Tiere sind glänzend schwarz, ihr Vorderkörper ist mit Punktgruben besetzt, und nur die Ränder des Vorderrückkens und der Vorderflügel, die Beine sowie die Spitzen der Wangen und des Schildchens sind gelb. Die bei uns überall verbreitete Grillenwanze besiedelt trockene und sonnige Örtlichkeiten, wo sie am Boden und unter den Pflanzen lebhaft umherläuft. Die Überwinterung erfolgt im Erwachsenenstadium.

39. *Ischnodémus sabuléti*
4,4–5,6 mm
Sowohl an Strandroggen im Bereich der Küstendünen als auch an Süßgras in feuchten Wiesen und Sümpfen findet man oft in großer Zahl Larven wie auch Vollinsekten dieser Bodenwanze. Die Tiere halten sich gesellig in den unteren Blattscheiden auf, die sie bisweilen verlassen, um die Blätter oder den Boden aufzusuchen. Auch die Eier werden in kleinen Gruppen in die Halme versenkt. Die Larven haben einen roten Hinterleib, die langgestreckten Wanzen sind schwarz, fein hell behaart und besitzen einen gelbbraunen Hinterrand des Vorderrückens, ebenso gefärbte Vorderflügel mit braunen Adern sowie gelbbraune Schienen und Tarsen. Unabhängig vom Geschlecht treten neben langflügligen Exemplaren auch solche mit erheblich verkürzten Flügeln auf.

40. *Nýsius thými*
4,5–5,5 mm
Diese graue bis graubraun gefärbte Bodenwanze ist in Deutschland weit verbreitet und häufig. Man findet sie auf trockenem Boden unter Heidekraut, Beifuß und Thymian. Den Winter übersteht diese Lygaeide als Larve. Eine sehr nahestehende Art ist *Nýsius erícae*. Eine sichere Unterscheidung der beiden ist nur durch die Untersuchung der Genitalstrukturen möglich. Auch *Nýsius erícae* bevorzugt sandige und stark besonnte Standorte.

41. *Cýmus glandícolor*
3,6–4,8 mm
Eine länglich-ovale Gestalt und grobe Punktgruben auf dem Vorderkörper kennzeichnen neben anderen Merkmalen die Vertreter der Gattung *Cýmus*. Die dargestellte braun oder gelbbraun glänzende Art zeigt außerdem auf dem Vorderrücken einen Mittelkiel. Zu ihren Wirtspflanzen gehören verschiedene Seggen-Arten, wobei es für die Wanzen gleichgültig ist, ob diese in sumpfigem Gelände wachsen oder in sandigem, wie etwa auf Dünen. Im übrigen zeichnen sich die Larven dadurch aus, daß sie den Früchten der Seggen sehr ähnlich

sehen. Die Überwinterung erfolgt als
erwachsenes Tier.

42. *Monosynámma bohemáni (Míridae)*
3,1–3,5 mm
Diese in Deutschland überall verbrei-
tete und nicht seltene Weichwanzen-
Art (keine Bodenwanze!) ist in ihrer
Färbung und Zeichnung sehr ver-
änderlich. Nur der Hinterrand des
Kopfes und eine Mittellinie auf Vor-
derrücken und Schildchen sind in der
Regel gelblich gefärbt. Außerdem
tragen die dunklen Vorderflügel fast
stets weiße Flecken. Man findet die
Wanzen von Mitte Juni bis Mitte
August an verschiedenen Weiden-
Arten, besonders an Flußufern.

43. *Acalýpta párvula (Tíngidae)*
1,6–2,2 mm
Wie die vorhergehende Art gehört
auch die hier abgebildete nicht zu den
Bodenwanzen. Es handelt sich vielmehr um einen Vertreter der Netz-
wanzen (Familie *Tíngidae*), die sich
durch ihre geringe Größe (bis höch-
stens 4 mm) und die netz- oder wa-
benartige Gitterstruktur ihrer Oberseite auszeichnen. *Acalýpta párvula*
hat, wie alle Angehörigen der Gattung
Acalýpta, eine blasenartige Auftreibung am Vorderrand des Vorderrückens, die die Basis des Kopfes
überdeckt. Der Vorderrücken trägt
3 Längskiele. Die dunkelgraue Netz-
wanze hält sich auf Sand- und Heide-
boden auf, wo sie in Moos- und
Flechtenrasen lebt. Sie ist in Deutschland überall verbreitet und an vielen
Orten auch häufig.

44. *Stygnócoris pedéstris*
2,5–3 mm
Vor allem in Heidegebieten ist diese
schwarz und braun gefärbte Bodenwanze nicht selten. Hier leben die
Tiere, die durch ihr schwarzes Fühler-
ende (4. Glied) auffallen, im August/
September an Heidekraut. Die Larven
trifft man von Mai–August an.

45. *Scolopostéthus decorátus*
3,5–4 mm
Ein Bewohner trockener Heidelandschaften ist auch die abgebildete
Scolopostéthus-Art. In Deutschland unterscheiden wir 8 Arten dieser Lyga-
eiden-Gattung, die sich in ihrer
schwarzen und gelbbraunen Färbung
alle recht ähnlich sehen. Während von
einigen Arten sowohl langflüglige als
auch kurzflüglige Tiere bekannt sind,
reichen bei *Scolopostéthus decorátus* die
Vorderflügel stets bis zum Ende des
Abdomens. Er findet sich oft in
großer Zahl unter den Heidekraut-
büschen, doch sitzen die Tiere auch
auf dem Heidekraut. Die erwachsenen
Wanzen erscheinen im Juli und leben
nach der Überwinterung bis zum
Mai. Nach der Paarung legen die
Weibchen ihre Eier am Heidekraut
ab.

46. *Macrodéma micrópterum*
3–3,8 mm
Eine weitere, in Heidegebieten überall häufig anzutreffende Bodenwanze
ist *Macrodéma micrópterum*. Die glänzend schwarzen Tiere, deren Vorderrücken eine gelbe Hinterrandmitte
hat, weisen meist stark verkürzte
gelbbraune bis rotbraune Vorderflügel auf. Die Wanzen trifft man am
Boden besonders unter Heidekraut an
und sie überwintern im Erwachsenenstadium. Die Larven, die aus den im
Mai abgelegten Eiern schlüpfen, sind
schwarz gefärbt und haben die gleiche
Körpergestalt wie die vollentwickel-
ten Wanzen.

47. *Pionosómus várius*
2–3 mm
Diese kleine, schwarz und gelbbraun
gezeichnete Bodenwanze ist mit langen, abstehenden schwarzen Haaren
und stellenweise mit feinen hellgelben
Haaren besetzt. Auffallend sind die 2
viereckigen Flecken in der Mitte des
Vorderrückenhinterrandes. Die Tiere
sind auf Heide- und Sandboden nicht

selten, wo sie sich unter Pflanzen, zwischen Flechten und Moos aufhalten. Den Winter überdauern sie im Erwachsenenstadium, die neue Generation erscheint im Juli oder August.

48. *Eremócoris abíetis*
7–7,5 mm
In lichten Wäldern kann man von August an diese lebhaft gefärbte Bodenwanze beobachten. Während der Kopf, das Schildchen und die vordere Hälfte des Vorderrückens schwarz sind, ist dessen hinterer Abschnitt gelbbraun mit schwarzen Höckern. Auch die Seitenränder sind schmal gelbbraun gezeichnet. Zweifarbig sind auch die Vorderflügel: die vordere Hälfte ist mehr weißlich, die hintere Hälfte zimtbraun. In der Mitte sitzt in der Regel ein dunkler Punkt. Der schwärzliche häutige Teil trägt 3 weißliche Flecken. Die Larven dieser Art leben in den Nestern vor allem der Roten Waldameise (*Formíca rúfa*), wo sie ihre Entwicklung durchlaufen. Die frisch entwickelten Vollinsekten findet man außerhalb der Ameisenbauten. Sie überwintern in der Bodenstreu und unter Rinde.

49. *Gonianótus marginepunctátus*
5–5,5 mm
Sandige Heidegebiete sind der Lebensraum der gelb- oder graubraunen und dicht mit dunklen Punkten besetzten Bodenwanze. Hier wird sie an manchen Stellen recht häufig angetroffen, besonders in Norddeutschland. Ein wichtiges Kennzeichen dieser bisweilen auch einfarbig schwarzen Tiere ist der trapezförmige Vorderrücken mit geradem Vorderrand. Sie überwintern als Vollinsekten; die neue Generation tritt ab Juli auf.

50. *Peritréchus geniculátus*
5–5,6 mm
Neben der abgebildeten Art sind in Deutschland noch 5 weitere Arten der Gattung *Peritréchus* vertreten. In der Färbung gleichen sie sich weitgehend: Ihr Körper ist schwarz mit Ausnahme des gelb- bis dunkelbraunen Hinterabschnitts des Vorderrückens und der Vorderflügel. Die letzteren sind teilweise noch schwarz gefleckt. Unterschieden werden die Arten hauptsächlich durch die Größenverhältnisse ihres Vorderrückens und der einzelnen Fühlerglieder. Der häufige *Peritréchus geniculátus* bewohnt trockene Grasflächen und saugt hier vor allem an Samen. Seine Larven sind gelbbraun und haben schwarze Längsstreifen. Eine neue Generation, die den Winter im Erwachsenenstadium überdauert, erscheint ab August.

51. *Rhyparochrómus píni*
7–8 mm
Wie viele andere Bodenwanzen ist auch diese Art ein Bewohner trockener, sandiger Flächen, wo man im Frühjahr die überwinterten Tiere häufig umherlaufen sieht. Zu ihren Lebensräumen zählen vor allem Heidegegenden, unter deren Bewuchs, Kräuter und Moos, die Wanzen sich hauptsächlich aufhalten. Die Nahrung sowohl der Larven als auch der Vollinsekten, die von August an in Erscheinung treten, besteht in erster Linie aus Pflanzensamen. Innerhalb der Gattung *Rhyparochrómus* gibt es eine Reihe äußerlich recht ähnlich aussehender Arten, von denen die hier abgebildete sich folgendermaßen charakterisieren läßt: Färbung schwarz; braun bis gelbbraun sind ein schmaler seitlicher Saum und die hintere Hälfte des Vorderrückens, die Spitze des Schildchens sowie die Vorderflügel. Der schwarze Fleck steht mit dem häutigen Teil der Vorderflügel nicht in Berührung. Fühler und Beine schwarz, mit Ausnahme des größten Teiles der Vorderschienen, die gelbbraun sind.

Familie:
Alýdidae

52. *Alýdus calcarátus*
10–12 mm
Die Angehörigen der Wanzenfamilie *Alýdidae* zeichnen sich neben anderen Merkmalen dadurch aus, daß Kopf und Vorderrücken etwa gleich breit und die Hinterschenkel unten stets bedornt sind. Der abgebildete *Alýdus calcarátus*, ein überwiegend schwarzbraun gefärbtes Tier mit braunen, dunkel gepunkteten Vorderflügeln, ist überall verbreitet und auf trockenem Boden häufig. Gern halten sich die auffallend langbeinigen Wanzen, die überdies gewandte Flieger sind, an Besenginster und Wolfsmilch auf, doch findet man sie oft auch auf den verschiedensten Blüten. Die Einschnürung am Grunde des Hinterleibes, die bei den erwachsenen Tieren von den Vorderflügeln verdeckt wird, verleiht den Larven eine große Ähnlichkeit mit Ameisen, insbesondere mit der Roten Waldameise (*Formíca rúfa*). Außerdem werden die *Alýdus*-Larven oft in Gesellschaft von Ameisen und in deren Nestern angetroffen. Ob sie hier den eingetragenen Pflanzensamen besaugen oder gar von den Ameisen selber leben, konnte bislang nicht mit Sicherheit nachgewiesen werden.

Familie:
Rhopálidae

53. *Chorosóma schillíngi*
14–16 mm
Der sehr schmale, parallelseitige Körper sowie die auffallend langen Fühler und Beine kennzeichnen diese hell gelbbraune Wanzen-Art. Als weiteres Merkmal ist der Mittelkiel auf Vorderrücken und Schildchen zu nennen und außerdem die zwischen den Adern glasartig hyalinen Vorderflügel. Die schlanken Tiere bewohnen Sandboden, besonders Dünen, wo sie sich an Gräsern aufhalten. Die Überwinterung erfolgt im Eistadium. Ab Mai erscheinen die Larven, die im Gegensatz zu den voll ausgebildeten Wanzen grün gefärbt sind, ihnen gestaltlich aber bereits sehr ähneln. Die Vollinsekten schließlich treten ab Juli auf.

Familie:
Lederwanzen *Coréidae*

54. *Arenócoris falléni*
6–6,5 mm
Der Kopf dieser ovalen, graugelb bis graubraun gefärbten Wanzen ist viereckig und mit zahnartigen Höckern besetzt. Desgleichen weist der Vorderrücken Längswülste und Höcker auf, und die Adern des lederigen Teiles der Vorderflügel sind kielartig erhaben. Die in Deutschland überall verbreitete und nicht seltene Coreiden-Art bevorzugt sandigen oder steinigen Boden, wo sich die Tiere vornehmlich unter den Polstern von Heidekraut, Beifuß und Gewöhnlichem Reiherschnabel aufhalten. Die Überwinterung erfolgt im Stadium des Vollinsekts.

Familie:
Baumwanzen *Pentatómidae*

55. Wacholder-Baumwanze
Pitédia juniperína
10–12 mm
In ihrer Verbreitung ist die lebhaft grüne Baumwanze an das Vorkommen von Wacholder, ihrer Wirtspflanze, gebunden. Nur im Norden Deutschlands geht sie lokal auch auf die Schwarze Krähenbeere über. Im Herbst kann sich das Grün der Wanze bisweilen zu einem Braun umfärben. Lediglich die Seitenränder sind elfenbeinweiß, seltener orangegelb. Weiß ist außerdem auch die Spitze des großen Schildchens. Die Vollinsekten überwintern.

56. *Rhacognáthus punctátus*
7–10 mm
Spitze Seitenecken des Vorderrückens und ein sehr breites und gerundetes Ende des langen Schildchens kennzeichnen diese Baumwanze. Ihr brauner und oft metallisch schimmernder Körper ist dicht mit schwarzen Punktgruben bedeckt und über Vorderrücken und Schildchen zieht ein gelblicher, schwieliger Mittelstreifen. Gelbe Randflecken zeigen auch die Segmente des Hinterleibes, und außerdem sind sämtliche Schienen in der Mitte breit gelb angelegt. *Rhacognáthus* lebt besonders in Sandgebieten auf Birken- und Weidengesträuch. Er stellt hier anderen Insekten und vor allem deren Larven nach, die er aussaugt. Die Larven finden sich im Juli/August; die erwachsenen Wanzen überwintern.

57. Spitzling *Áelia acumináta*
8–10 mm
Wie der deutsche Name bereits andeutet, ist der dreieckige Kopf dieser bekannten Baumwanze vorn in eine Spitze verlängert. Ihr gelblicher, schwarz gestreifter Körper ist dicht mit Punktgruben besetzt, die im Bereich der dunklen Längsstreifen schwarz, auf den hellen Flächen aber farblos sind. Der Spitzling lebt an Gräsern, die an sonnigen, trockenen Standorten wachsen. Er tritt mitunter in größerer Zahl auf und kann dann durch Besaugen der noch weichen Getreidekörner schädlich werden.
Dies trifft in besonderem Maße für die nahe verwandte *Aelia rostráta* im Südosten Europas und in Vorderasien zu, die dort als Getreideschädling gefürchtet ist. *Aelia* überwintert als erwachsenes Tier in der Bodenstreu; das Larvenstadium dauert von Mai-Juli.

58. *Pódops inúncta*
5–6,5 mm
Obwohl auch diese Pentatomiden-Art in Deutschland überall verbreitet ist, wird sie nur seltener einmal gefunden. Ein Grund dafür liegt in der sehr versteckten Lebensweise dieser Tiere, die sich überwiegend an den Wurzeln der Gräser auf feuchten Wiesen und an den Ufern von Gewässern aufhalten. Bemerkenswert an *Pódops* ist ein kleiner hammerförmiger Fortsatz an den Halsecken des Vorderrückens sowie das breite, zungenförmige Schildchen, das bis zum Ende des Hinterleibes reicht. Die braungraue Oberseite ist dicht mit schwarzen Punktgruben besetzt. Kopf und Fühler sind schwarz.

59. *Sciócoris cúrsitans*
4–6 mm
Der Kopf dieser kurz-ovalen und oberseits flachen Wanze ist stumpfbogig im Umriß; seine Ränder sind gleich denen des Vorderrückens und dem basalen Teil der Vorderflügel blattartig scharf. Das Schildchen reicht über die Mitte des Hinterleibes. Die braun bis gelbbraun gefärbten Tiere leben unter Pflanzen auf sandigem oder auch kiesigem Boden. Sie saugen hier an Pflanzenwurzeln. Die Vollinsekten überwintern; Larven finden sich von Juni-August.

Familie:
Erdwanzen *Cýdnidae*

60. *Legnótus pícipes*
3–4,3 mm
Die Familie der Erdwanzen umfaßt ovale, in der Mehrzahl schwarz oder schwarzbraun gefärbte Arten, deren Körper mehr oder minder stark gewölbt sind. Auch der abgebildete *Legnótus* ist bis auf einen schmalen gelbbraunen bis braunen Rand der Vorderflügel einfarbig dunkel und zeichnungslos. Die kleine Wanze ist in Deutschland weit verbreitet und wird vor allem auf sandigen Grasflächen angetroffen. Hier lebt sie an krautigen Pflanzen, besonders aber an

Labkraut-Arten, von deren Säften sie sich ernährt. Den Winter überdauern die Tiere als Vollinsekten; ihre Larven erscheinen ab Juli.

Ordnung:
Pflanzensauger *Homóptera*

Zu dieser Ordnung zählen außer den Zikaden die als Pflanzenschädlinge gefürchteten Blattflöhe, Blattläuse, Schildläuse und die überwiegend in wärmeren Ländern beheimateten Mottenschildläuse. Die einzelnen Gruppen weichen in ihrer Körperform oft erheblich voneinander ab und nicht wenige, wie etwa die beinlosen, festsitzenden Weibchen der Schildläuse, sind in hohem Maße umgebildet. Ihnen allen gemeinsam ist die Ausbildung ihrer Mundteile zu einem stilettartigen Stechrüssel, mit dem das Pflanzengewebe angebohrt und die Säfte aufgesaugt werden. Während bei den nahestehenden Wanzen der Stechrüssel an der Spitze des Kopfes ansetzt, ist er bei den Pflanzensaugern so weit nach hinten in den Bereich der Kehle gerückt, daß er nicht selten zwischen den Hüften des vorderen Beinpaares zu entspringen scheint. In der Regel haben die Pflanzensauger zwei Flügelpaare, die in Ruhe dachförmig den Hinterleib bedecken; das vordere Paar ist hyalin oder auch gleichmäßig mehr oder minder lederig verdickt. Bei den Männchen der Schildläuse ist nur ein Flügelpaar ausgebildet, wohingegen einigen Blattlaus-Arten in beiden Geschlechtern die Flügel fehlen oder die Weibchen nur in manchen Generationen ungeflügelt auftreten. Die Zikaden bilden in den Tropen mitunter recht große und vor allem stimmgewaltige Formen aus, in Mitteleuropa sind diese Insekten nur durch kleinere und teilweise winzige Arten vertreten.

Familie:
Kielstirnzikaden *Cixíidae*

61. *Cíxius símilis*
4,5–6 mm
Die Vorderflügel dieser stumpfköpfigen Zikade sind mehr oder weniger gebräunt und auf dem feinen Adernetz undeutlich gefleckt. Etwa ein Dutzend größere Punkte sitzen auf dem Vorderrand des Flügels. In ihrem Vorkommen ist diese Art vor allem auf Moorgebiete beschränkt.

Familie:
Issidae

62. *Ommatidiótus dissímilis*
3,2–4,7 mm
Gleichfalls ein Moorbewohner ist diese auffallend gefärbte, vorwiegend kurzflüglige Zikaden-Art. Über Scheitel, Vorderrücken und Schildchen der oberseits hell ockerfarbenen Tiere zieht ein roter Längsstreifen. Beim Weibchen, dessen Scheitel vorn bogig begrenzt ist, sind wie beim Männchen die Vorderflügel matt orangefarben gestreift. Mitunter treten auch Weibchen mit verlängerten Vorderflügeln und ohne Streifen auf. Ein solches Tier zeigt unsere Abbildung.

Familie:
Schaumzikaden *Cercópidae*

63. *Neophiláenus lineátus*
5–7 mm
Die Oberseite dieser Schaumzikade ist bleich ockergelb, und nur der dunkelbraune Schulterfleck ist zu einem parallel dem Vorderflügelrand verlaufenden Längswisch ausgezogen. Die Tiere besiedeln vornehmlich Wiesengelände, wo sie von Juni–August zum Teil recht häufig angetroffen werden. Sie leben an den verschiedensten Pflanzen, doch besaugen sie überwiegend Gräser. Die zarthäutigen Larven dieser Zikade um-

geben sich auf ihren Nahrungspflanzen mit einer schaumigen Masse, die einen vorzüglichen Schutz gegen Austrocknung und Verfolger darstellt. Sie erzeugen den Schaum, indem sie Luftbläschen in die von After- und Hinterleibsdrüsen reichlich ausgeschiedene Flüssigkeit bringen. Die Larven pflegen kopfabwärts an der Pflanze zu sitzen; auf diese Weise fließt der neu gebildete Schaum über das Insekt und hüllt seinen Körper schließlich vollständig ein.

Familiengruppe:
Kleinzikaden *Cicadelloídea*

64. *Idiócerus liturátus*
5,3–6,6 mm
Von den Schaumzikaden unterscheiden sich die Angehörigen der Kleinzikaden neben anderen Merkmalen durch die Ausbildung einer Reihe dicht gestellter Dörnchen an den Schienen des hinteren Beinpaares. Die Schaumzikaden hingegen besitzen nur ein Dornenpaar. Die abgebildete, in der Grundfarbe graugelbe *Idiócerus*-Art wird in den Monaten Juli–September nicht selten auf Weiden angetroffen. Innerhalb der Kleinzikaden ist eine größere Anzahl von Arten als Überträger von Viruskrankheiten in Nutzpflanzen-Kulturen sehr gefürchtet. Daneben können auch durch Verletzung der Pflanzen bei der Nahrungsaufnahme oder Eiablage beträchtliche Schäden entstehen.

65. *Ulópa reticuláta*
3–4 mm
Diese kleine Zikade zeichnet sich durch einen scharf gerandeten, breiten Scheitel, eine grobe Punktierung von Scheitel, Vorderrücken und Schildchen sowie durch mehr oder minder stark gewölbte, derbe Vorderflügel aus. Die Beine sind verhältnismäßig kurz. Auf weißlichgrauem Grund finden sich braune bis rostrote Flekken, und über die Vorderflügel ziehen

3 ebenso gefärbte Schrägbinden. Außerhalb dieser Binden sind die Adern weiß. Die Tiere leben an Heidekraut, und zwar im März/April und von Juli–Oktober. Sie überwintern als Vollinsekten.

66. *Doratúra exílis*
2,7–4 mm
Nur selten einmal treten bei dieser zierlichen Zikade Weibchen mit normal langen Flügeln auf. Unsere Abbildung zeigt ein solches Tier. Normalerweise sind die Flugorgane bei beiden Geschlechtern erheblich verkürzt und lassen etwa die Hälfte des Hinterleibes unbedeckt. Die Grundfarbe der Zikade ist ein gelbliches Grau mit 3 schwarzen Punkten an der Spitze des Scheitels. Die Art ist weit verbreitet und kommt im Juli/August in trockeneren Rasen- und Heidegebieten vor.

67. *Macrópsis impúra*
3,3–4,5 mm
Aus Dünengelände, wo sie sich namentlich auf der dort wachsenden Kriechweide (*Sálix répens*) aufhält, ist diese graugelb bis bräunlich gefärbte Zikade bekannt. Doch besiedelt sie auch andere Lebensräume. Ihr Scheitel ist sehr schmal, mit dunkler Spitze. Dunkel ist auch der Vorderrücken hinter den Augen. Die erwachsenen Tiere werden im Juli angetroffen.

68. *Mocuéllus collínus*
3–4,7 mm
Innerhalb dieser Zikaden-Art treten neben Tieren mit verkürzten Vorderflügeln auch solche mit normal entwickelten auf; doch bleibt die Spitze des Hinterleibes in der Regel unbedeckt. Der Ausbildung der Vorderflügel entsprechend sind auch die Hinterflügel entweder stark zurückgebildet oder sie haben die gleiche Länge wie das erste Flügelpaar. Oberseits ist die Zikade überwiegend grün und nur der Scheitel gelblich mit

einer matten, aus bräunlichen Punkten bestehenden Zeichnung an der Spitze. Mitunter ist nur eine feine schwarze Mittellinie ausgebildet auf einem helleren Längsstreifen. *Mocuéllus* ist weit verbreitet und von Juni–Oktober vorwiegend an trockenen, grasigen Plätzen zu finden.

69. *Euscélis plebéjus*
3,5–5 mm
Trockene Wiesen und Ödland, Feldraine und Wegränder werden in oft größerer Zahl von dieser gedrungen gebauten Zikade besiedelt. Sie lebt hier von Juni–September an verschiedenen krautigen Pflanzen. Die Tiere sind fast immer langflügelig, das heißt, ihre Vorderflügel sind gleichlang oder ein wenig länger als der Hinterleib. Der Scheitel ist wie der Vorderrücken mehr oder weniger ockergelb; ersterer mit einer Zeichnung aus braunen Flecken und Strichen. Braun gepunktet sind auch die grauen Vorderflügel.

Ordnung:
Netzflügler *Planipénnia*

Die Ordnung der Netzflügler umfaßt kleine bis sehr große Tiere mit vier häutigen, durch zahlreiche Längs- und viele kurze Queradern unterteilte Flügel, die in Ruhestellung dachförmig über den Hinterleib gelegt werden. Ihre Mundwerkzeuge gehören dem kauenden Typ an, während die Fühler lang und fadenförmig oder auch kurz und am Ende keulenartig verdickt sein können. Die meisten Netzflügler führen als erwachsene Tiere, wie auch im Larvenstadium, eine räuberische Lebensweise. Hierzu haben die Mundwerkzeuge der Larven eine besondere Umbildung erfahren: Ober- und Unterkiefer sind zu einem langen und kräftigen, sichelförmig gekrümmten Zangenpaar verwachsen. Die Nahrung, Körpersäfte der erbeuteten Tiere, wird durch die als Saugröhren wirkenden Zangen aufgenommen. Der Mitteldarm der Larve ist indessen völlig geschlossen, so daß die angesammelten Nahrungsrückstände erst bei Schlüpfen des Vollinsekts, nachdem der Mitteldarm durchgebrochen ist, ausgeschieden werden. Zur Verpuppung spinnen die Larven der Netzflügler einen Kokon. Das Spinnmaterial wird nicht von umgewandelten Speicheldrüsen erzeugt, wie es bei den meisten Insekten der Fall ist, sondern entstammt den schlauchartigen Malpighischen Gefäßen, die in den Enddarm münden und sonst zur Ausscheidung von Endprodukten des Stoffwechsels dienen. Von hier gelangt die Spinnseide durch den After nach außen.

Familie:
Ameisenjungfern *Myrmeleónidae*

70. Gemeine Ameisenjungfer
Myrméleon formicárius
Flügelspannweite 65–75 mm
Nach ihrer Gestalt könnte man die Ameisenjungfer bei flüchtigem Hinsehen leicht mit einer Libelle verwechseln. Ein genauer Vergleich zeigt jedoch wesentliche Unterschiede, die vor allem in den dachartig gehaltenen Flügeln, dem sehr weichhäutigen Körper und besonders in den kurzen, an ihrer Spitze verdickten Fühlern der Ameisenjungfer liegen. Außerdem erscheint ihr Flug durch die zarten Flügel und den nur schwachen Körper taumelnd und fast schwerfällig, ganz im Gegensatz zu den meist pfeilschnellen und wendigen Libellen, die ja zu den besten Fluginsekten überhaupt zählen. Gebiete mit Sandboden und einem Bestand von Nadelhölzern sind die Lebensräume der Ameisenjungfern. Hier fliegen sie an warmen Sommerabenden umher und lassen sich von künstlichen Lichtquellen leicht anlocken. Im gleichen Gelände lebt die eigenartig gebaute, bis 12 mm lange Larve der Ameisenjungfer, der

Ameisenlöwe (**70a**). An sandigen Waldrändern oder im Schutze von Böschungen legt er seine trichterartigen, bis 5 cm tiefen Fallgruben an (**70b**). Die Larve selber lauert am Grunde des Trichters, bis auf die mächtigen Saugzangen im lockeren Sand versteckt, auf kleinere Insekten, besonders Ameisen. Sobald nun eine Ameise an den Rand des Trichters kommt und an den steilen Wänden abzurutschen droht, versucht der Ameisenlöwe durch Hinaufschleudern von Sand und Steinchen sein Opfer vollends zum Straucheln zu bringen. Wenn die Ameise schließlich hinabgeglitten ist, wird sie sofort mit den Zangen gepackt und ausgesaugt. Die leere Haut des Beutetieres schleudert der Ameisenlöwe mit einer schnickenden Kopfbewegung über den Trichterrand. Die Larven überwintern zweimal und verpuppen sich erst im dritten Jahr in einem mit Sandkörnern beklebten Kokon.

Familie:
Florfliegen *Chrysópidae*

71. Goldauge *Chrysópa abbreviáta*
Flügelspannweite 22–28 mm
Diese zierlich gebaute, zartgrüne Florfliege ist ein typischer Bewohner der Dünenvegetation im Bereich der Meeresküsten. Man findet sie indessen auch auf dem Uferbewuchs in den großen Flußtälern und vereinzelt im Binnenland. Die Florfliegen, deren Augen goldgrün schimmern, leben vorzugsweise auf Gebüsch und Pflanzen der Krautschicht, wo sie kleinen Insekten, vornehmlich aber Blattläusen, nachstellen. In Gebäuden, einem beliebten Überwinterungsort der Florfliegen, kann man sie auch zur Aufnahme von Fleisch oder Zukkerwasser bringen. Die Weibchen legen ihre Eier, die auf langen, sehr dünnen Stielchen sitzen, stets in der Nähe von Blattlauskolonien ab. Dabei drückt das Weibchen die Spitze seines Hinterleibes zunächst gegen die Unterlage und scheidet ein rasch erhärtendes Sekret ab. Indem es den Hinterleib schnell anhebt, zieht es das Sekret zu einem dünnen Faden aus, an dessen Ende das Ei aufgesetzt wird. Im Verlauf mehrerer Wochen kann ein Weibchen fast ein halbes Tausend Eier ablegen. Die geschlüpften Larven sind ebenfalls Verfolger der Blattläuse, die neben Fliegen- und Blattwespenlarven ihre Hauptnahrung darstellen (**71a**). Viele Larven maskieren sich mit den ausgesaugten Häuten der Blattläuse oder mit Pflanzenteilchen, die leicht an den Härchen der Körperoberseite hängenbleiben. Die Verpuppung erfolgt in einem Kokon, der an die Unterseite eines Blattes angeheftet ist.

Ordnung:
Schmetterlinge *Lepidóptera*

Die formenreiche Ordnung der Schmetterlinge (insgesamt etwa 140000 bekannte Arten) weist einige markante Merkmale auf, mit deren Hilfe sie, von wenigen Ausnahmen abgesehen, sehr gut charakterisiert werden kann. In erster Linie sind die zu Schuppen umgebildeten Haare zu nennen, welche die Flügel und vielfach noch weitere Teile des Körpers bedecken. Gleichzeitig stellen die verschieden gestalteten Schuppen die Träger der Farbelemente dar. Sie sind für das Zustandekommen der mannigfaltigen Färbungs- und Zeichnungsmuster der Schmetterlinge verantwortlich, die durch unterschiedliche Anordnung der Schuppen auf der Flügelfläche hervorgerufen werden. Ein weiteres Kennzeichen liegt in der Umwandlung der ursprünglich kauenden Mundwerkzeuge, die lediglich bei den pollenfressenden Urmotten (*Micropterígidae*) noch funktionsfähig sind, zu einem Organ, das allein der Aufnahme flüssiger Nahrung dient. Dieser Saugrüssel wird von einem stark verlängerten Teil der beiden Unterkiefer (Maxillen) gebildet, die sich röhrenförmig aneinanderlegen und in Ruhe uhrfederartig eingerollt sind. Bis auf die behaarten oder beschuppten Lippentaster (Palpen), die neben den Fühlern und den großen Facettenaugen am Kopf des Falters besonders auffallen, sind alle übrigen Mundteile fast völlig zurückgebildet. Während die Angehörigen der meisten Schmetterlingsfamilien ihre Flügel in Ruhestellung dachförmig oder flach und etwas abgewinkelt über den Hinterleib legen, klappen andere ihre Flügel über dem Rücken zusammen. In enger Beziehung zu diesem Verhalten steht das Auftreten einer wirksamen Schutzfärbung, die bei den erstgenannten, vorwiegend in der Dämmerung und nachts aktiven Faltern auf der Oberseite der Vorderflügel, bei den am Tage fliegenden dagegen auf der Unterseite beider Flügelpaare zu beobachten ist. Die lebhaft bunt gefärbten Flügelflächen bleiben beim ruhenden Falter verborgen, so daß er für solche Verfolger unsichtbar wird, die sich auf der Beutesuche nach dem Gesichtssinn orientieren. Die überwiegende Mehrzahl der Nachtschmetterlinge verfügt außerdem über empfindliche Gehörorgane, die entweder im hinteren Brustabschnitt oder an der Basis des Hinterleibes gelegen sind, je nachdem zu welcher Familiengruppe der Falter gehört. Mit diesen Organen nehmen sie die im Bereich des Ultraschalles liegenden Orientierungsrufe der nächtlich jagenden Fledermäuse wahr und vermögen oft durch blitzschnelle Reaktion, meist einfaches Fallenlassen aus dem Flug, der tödlichen Gefahr zu entgehen.

Familie:
Sackträger *Psýchidae*

72. Zottiger Sackträger
Pachythélia villosélla
Flügelspannweite des Männchens 27–28 mm

Die Angehörigen dieser Schmetterlingsfamilie sind unter anderem dadurch bemerkenswert, daß sie im weiblichen Geschlecht niemals Flügel ausgebildet haben. Darüber hinaus sind in den meisten Gattungen die Weibchen so stark rückgebildet, daß neben den Mundwerkzeugen und Augen auch die Gliedmaßen fehlen, was den Tieren ein madenähnliches Aussehen verleiht. Das trifft auch für das plumpe Weibchen des Zottigen Sackträgers zu, wenngleich bei ihm noch Augenflecke und kleine Antennenhöcker vorhanden sind. Die Männchen sind schwärzlich- bis rötlichgrau und haben auf der Querader der Flügel einen schwarzen Strich. Sie fliegen vor allem in den Vormittagsstunden in trockenen, stark besonnten Heidegebieten, wo man sie von Ende Mai bis Ende Juli antreffen kann. Allerdings tritt *Pachythélia* in Mitteleuropa nur lokal auf und ist meist selten. Ihre dunkler bräunliche, weißgelb gestreifte Raupe lebt in der Regel zweijährig an Heidekraut, Ginster, Strauchbirken und anderen Pflanzen. Der für die Psychiden bezeichnende selbstgesponnene Raupensack ist beim Männchen auf seiner Außenseite mit dürren Blättern und Zweigstückchen besetzt, jener des Weibchens ebenfalls sehr derb umschlossen von abgebissenen Zweigstücken sowie abstehenden Grasstengeln. Zur Verpuppung spinnt die Raupe ihren Sack, den sie bisher mit sich herumgetragen hat, an der Unterlage fest: die Männchen an etwas erhöhten Orten wie Felsen, Stämme und dergleichen, die Weibchen meist an niedrigen Pflanzen oder am Erdboden. Vor dem Ausschlüpfen der Falter schieben sich die sehr beweglichen Puppen der Männchen aus einem röhrenartigen Fortsatz am Hinterende des Raupensackes weit heraus (**72a**). Dagegen verbleiben die glatten, länglich tonnenförmigen Puppen der Weibchen im Sack, den die Tiere nicht verlassen. Sie werden von den umherfliegenden Männchen dort aufgesucht und begattet. Auch die Eiablage erfolgt dann im Innern des Sackes.

Familie:
Langhornminiermotten *Lyonetíidae*
73. *Leucóptera spartifoliélla*
Flügelspannweite 8,5–9,5 mm
Im Frühling und im Herbst entdeckt man häufig Gangminen in der grünen Stengelrinde von Besenginster, in denen die Raupen dieser Miniermotte leben. Zur Verpuppung legen sie ein Seidengespinst außerhalb der Mine an. Die Falter erscheinen im Mai/Juni. Die Grundfarbe ihrer Vorderflügel ist schneeweiß. Auffallend ist außerdem ein gelb begrenzter, metallisch glänzender Spiegelfleck am Innenwinkel der Vorderflügel.

Familie:
Sackträgermotten *Coleophóridae*
74. *Coleóphora bilineatélla*
Flügelspannweite 13–15 mm
Die Gattung *Coleóphora* ist mit etwa 100 Arten in unserem Gebiet sehr zahlreich vertreten. Ihre Raupen fertigen sich aus dem Sekret ihrer Spinndrüsen, aus Pflanzenteilen oder aus beidem zusammen charakteristische Larvensäcke an, die ihnen Schutz vor Witterungseinflüssen und vor Feinden geben, und die sie, wie die Raupen der Psychiden, stets mit sich herumtragen. Der schwarzbraune Raupensack der abgebildeten *Coleóphora*-Art ist mit abstehenden, übereinandergeschobenen Blättchen umkleidet (**74a**). Man findet ihn bis Juni an Ginster und Besenginster, in denen die Raupe miniert. Dazu streckt sie den Vorderkörper aus dem Sack heraus, und frißt zunächst ein rundes Loch in die Blattepidermis. Von hier aus höhlt sie das Blattinnere so weit aus, wie es ihr aus dem Gehäuse ragender Körper zuläßt. Den Sack selber verläßt die Raupe nicht. Vor der Verpuppung spinnt sie ihn mit der Öffnung an die Unterlage fest und dreht sich dann so in dem Gehäuse um, daß der Kopf zum Hinterende weist. Der ausschlüpfende Falter kann den Sack dann durch die sogenannten Analklappen an dessen Hinterende verlassen. Die Tiere zeichnen sich durch den rein weißen Vorder- und Innenrand ihrer gelb- bis rotbräunlichen Vorderflügel und durch die scharf schwarz und weiß geringelten Fühler aus. Sie sind im Juni/Juli nicht selten.

Familie:
Wickler *Tortrícidae*
75. *Lobésia littorális*
Flügelspannweite 14–16 mm
In die Monate Juni/Juli und September/Oktober fällt die Flugzeit dieses Wicklers, dessen weißlich gefärbte Vorderflügel von 2 braunen, teilweise schwärzlich gefleckten Querbändern durchzogen werden. Vor dem Flügelsaum findet sich außerdem noch ein brauner, halbmondförmiger Fleck, während die Flügelwurzel bräunlich verdunkelt ist. Das Vorkommen von *Lobésia littorális* innerhalb Deutschlands liegt im Bereich der Küstengebiete. Ihre blaß grünlichgraue oder gelegentlich dunkelbraune Raupe lebt im April/Mai und im August an den Blättern, im Blütenkopf sowie im Stengel der Grasnelke.

76. *Stenódes hilarána* (*Cochýlidae*)
Flügelspannweite 17–23 mm
Dieser auf Sandboden verbreitete, jedoch nur örtlich anzutreffende Wickler gehört in die Familie *Cochýlidae*, die früher nur als eine Unterfamilie (*Cochylínae*) der Tortriciden angesehen wurde. Die Zeichnung seiner hell bräunlich bis gelbbräunlichen Vorderflügel besteht aus einer dunkelbraunen, zum Vorderrand hin verloschenen Schrägbinde sowie einem dunklen Häkchen vor der Flügelspitze und einer wenig scharf begrenzten Binde vor dem Außenrand (Saum). Die

weißliche Raupe findet sich im Juni/Juli in länglichen Stengelanschwellungen (Gallen), die durch ihren Fraß hervorgerufen werden oder in jungen Schößlingen von Feldbeifuß. Der Falter fliegt im Juli/August.

77. *Argyróploce arbutélla*
Flügelspannweite 12–16 mm
Auch dieser hübsch gefärbte Wickler wird nur stellenweise häufiger angetroffen. Seine purpurroten Vorderflügel sind mit metallisch bleiglänzenden Querlinien geschmückt. Die bräunlichgelbe, mit feinen schwarzen Wärzchen besetzte Raupe lebt im April/Mai zwischen zusammengesponnenen Blättern von Bärentraube und Heidelbeere. Der Falter erscheint im Mai/Juni.

Familie:
Zünsler *Pyrálidae*

78. *Gymnáncyla canélla*
Flügelspannweite 20–23 mm
Der hellbraune, weißlich bestäubte Zünsler, dessen Vorderflügel je 2 auffallende schwarze Queraderpunkte tragen, hält sich tagsüber verborgen. In ihrer Flugzeit (Juli/August) kommen die Falter nachts an die Lichtquellen. Zu den wichtigsten Nahrungspflanzen der Raupe gehören Melde und Salzkraut (*Sálsola káli*). Die Tiere fressen gesellig an Samen, Blättern und Trieben und verpuppen sich im Herbst in einem mit Sandkörnchen besetzten Kokon am Erdboden.

79. *Catóptria fulgidélla*
Flügelspannweite 21–24 mm
Ein schneeweißer, gezähnter Längsstreifen mit zweigabeligem Ende durchzieht die glänzend olivbraunen Vorderflügel dieser Grasmotte. Mit diesem Namen bezeichnet man allgemein die Vertreter der Unterfamilie *Crambínae*, zu denen auch *Catóptria* gehört. 2 weitere weiße Striche sitzen dicht über dem Innenrand der Vorderflügel. Der Falter kommt von Juli–Mitte September an trockenen, sandigen Stellen vor und ruht gerne an Kiefernzweigen. Grasmotten werden beim Durchstreifen von Wiesengelände oder mit Gras bewachsenen Waldschneisen sehr leicht aufgescheucht. Nach kurzem Flug setzen sie sich wieder an einen Halm, wobei sie ihre bezeichnende Ruhestellung einnehmen: Der Kopf mit den lang vorgestreckten Palpen zeigt nach unten, während die schmalen Flügel um den Körper gerollt werden. Die Raupen der abgebildeten Grasmotte leben in einer Gespinströhre am Boden und fressen nachts an den Wurzeln von Segge und Ruhrkraut (*Gnaphalium dioicum*).

80. *Melissobláptes zélleri*
Flügelspannweite 22–34 mm
Trockene, sandige Standorte sind auch der Lebensraum dieses überwiegend aschgrau gefärbten Zünslers. Ein schwärzlicher, hell gekernter Ring am Zellende, ein gleicher Ring oder dunkler Längsstrich davor sowie 2 undeutliche dunkle Querlinien bilden die Zeichnung des Vorderflügels. Die im Juli/August erscheinenden Falter halten sich bevorzugt am Erdboden auf. Ihre bräunlichgrauen Raupen leben in senkrechten, bis 10 cm langen und seidig ausgesponnenen Erdröhren, die zwischen Moos, Gräsern oder krautigen Pflanzen angelegt werden. Nach oben sind die Röhren durch kleine, mit Kot vermischte Sandhäufchen abgeschlossen. Mitunter verlaufen auch oberirdische Gespinstgänge zwischen den Pflanzen. Die Raupen ernähren sich von Pflanzenteilen sowie von Tierresten. Sie überwintern in ihren Röhren und verpuppen sich hier auch etwa im Mai/Juni.

81. *Selágia spadicélla*
Flügelspannweite 23–30 mm
Die hell bräunlichgraue, dunkel ge-

streifte Raupe dieses Zünslers lebt ebenfalls in Gespinströhren. Ihre Wände sind mit Sandkörnchen durchsetzt. Die Gänge finden sich unter Gamander (*Teucrium montanum*) und Heidekraut, an denen die Raupe nach Eintritt der Dunkelheit frißt. Sie verpuppt sich im Juni, und die Flugzeit des Falters fällt in den Juli/August. Seine Vorderflügel sind wie der Körper braunrot, weißlich bestäubt und tragen 2 gezackte, schmale dunkle Querstreifen. Man findet die weit verbreiteten Tiere auf trockenen, mit Heidekraut bewachsenen Stellen, wo sie tagsüber, mit dem Kopf nach abwärts gerichtet, an den Pflanzen ruhen.

82. *Swammerdámia conspersélla* (*Yponoméutidae*)
Flügelspannweite 12–14 mm
Dieser Falter gehört nicht zu den Zünslern, sondern ist ein Vertreter der Gespinstmotten (*Yponoméutidae*). Seine weißlichgrauen Vorderflügel sind graubraun bestäubt; die rotbraune Querbinde weist im unteren Teil zumeist nach der Flügelwurzel hin. Die Art ist nur in den Alpen sowie im Norden Europas verbreitet. Die Falter fliegen im Juni/Juli. Die bräunlichweiße Raupe hat eine feine Rückenlinie und breite braunrote Seitenstreifen. Sie lebt zuerst minierend und später, im Mai, frei an Blättern der Krähenbeere.

83. *Titánio pollinális*
Flügelspannweite 20–24 mm
An trockenen Standorten, wo die Nahrungspflanzen seiner Raupe gedeihen, kann man im Mai/Juni sowie im August diesen auffallend gefärbten Zünsler beobachten. Auf jedem seiner schwarzen, grünlich bestäubten Flügel stehen 2 große gelblichweiße Flecken, an der Vorderflügelbasis außerdem noch 1–2 weißliche Striche. Seine hellgraue, mit 5 braungrauen Längsstreifen gezierte Raupe lebt von Juni–

August an Ginster, Besenginster, Hauhechel und Kleestrauch (*Cystisus*). Sie hält sich in einem röhrenartigen Gespinstgang auf, der vom Pflanzenstengel bis unter die Erde führt.

Familie:
Glasflügler *Aegeríidae*

84. *Chamaesphécia muscaefórmis*
Flügelspannweite 15–19 mm
Dem äußeren Erscheinungsbild nach stellen die Glasflügler eine recht einheitliche Schmetterlingsfamilie dar. Während ihre sehr schmalen Flügel durch eine weitgehende Rückbildung des Schuppenkleides zum größten Teil durchsichtig geworden sind, fällt der bei vielen Arten lebhaft gelb- oder orangefarben geringelte Hinterleib besonders stark ins Auge. In dieser Tracht stimmen sie weitgehend mit verschiedenen Wespen-Arten überein und werden dieser schützenden Ähnlichkeit wegen vermutlich auch von insektenfressenden Vögeln und anderen Verfolgern gemieden. Der abgebildete Glasflügler gehört zu den weniger auffälligen, kleineren Arten. Typisch für ihn ist die gelbe Fleckenreihe auf dem schwarzen Hinterleibsrücken und der gelbe Rand des 2., 4. und 6. Hinterleibssegments. Mit gelb untermischt ist schließlich auch der schwarze Afterbusch. Die Falter fliegen von Juni–August auf trockenen, mit Grasnelken bewachsenen Hängen. Ihre gelblichen, mit einzelnen feinen Härchen besetzten Raupen leben von August – überwinternd – bis Mai in den Wurzeln von Grasnelken und Heidekraut.

Familie:
Spanner *Geométridae*

85. *Thálera fimbriális*
Flügelspannweite 32–36 mm
Heide und trockenes Ödland sind die Lebensräume dieses grünen Spanners. Seine Vorderflügel werden von 2, die

Hinterflügel von einer hellen, geschwungenen Querlinie durchzogen. Die Randschuppen der Flügel sind weiß und rostbraun gescheckt, und der Rand der Hinterflügel weist 2 deutliche Zacken auf. Die schlanke grüne Raupe hat eine rote Rückenlinie, einen roten zweispitzigen Kopf und ebensolche Analspitzen. Sie lebt an Schafgarbe und anderen niedrigen Pflanzen.

86. Rotbandspanner *Rhodostróphia vibicária*
Flügelspannweite 28–34 mm
In seiner Färbung und Zeichnung ist dieser hübsche Spanner recht veränderlich. Gewöhnlich tragen die blaß ledergelben Flügel rosafarbene Querlinien, die parallel zum Außenrand verlaufen, der Vorderflügel 3 und der Hinterflügel 2 Binden (**86a**). Bei manchen Tieren ist die Fläche zwischen den beiden äußeren Querlinien rosa ausgefüllt und auch zum Außenrand (Saum) hin breit rosafarben bestäubt (**86**). Der Rotbandspanner, dessen Flugzeit in den Juni sowie August/September fällt, ist weit verbreitet, tritt jedoch nur lokal auf. Eine nahe verwandte, ähnliche Art (*Rhodostróphia calábra*) kommt innerhalb Deutschlands nur im Südwesten vor. Die sehr schlanke, nach vorn verjüngte Raupe ist gelblichbraun mit schwarzen Fleckchen. Sie lebt an Ginster, Besenginster, Heidekraut, Rainfarn und anderen Pflanzen und rollt sich bei Berührung spiralig zusammen.

87. Purpurspanner *Lýthria purpuráta*
Flügelspannweite 19–22 mm
Auf offenem Gelände ist der Purpurspanner häufig anzutreffen. Seine Hinterflügel sind ockergelb, die Vorderflügel gelb bis olivfarben mit 2–3 roten Querbändern. Auch bei dieser Art unterliegen die Zeichnungselemente des Vorderflügels einer individuellen Abänderung. Die Fühler sind außerordentlich kurz und im männlichen Geschlecht, wie auch beim Rotbandspanner, mit langen doppelten Kammzähnen besetzt. Die schlanke, rötliche und dunkel gestreifte Raupe ernährt sich von Ampfer und Knöterich.

88. Breitbandspanner *Scotópteryx plumbária*
Flügelspannweite 33–42 mm
Neben diesem Spanner, dessen aschgraue oder violettgraue Vorderflügel einen dunklen Mittelpunkt aufweisen und von 3 fast geraden, braunen Querstreifen durchzogen sind, gibt es eine zweite, äußerlich sehr ähnlich aussehende Art, *Scotópteryx mucronáta*. Man faßte deshalb früher beide Arten oft zu einer einzigen zusammen, doch sind sie nach Merkmalen ihrer Genitalstrukturen mit einiger Sicherheit voneinander zu trennen. Daneben läßt sich zu ihrer Unterscheidung auch die Flugzeit heranziehen: *Scotópteryx plumbária* fliegt von Ende Juni–August, während die zweite Art bereits im Mai erscheint. Die hell gelblichgrauen Raupen zeigen eine aus dunklen Punkten und Strichen bestehende Längsstreifung; über die Bauchseite ziehen 3 dunkle Längsstreifen, von denen der mittlere schmaler ist als die beiden äußeren. Ginster und Besenginster sind die Nahrungspflanzen der überwindenden Raupen.

89. *Eupithécia nanáta*
Flügelspannweite 18–22 mm
In der Gattung *Eupithécia* werden mehr als 60, oft schwer unterscheidbare Arten zusammengefaßt. Diese Mottenspanner, wie sie ihrer Zartheit wegen genannt werden, zeichnen sich neben anderen Merkmalen durch ihre langgestreckten Vorderflügel und die im Verhältnis dazu sehr kurzen Hinterflügel aus. In Ruhe halten die Falter ihre Vorderflügel ausgebreitet und an

die Unterlage angedrückt, wobei das hintere Flügelpaar von dem vorderen weitgehend verdeckt wird. *Eupithécia nanáta*, die im Mai und wieder im Juli auf Heidekraut nicht selten ist, hat eine für die meisten Eupithecien typische Zeichnung von hellen und dunklen Wellenlinien auf den Flügeln. Die hellen, rein weißen Querlinien heben sich gut von der bräunlichgrauen Grundfarbe ab. Raupe: (119).

90. *Percónia strigillária*
Flügelspannweite 34–42 mm
Obwohl der im Mai/Juni fliegende Spanner weit verbreitet ist, wird er in Deutschland nur stellenweise angetroffen. Der Falter ist leicht kenntlich an den trüb weißen, dicht gelbbraun bestäubten Flügeln und den fast geraden braunen Schrägstreifen, von denen 3 den Vorderflügel und 2 den Hinterflügel durchziehen. Seine schlanke Raupe ist von August – überwinternd – bis Mai auf Besenginster zu finden. Auf grauem Grund zeigt sie einen dunkelbraunen, im hinteren Körperteil in Punkte aufgelösten Rückenstreifen sowie eine schmutziggelbe Seitenlinie.

91. *Semiothísa carbonária*
Flügelspannweite 20–26 mm
Der auffallend gezeichnete Spanner ist im Mai/Juni besonders auf Torfmooren in Norddeutschland und im Alpengebiet anzutreffen. Charakteristisch für ihn sind die breiten schwarzen Querlinien auf den weißen, dicht schwärzlich gesprenkelten Flügeln. Seine grüne oder auch braune, mit fast verloschenen dunklen Längsstreifen gezeichnete Raupe lebt im Juli auf einer Vielzahl verschiedener Pflanzen, darunter Bärentraube, Heidelbeere, Birke und Salweide.

92. *Selidoséma brunneária*
Flügelspannweite 32–42 mm
Bei den Männchen dieser Spanner-Art sind die Fühler mit langen Kamm-

zähnen besetzt. Die violettgrauen Flügel tragen ein breites braunes Saumband und die Vorderflügel außerdem einen braunen Mittelschatten, dessen äußere Begrenzung durch einen dunklen Fleck am Vorderrand des Flügels angedeutet ist. Die Flugzeit der auf Kalkhügeln verbreiteten Falter liegt im Juli/August. Die rötlich- oder gelblichbraune Raupe findet sich im Mai/Juni an Ginster, Heidekraut, Hornklee und anderen Pflanzen. Über ihren Rücken zieht häufig eine schwarze, auf dem hinteren Teil der Segmente erweiterte Linie; hinzu kommen noch dunkle Seitenlinien.

93. Heidespanner *Ematúrga atomária*
Flügelspannweite 28–36 mm
Auch beim Männchen des Heidespanners haben die Fühler lange, federartig verbreitete Kammzähne (**93a**), die Fühler des kleineren und schmalflügligeren Weibchens sind borstenförmig. Unterschiede bestehen auch in der Flügelfärbung: beim Männchen sind diese trüb ockergelb, die 4 Vorderflügel- und die 3 Hinterflügelbinden bräunlich. Beim Weibchen ist die Grundfarbe der Flügel weißlich und die der Binden schwärzlich. Der Heidespanner fliegt bei Tage häufig an trockenen Örtlichkeiten und tritt vermutlich in 2 Generationen im April/Mai und im Juli/August auf. Raupe: (120).

94. *Gnóphos obscuráta*
Flügelspannweite 36–41 mm
Die Angehörigen der Gattung *Gnóphos*, die wegen ihrer vorzugsweise alpinen Verbreitung als Felsenspanner bezeichnet werden, sind wegen ihrer Ähnlichkeit oft schwer zu unterscheiden. Die dargestellte Art ist in der Regel insgesamt dunkler und die schwarzen, stark gezähnten Querlinien des Vorderflügels sind sehr viel ausgeprägter als es in der Abbildung zum Ausdruck kommt. Auch werden

die Flügel in Ruhestellung flach ausgebreitet gehalten. Die Flugzeit des lokal auf Kalkboden vorkommenden Spanners reicht von Juli–September. Seine bräunliche oder graue Raupe, mit hellen, dunkel begrenzten Schrägstrichen an den Seiten, lebt im April/Mai an niederen Pflanzen.

95. Herbst-Ginsterspanner
Chésias legatélla
Flügelspannweite 37–41 mm
Ein auffallendes Kennzeichen dieser Spanner-Art ist die helle, oft weiße Längsstrieme, die von der Spitze des Vorderflügels, nahe dem Vorderrand, bis zur Flügelwurzel zieht. Im übrigen sind die Vorderflügel gelbbraun gemustert, wobei die Querlinien sich derart vereinigen, daß sie einen dunklen Fleck auf dem Innenrand und am Hinterrand der Flügelzelle einschließen. Der Ginsterspanner fliegt im September/Oktober und ist nicht häufig. Ruht der Falter an einem Ginsterbusch, dann umschließen seine Flügel den Zweig, an dem er sitzt. Seine glatte grüne oder gelbe, längsgestreifte Raupe lebt im Mai/Juni an Besenginster.

Familie:
Blutströpfchen, Widderchen
Zygáenidae

96. *Zygáena purpurális*
Flügelspannweite 32–34 mm
Die bekannten Blutströpfchen finden sich von Mitte Juni–Anfang August nicht selten auf Moor- und Heidewiesen. Sie sitzen, oft zu mehreren, auf den Blütenköpfen, von denen sich die trägen Falter kaum aufscheuchen lassen. Ihre zumeist gelben, seitlich mit schwarzen Punkten besetzten Raupen ernähren sich ausschließlich von Thymian und verpuppen sich nach zweimaliger Überwinterung in einem an der Futterpflanze befestigten, länglich kahnförmigen und pergamentartigen Kokon. Kurz vor dem Schlüpfen des Falters schiebt sich die Puppe mit ihrem Vorderteil aus dem Kokon.

Familie:
Schwärmer *Sphíngidae*

97. Labkrautschwärmer *Celério gállii*
Flügelspannweite 60–75 mm
Ein auffallender Rhythmus in der Häufigkeit ist bei dieser schönen Schwärmerart zu beobachten; starke Flugjahre wechseln mit solchen geringeren Auftretens ab. Die Falter fliegen von Mai–Juni und vereinzelt im August/September in der Dämmerung und saugen an Blüten. Raupe: (122).

Familie:
Zahnspinner *Notodóntidae*

98. Großer Gabelschwanz
Cerúra vínula
Flügelspannweite 45–75 mm
Mit Weiden und Pappeln bestandenes Gelände sind neben Laubwaldgebieten die Aufenthaltsorte des Gabelschwanzes. Der Falter, der in einer Generation von Mai–Juli auftritt, ist weit verbreitet und zumeist nicht selten. In ihrer Grundfarbe ändern die kräftigen Tiere von hellem Grauweiß bis zu einem annähernd einheitlichen Schwarz ab. Die Zeichnung der durchscheinenden Flügel setzt sich aus einer dunklen inneren und einer tiefgezackten doppelten äußeren Querbinde zusammen. Hinzu kommen noch dunkle Längsstriche zwischen den Adern am Flügelsaum. Der nahe verwandte und sehr ähnlich aussehende Hermelinspinner (*Cerúra ermínea*) unterscheidet sich vom Gabelschwanz durch die reiner weißen Flügel sowie durch die nicht so deutlichen dunklen Zackenlinien der Vorderflügel. Auch die Hinterflügel des Weibchens sind weiß, beim Gabelschwanz dagegen dunkelgrau. Aus-

serdem ist der Hermelinspinner, vor allem im Norden, weitaus seltener als der Gabelschwanz. Raupe: (123).

99. Zickzackspinner *Notodónta zíczac*
Flügelspannweite 40–50 mm
Der Zickzackspinner ist weit verbreitet und überall häufig anzutreffen. Die Falter fliegen von Ende April–Anfang Juni und in einer 2. Generation von Mitte Juli–Anfang September. Ein charakteristisches Zeichnungselement ihrer hell ockerbraunen Vorderflügel ist der große dunkle Mittelmond, der das braungrau beschattete Saumfeld und die weniger stark gezähnte Wellenlinie abtrennt. Der Vorderrand des Vorderflügels zeigt eine weißlichgraue Färbung. Raupe: (127).

Familie:
Glucken *Lasiocámpidae*

100. Eichenspinner *Lasiocámpa quércus*
Flügelspannweite 56–70 mm
Der Eichenspinner unterliegt in der Färbung sowie in der Ausbildung seiner Flügelbinden einer beträchtlichen Variation. Sie ist vermutlich den Einflüssen der unterschiedlichen Lebensräume zuzuschreiben, in denen der Falter vorkommt. Die Stücke aus größeren Höhenlagen weisen eine starke Verdunklung ihrer Flügelfärbung auf, desgleichen Falter aus Moorgebieten. Die Flügelbinden hingegen sind breiter oder schmaler angelegt, je nachdem, ob die Tiere von trockenen oder feuchteren Plätzen stammen. Der Eichenspinner ist von Ende Mai–Juli nicht selten; während die Männchen bei Tage lebhaft umherfliegen, werden die viel größeren und kräftigeren ockergelben Weibchen erst in der Dämmerung aktiv und kommen dann öfter auch ans Licht. Raupe: (126).

Familie:
Trägspinner *Lymantríidae*

101. *Dasychíra fascelína*
Flügelspannweite 40–54 mm
Der Gattungsname *Dasychíra* bedeutet soviel wie »behaarte Hand« und weist auf die rauh behaarten Vorderbeine hin, die der sitzende Falter nach vorn lang ausgestreckt hält. Die abgebildete Art ist in ihrer Flügelfärbung sehr veränderlich, weißlich bis dunkelgrau mit schwarzer und weißer Bestäubung. Auf den Vorderflügeln erkennt man außerdem 2 schwarze, mit orange untermischte Querstreifen, sowie einen mehr oder minder deutlichen Mittelfleck. Obwohl *Dasychíra fascelína* in Mitteleuropa weit verbreitet ist, tritt sie nirgendwo besonders häufig in Erscheinung. Ihre Flugzeit fällt in die Monate Juni–August. Raupe: (124).

102. *Orgýia erícae*
Flügelspannweite des Männchens 23–29 mm
Die Flügel des zottig weiß behaarten Weibchens, das einem Schmetterling kaum noch ähnlich sieht, sind vollkommen zurückgebildet (**102a**); desgleichen sind die Fühler und Beine erheblich verkürzt. Nach dem Verlassen der Puppe bleibt das Tier im Inneren seines gelbgrauen Puppengespinstes (**102b**) und erwartet hier bei Tage umherfliegenden rostbraunen Männchen. Nach erfolgter Paarung werden auch die Eier innerhalb des Gespinstes abgelegt, wo sie überwintern. *Orgýia erícae* tritt von Juli–September in den Moorgebieten Norddeutschlands stellenweise häufig in Erscheinung. Raupe: (125).

Familie:
Augenspinner *Saturníidae*

103. Kleines Nachtpfauenauge
Éudia pavónia
Flügelspannweite 60–82 mm
Das Männchen des weit verbreiteten

und jahrweise häufigen Kleinen Nachtpfauenauges hat braungraue Vorderflügel und orangefarbene Hinterflügel mit einem dunkleren Querband vor dem Saum. Die Grundfarbe des größeren Weibchens hingegen ist weißgrau mit einer wie beim Männchen rotvioletten Bestäubung im Bereich der Vorderflügelspitze (**103a**). In beiden Geschlechtern haben die großen runden Augenflecken auf jedem Flügel einen weißlichen Hof und liegen zwischen 2 gewellten Binden. Während das Männchen in der Flugzeit, Ende März–Anfang Juni, sich gelegentlich auch am Tage in der Sonne sehen läßt, fliegt das plumpere Weibchen nur in der Dämmerung oder nachts. Raupe: (128).

Familie:
Eulenfalter *Noctúidae*

104. Kiefernsaateule *Scótia vestigiális*
Flügelspannweite 32–40 mm
Die Vorderflügel dieses Eulenfalters erscheinen insgesamt hell und dunkel schattiert, mit weißlichgrauer oder bräunlicher Beimischung. Die Makeln, namentlich die Zapfenmakel nahe der Flügelbasis, sind groß und schwarz gefüllt oder umrandet. Lediglich die Ringmakel ist kleiner. Die stark gezackte weiße Wellenlinie vor dem Saum hat nach innen schwarze Pfeilflecken. Die Kiefernsaateule fliegt von Juli–September, vielfach auch tagsüber. Ihre aschgraue, auf dem Rücken bräunliche und fein dunkel längsgestreifte Raupe lebt an Wurzeln von Gräsern. Doch wird sie in Norddeutschland zuweilen in jungen Kiefernkulturen schädlich.

105. *Lycophótia porphýrea*
Flügelspannweite 33–36 mm
Von diesem hübschen braunroten Eulenfalter sind auch Exemplare bekannt, deren Grundfarbe den Rotton vermissen läßt und den Faltern da-

durch ein schwarzbraunes Aussehen gibt. Die gewellten Querlinien des Vorderflügels, die am Innenrand oft miteinander in Verbindung stehen, sind weißlich gefärbt, ebenso die Wellenlinie vor dem Saum sowie die Flügelmakeln. Die Farbe der Hinterflügel ist braungrau. Der Falter fliegt im Juli–August vor allem in Heidegebieten und wird bereits am späten Nachmittag aktiv. Seine Raupe lebt vom Herbst bis zum Frühjahr an Heidekraut. Auf braunrötlichem oder gelbbraunem Grund zeigen die erwachsenen Raupen eine gelblichweiße, dunkel eingefaßte Rückenlinie, flankiert von 2 Reihen gelblicher Flecken. Über die Seiten ziehen außerdem ein weißlicher Längsstreifen sowie, darüberliegend, eine weiße und eine braune Fleckenreihe.

106. Heidekrauteulchen *Anárta myrtílli*
Flügelspannweite 23–26 mm
In einem lebhaften Purpurbraun, mit heller und dunkler Zeichnung der Querstreifen und Makeln, leuchten die Vorderflügel dieser kleinen bunten Eule. Ihre Hinterflügel sind gelb, mit breiter schwarzer Umrandung. Die Falter treten in 2 Generationen auf, im Mai/Juni und wieder von Ende Juli an. Sie fliegen tagsüber in Heidegebieten, während sie nachts Blüten besuchen und sich auch von Lichtquellen anlocken lassen. Raupe: (121).

107. *Mesolígia literósa*
Flügelspannweite 24–27 mm
Neben Faltern mit braunroten Vorderflügeln (**107a**) treten namentlich im norddeutschen Küstengebiet auch Exemplare auf, deren Vorderflügel hell gräulich bis ockergelb gefärbt sind (**107**). Die Flügelzeichnung der braunroten Falter besteht im wesentlichen aus den beiden wenig deutlichen, weißlich gefüllten Querlinien, die sich zum Flügelinnenrand hin stark einander nähern und hier schwarz

verbunden sind. Schwarz umzogen sind auch die Makeln: die schräge Ringmakel an beiden Seiten, die Nierenmakel nur an der Innenseite. Der im Juli/August fliegende Falter ist besonders im Bereich der Küsten häufiger zu beobachten. Seine gelbliche, breit rötlich gestreifte Raupe lebt anfangs in den Wurzeln und später in den Stengeln von Strandroggen (*Elymus arenarius*).

108. *Mythímna littorális*
Flügelspannweite 35–37 mm
Ähnlich wie die vorige Art ist auch *Mythímna littorális* ein Küstenbewohner, der im Juli/August besonders im Gebiet der Nord- und Ostseeküste angetroffen wird. Die gelbbraunen Vorderflügel der Tiere sind in der Mitte verdunkelt, und die weiße Aderfärbung in diesem Bereich dehnt sich bis zum Flügelsaum aus. Die Hinterflügel sind glänzend rein weiß. Die zarten, lang spindelförmigen Raupen zeigen auf rötlichgelbem Grund eine feine Längsstreifung. Sie halten sich tagsüber versteckt und fressen nachts an Gräsern.

109. *Nóctua cómes*
Flügelspannweite 42–46 mm
Zwei andere Arten, gleichfalls mit gelben, schwarz gerandeten Hinterflügeln, sehen der abgebildeten *Nóctua cómes* sehr ähnlich: die bekannte und zuweilen sehr häufig auftretende Hausmutter (*Nóctua prónuba*) sowie die Art *Nóctua orbóna*. Von diesen ist die Hausmutter durch ihre bedeutendere Größe und das Fehlen des schwarzen Mondflecks auf der Querader des Hinterflügels leicht von *Nóctua cómes* zu unterscheiden. *Nóctua orbóna* hingegen hat mit *Nóctua cómes* zwar den Mondfleck auf dem Hinterflügel gemeinsam, läßt sich jedoch leicht an einem tiefschwarzen Fleck erkennen, der kurz vor der Spitze des Vorderflügels am Vorderrand sitzt, und zwar dort, wo die Wellenlinie

mündet. Ein solcher Fleck fehlt stets bei *Nóctua cómes*. Im übrigen ist die Grundfärbung der Vorderflügel bei dieser Art recht variabel und die Zeichnungen (Querlinie und Makel) sind mehr oder weniger verloschen. Der Falter ist von Juni–August überall häufig. Seine Raupe hat auf rötlich- bis grüngrauem Grund schwarze, gelbgesäumte Rückenflecken und einen hellen Seitenstreifen, der noch dunkle Längsstriche einschließt. Sie ernährt sich von den verschiedensten niederen Pflanzen.

110. *Apaméa ánceps*
Flügelspannweite 43–45 mm
Wie bei vielen Eulenfaltern ist auch bei dieser Art die Grundfarbe der Vorderflügel veränderlich. Während die Färbung in der Regel als bräunlichgrau und mehr oder weniger rotbraun getönt zu bezeichnen ist, sind Exemplare aus dem Küstengebiet der Nordsee insgesamt sehr viel heller und auf den Vorderflügeln weniger gezeichnet. Ein solches Tier zeigt unsere Abbildung. Sonst sind die gezähnten, etwas heller angelegten Querstreifen gut sichtbar, ebenso die große ovale Ringmakel und die nach außen weiß begrenzte Nierenmakel. Das Saumfeld des Vorderflügels ist dunkelgrau und damit deutlich dunkler als die übrige Flügelfläche. Die Falter halten sich am Tage versteckt, während sie nachts gerne Lichtquellen anfliegen. Ihre Flugzeit liegt in den Monaten Mai/Juni. Die hellbraune Raupe hat einen wenig deutlichen, dunklen Rückenstreifen und ebensolche Seitenstreifen. Ihr fester Nackenschild ist schwarzbraun, und über ihren Körper sind außerdem zahlreiche behaarte Punktwarzen verteilt. Tagsüber verbergen sich die Raupen und fressen nachts an Gräsern und deren Wurzeln. Im März/April verpuppen sie sich in der Erde.

111. Strandhafereule *Photédes élymi*
Flügelspannweite 33–40 mm
Im Dünengelände der Nord- und Ostsee ist die Strandhafereule die häufigste Noctuiden-Art. Ihre Vorderflügel sind hell gelblich schilffarben, die Adern bräunlich angelegt. Die Hinterflügel sind weiß und nur am Saum mehr oder weniger gebräunt. Die Falter fliegen von Juni–August. Ihre Raupe ist weißlichgelb und hat eine schmale weiße sowie 2 breitere rötliche Rückenlinien. Sie lebt von August – überwinternd – bis Mai in den unteren Stengelteilen des Strandhafers, in denen sie sich auch verpuppt.

112. *Euxóa cursória*
Flügelspannweite 35–40 mm
Dieser Eulenfalter variiert in seiner Flügelfärbung außerordentlich stark. Neben fast einfarbigen, hell ockergelblichen Tieren kommen solche vor, deren Flügel überwiegend graue, braune oder rotbraune Farbtöne aufweisen (**112a, b**). In gleichem Maße ändert die Zeichnung ab, wobei sowohl annähernd zeichnungslose Falter als auch solche mit sehr markant angelegten Querlinien und Makeln bekannt sind. Ein recht buntes, stark gezeichnetes Stück ist beispielsweise unter 112a dargestellt. Die Makeln sind hell ausgefüllt, doch ist die untere Hälfte der großen Nierenmakel fast immer dunkel angelegt. *Euxóa cursória* ist ein Bewohner der Sand- und vor allem der Küstengegenden, wo der Falter im Juli/August fliegt. Seine bräunlichgraue Raupe, mit dunkler Rückenlinie und schmutzigweißen Längsstreifen an den gelbgrauen Seiten, lebt – überwinternd – bis Mai an niederen Pflanzen wie Beifuß, Wollkraut, Wolfsmilch und anderen.

Familie:
Bläulinge *Lycáenidae*

113. Kleiner Moorbläuling
Maculínea álcon

Flügelspannweite 34–36 mm
Auf feuchten Wiesen und in Mooren fliegt von Juli–September lokal der Kleine Moorbläuling. Das Männchen ist oberseits violettblau mit einem 1–2 mm breiten dunklen Rand, unterseits hell graubraun, mit schwarzen, hell umrandeten Flecken. Die Oberseite des Weibchens ist graubraun und an den Flügelwurzeln oft blau überstäubt. Die hellgrüne oder rötlichbraune Raupe lebt zunächst an Lungen-Enzian (*Gentiana pneumonanthe*) und hält sich später in den Nestern verschiedener Ameisen-Arten auf, in denen sie auch die kalte Jahreszeit verbringt.

114. Schwarzgefleckter Bläuling
Maculínea árion
Flügelspannweite 36–40 mm
Von Ende Mai–August tritt dieser Bläuling an trockenen, grasbestandenen Örtlichkeiten meist einzeln in Erscheinung; nur stellenweise ist er häufiger. Sowohl in der Größe als auch in der Zeichnung ändert *Maculínea árion* stark ab. In der Regel ist die Oberseite leuchtend blau, die schwarzbraune Randbinde breit. Die Reihe schwarzer länglicher Flecken auf den Vorderflügeln ist unterschiedlich in ihrer Intensität, bei den Weibchen jedoch gewöhnlich größer als beim Männchen. Im Gegensatz zu der vorhergehenden Art, zeigen die grauen bis graubraunen, schwarzgepunkteten Hinterflügel auf der Unterseite eine kräftige blaugrüne Basalbestäubung. Die blaß ockergelbe und an den Seiten schwach lila überflogene Raupe frißt anfangs an Thymian und lebt dann bis zum Frühjahr in Ameisennestern.

Familie:
Edelfalter *Nymphálidae*

115. Stiefmütterchen – Perlmutterfalter *Fabriciána níobe*
Flügelspannweite 50–56 mm
Von dem sehr ähnlichen, nahe ver-

wandten Märzveilchenfalter (*Fabriciána adíppe*) ist diese Art unter anderem durch einen kleinen silbrigen oder hellbraunen Fleck in der Mitte der Zelle (nahe der Flügelwurzel) der Hinterflügel-Unterseite zu trennen, der oft noch einen schwarzen Punkt einschließt (**115a**). Unterschiede zeigen die großen Flecken auf der Unterseite der Hinterflügel, indem sie entweder silbrig ausgefüllt (Perlmutterfalter!) oder ohne Silberglanz sind. Dabei ist die zuletzt genannte Form zumeist häufiger als Falter mit Silberflecken, namentlich an den höher gelegenen Flugstellen. Der Stiefmütterchen-Perlmutterfalter fliegt im Juni/Juli auf Wald- und Bergwiesen. Seine braune, weiß und dunkel gestreifte und rötlichweiß bedornte Raupe ernährt sich von Veilchen-Arten.

116. Kleiner Perlmutterfalter
Issória lathónia
Flügelspannweite 40–46 mm
Auch die Raupe des Kleinen Perlmutterfalters lebt, wie die einer Reihe weiterer Perlmutterfalter-Arten, an Veilchen. Sie ist schwärzlichgrau, mit gelblichen Rückenstreifen, weniger deutlichen braungelben Seitenlinien und schwarzer Fleckenreihe an den Seiten. Die kurzen Dornen sind ziegelrot. Von April–Oktober finden sich die Falter in 2–3 Generationen häufig auf Ödland und an sandigen, trockenen Stellen. Sie zeichnen sich durch auffallend große Silberflecken auf der Unterseite der Hinterflügel aus (**116a**). Die Frühlingsfalter sind außerdem kleiner mit mehr grünlicher Färbung an der Flügelwurzel, die Sommerfalter mehr einfarbig rotbraun.

Familie:
Augenfalter *Satýridae*

117. Ockerbindiger Samtfalter
Hippárchia sémele
Flügelspannweite 45–55 mm

Die Samtfalter lieben trockene, sandige Örtlichkeiten mit einem lichten Bewuchs und sind hier zumeist nicht selten anzutreffen. Zum Saugen finden sie sich gerne an Thymianblüten ein, während Baumstämme als Ruheplätze dienen. Hierbei werden die Vorderflügel so weit zwischen die zusammengeklappten Hinterflügel geschoben, daß nur noch ihr Vorderrand sichtbar bleibt. Die rindenähnliche Zeichnung und Färbung der Flügelunterseite läßt dann die Falter fast völlig in der Umgebung verschwinden. Raupe: (129).

118. Mauerfuchs *Lasiómmata megéra*
Flügelspannweite 40–52 mm
Der leuchtend orangebraune Mauerfuchs, dessen Flügel oberseits neben den schwarzen, weißgekernten Augenflecken eine dunkelbraune gitterähnliche Zeichnung aufweisen, fliegt in Mitteleuropa in 2 Generationen von April–Juni und von Juli–September. Die Falter bevorzugen warme, sandige Örtlichkeiten und lassen sich mit Vorliebe an Mauern und Steinen zur Ruhe nieder. Ihre grüne Raupe, die einen dunklen, hell gesäumten Rückenstreifen und weißliche Seitenlinien hat, lebt im Juli und wieder von September an auf verschiedenen Gräsern.

Schmetterlingsraupen

Die Larven der Schmetterlinge werden als Raupen bezeichnet. Ihre Körpergestalt ist von der des fertig ausgebildeten Falters sehr verschieden. So treten erst während des Puppenstadiums, das für Insekten mit einer vollkommenen Verwandlung (Metamorphose) bezeichnend ist, die charakteristischen Flügel in Erscheinung. Sie stecken, wie auch die Fühler und Beine des zukünftigen Falters, in Scheiden, die dicht an den Puppenkörper angelegt und mit ihm durch eine hartgewordene Flüssigkeit verbunden sind (Mumienpuppe).

Die Gestalt der Raupen ist walzen-, spindel- oder asselförmig; gelegentlich haben sie auch die Form einer Schnecke. Ihre oft buntgefärbte Oberfläche ist entweder nackt oder mit einem mehr oder weniger dichten Haarkleid besetzt. Mitunter treten auch stärkere Dornen auf, oder der Raupenkörper ist mit warzenartigen Erhebungen bedeckt. Der Kopf trägt ein Paar kräftiger, beißender Mundwerkzeuge (Mandibeln). Von den übrigen insgesamt 13 Körpersegmenten haben die 3 ersten Segmente gegliederte Brustbeine und die Segmente 6 bis 9 ungegliederte Bauchbeine. Am 10. Segment sitzt ein weiteres, als Nachschieber bezeichnetes Beinpaar.

Die Larven der Blattwespen, die am ehesten mit Schmetterlingsraupen verwechselt werden könnten, unterscheiden sich gerade durch die Zahl der Bauchbeinpaare deutlich von den Raupen. Bei ihnen ist nämlich stets eine größere Zahl von Bauchfüßen vorhanden, in der Regel zwischen 6 und 8 Paaren. Der zuweilen gebrauchte Name Afterraupen für die Blattwespenlarven weist im übrigen auf ihre große Ähnlichkeit mit Schmetterlingsraupen hin.

Nicht selten tritt bei den Raupen eine Verringerung in der Zahl der Bauchfußpaare auf, wie es beispielsweise für die Spanner (Geométridae) so bezeichnend ist. Innerhalb dieser Familie haben die Raupen außer den Nachschiebern nicht mehr als ein Paar Bauchfüße ausgebildet, wodurch das typisch gebuckelte »spannende« Laufen zustande kommt. Während die meisten Raupen frei auf ihrer Futterpflanze leben, halten sich andere zeitlebens in einem selbstgefertigten Sack auf, mit dem sie auch umherwandern. Manche Raupen sitzen in Gespinsten und einige schließlich bleiben immer in den Fraßgängen, die sie in Pflanzenteilen anlegen (Blattminen). Mit zunehmendem Wachstum häuten sich die Raupen in der Regel 4–5 mal.

119. *Eupithécia nanáta* (*Geométridae*)
Etwa 24 mm
Die Raupen der Mottenspanner sind sehr veränderlich in der Färbung und ihrer Nahrungspflanze oft weitgehend angepaßt. Rosenrot, mit einer doppelten roten Rückenlinie, die auf den mittleren Segmenten eine rautenförmige Zeichnung bildet, ist die schlanke Raupe von *Eupithécia nanáta*. Auch die weiße Stigmenlinie an den Seiten wird von roten Schrägstrichen unterbrochen. Seltener ist die Grundfarbe grünlichweiß. Die Raupe lebt im Juni und im August/September an Heidekraut und Glockenheide. Falter: (89).

120. Heidespanner *Ematúrga atomária* (*Geométridae*)
35–40 mm
Die ziemlich gestreckte, glatte Raupe des Heidespanners ernährt sich von den verschiedensten niedrigen Pflanzen, besonders jedoch von Heidekraut. Ihre Färbung ist veränderlich, graubraun, seltener gelblich und meist mit feinen schwarzen Punktzeichnungen auf dem Rücken und einem heller gelben Seitenstreifen. Falter: (93).

121. Heidekrauteulchen *Anárta myrtílli* (*Noctúidae*)
30 mm
In 2 Generationen, im Juni/Juli und im Herbst, lebt die Raupe dieses kleinen Eulenfalters an Heidekraut und Glockenheide. Hier sind es vorwiegend die Blüten sowie die zarten Triebe, von denen sie sich ernährt. Die kleinköpfige Raupe ist auf grünem Grund mit weißgelben Rückenflecken und mit winklig gebrochenen weißen Seitenstreifen geschmückt. Die rotbraune Puppe überwintert. Falter: (106).

122. Labkrautschwärmer *Celério gállii* *(Sphíngidae)*
Etwa 85 mm
Die gleich dem Falter sehr ansprechend gezeichnete Raupe findet sich im Juli/August und wieder im September/Oktober an Labkraut-Arten und häufig an Weidenröschen. Auf meist dunkelgrünem oder schwärzlichem Grund steht auf jedem Segment ein Paar leuchtend weißer oder gelber, schwarz gerandeter Flekken. Die Bauchfüße und das Afterhorn sind rot. Zur Verpuppung geht die erwachsene Raupe in die Erde, wo auch die Puppe überwintert. Falter: (97).

123. Großer Gabelschwanz *Cerúra vínula* *(Notodóntidae)*
Etwa 65 mm
Die jungen, noch schwarz gefärbten Räupchen sitzen gewöhnlich auf der Mittelrippe eines Pappel- oder Weidenblattes und sind trotz ihrer auffallenden Gestalt hier nicht leicht zu entdecken. Die erwachsene Raupe ist hellgrün, der Kopf braun. Auf dem vorn rotgerandeten 1. Brustsegment sitzen oben 2 schwarze Flecken. Der Nackenfleck und der anschließende sattelähnliche Rückenfleck sind violettbraun mit weißer Einfassung. Außerdem trägt das 3. Segment einen pyramidenförmigen Höcker. Bei Störungen zieht die Raupe ihren Kopf ein und läßt aus der hochgereckten Schwanzgabel, zu der das letzte Paar der Bauchfüße umgebildet ist, 2 weiche rote fadenähnliche Gebilde hervorschnellen. Die Verpuppung, Anfang Oktober, erfolgt in einem sehr festen Kokon, in den abgenagte Holzteilchen eingebaut sind, am Stamme des Fraßbaumes. Falter: (98).

124. *Dasychíra fascelína* *(Lymantríidae)*
40–45 mm
Das Angebot an Nahrungspflanzen für diese Trägspinner-Art ist äußerst reichhaltig, umfaßt es doch neben Löwenzahn, Wegerich, Ginster, Heidekraut, Brombeeren und anderen niederen Pflanzen und Sträuchern auch Laub- und Nadelbäume. Kennzeichnend für die schwarzgraue Raupe sind die 5 weißlichen bis gelbgrauen, oben schwarzen Rückenbürsten, die schwärzlichen, gelbgrau behaarten Warzen an den Seiten sowie die schwarzen Haarpinsel am 1. Segment und am Körperende. Man findet die Raupen von August an bis zum Spätherbst und nach ihrer Überwinterung bis zum Mai. Danach verpuppen sie sich in einem schwarzgrauen Gespinst. Falter: (101).

125. *Orgýia erícae* *(Lymantríidae)*
Etwa 30 mm
Von Ende Mai–Juli lebt die Raupe dieses Bürstenbinders, wie man die Angehörigen der Gattung *Orgýia* volkstümlich bezeichnet, auf Heidemooren und ernährt sich hier von Heidekraut, Glockenheide sowie von dem Girgel (*Myrica*) und der Gränke (*Andromeda*). In ihrer schwarzen, mit ockergelb und rot gemischten Farbe, den gelben Rückenbürsten sowie den schwarzen, am Ende kolbig verdickten Haarpinseln am ersten und letzten Körpersegment ist die weißgrau behaarte Raupe eine sehr hübsche Erscheinung. Im Gegensatz zu der ähnlichen Raupe des nahe verwandten Schlehenspinners (*Orgýia antíqua*) fehlen ihr die schwarzen Seitenpinsel. Als Ausgleich für die geringe Rolle, die das kaum bewegliche flügellose Weibchen bei der Ausbreitung der Art spielt, sind die jungen Räupchen außerordentlich lebhaft und wandern viel umher. Obendrein können die behaarten Tiere durch einen stärkeren Wind über weite Strecken verfrachtet werden. Falter: (102).

126. Eichenspinner *Lasiocámpa quércus* *(Lasiocámpidae)*
70–75 mm
Verschiedene Laubhölzer wie Schle-

hen, Eichen, Birken und Weiden bilden neben Heidekraut, Brombeeren und Heidelbeeren die vielgestaltige Nahrung der Eichenspinnerraupe. Die braungelben, langbehaarten Tiere, mit breit samtschwarzen Segmenteinschnitten, überwintern klein und verpuppen sich gewöhnlich im Mai. Im Gebirge sowie in anderen, klimatisch weniger günstigen Gegenden kann die Raupe auch ein zweites Mal überwintern, was an diesen Orten für die Puppe, die in einem walzenförmigen, festen Kokon am Erdboden ruht, die Regel zu sein scheint. Falter: (100).

127. Zickzackspinner Notodónta zíczac (Notodóntidae)
Etwa 45 mm
Ein auffallendes Kennzeichen dieser violett- bis rötlichgrau gefärbten Raupe sind die beiden großen, nach hinten gerichteten Rückenhöcker sowie das rote, pyramidenförmig verdickte Hinterende. Der Kopf ist am Scheitel tief eingefurcht. In der Ruhestellung halten die Raupen oft Vorder- und Hinterteil ihres Körpers in die Höhe gerichtet, was ihnen ein zickzackförmiges Aussehen verleiht. Man findet sie im Juni/Juli und wieder im August/ September namentlich auf Pappelbüschen, doch nehmen sie auch Weide als Nahrung an. Zur Verpuppung fertigt die Raupe ein festes Gespinst in der Erde an. Falter: (99).

128. Kleines Nachtpfauenauge
Eudia pavónia (Saturníidae)
60–70 mm
In der Jugend ist die Raupe des Kleinen Nachtpfauenauges schwarz mit einem rötlichen Seitenstreifen (**128a**). Später wird sie grün, mit mehr oder weniger ausgeprägten samtschwarzen Querbändern. Auf diesen Bändern stehen gelbe oder rote Knopfwarzen, die sternförmig mit schwarzen Borsten besetzt sind. Ihr Kopf ist gleichfalls grün. Die Raupe lebt von Mai–August an vielen verschiedenen Pflan-

zen, darunter Heidekraut, Glockenheide, Heidelbeere, Brombeere, Schlehe, Rosen und andere. Die erwachsenen Tiere verpuppen sich in einem birnförmigen festen Kokon, der einen besonderen Reusenverschluß aufweist (**128b**). Der Kokon wird entweder an den unteren Teilen der Nahrungspflanze angelegt oder zuweilen auch unter Steinen. Falter: (103).

129. Ockerbindiger Samtfalter
Hippárchia sémele (Satýridae)
Etwa 35 mm
Die Raupen der Augenfalter haben eine typisch spindelförmige Gestalt, 2 kurze Spitzen am Analsegment (Schwanzgabel) und sind meist längsgestreift, wie auch die Raupe des abgebildeten Samtfalters. Diese ist graubraun mit einer dunklen Rückenlinie sowie helleren und dunkleren Seitenstreifen. Sie lebt an trockenen Örtlichkeiten an verschiedenen Gras-Arten, namentlich der Gattungen Aira und Triticum. Die Raupe überwintert, ist im Mai erwachsen und verpuppt sich an der Erde. Von Juni an erscheinen die Falter (117).

Ordnung:
Käfer Coleóptera

Für die Ordnung der Käfer sind die zum Beißen und Kauen eingerichteten Mundwerkzeuge ebenso typisch wie das zu harten und verdickten Flügeldecken umgebildete vordere Flügelpaar. Diese Elytren, wie die Vorderflügel auch genannt werden, schützen die in der Ruhe zusammengefalteten häutigen Hinterflügel, spielen jedoch für den Flug selber keine Rolle mehr. Sie bedecken außerdem die Oberseite des Hinterleibes, die zumeist flach und weichhäutig ist. Bei einigen Käferfamilien, wie etwa den Kurzflüglern (Staphylínidae), sind die Flügeldecken mehr oder weniger stark verkürzt, während zahlreiche Arten der Laufkäfer (Carábidae) und der Rüsselkäfer

(*Curculiónidae*) ihre Hinterflügel zurückgebildet oder völlig verloren haben und somit flugunfähig geworden sind. Insgesamt kann man das äußere Erscheinungsbild der Käfer als recht einheitlich bezeichnen, wenn auch in der Körpergröße ganz erhebliche Unterschiede bestehen: diese schwankt nämlich zwischen einem Viertelmillimeter und 15 Zentimetern. Mit etwa 300 000 bis heute bekannt gewordenen Arten stellen die Käfer außerdem die umfangreichste aller Insektenordnungen dar.

Familie:
Sandlaufkäfer *Cicindélidae*

130. Wald-Sandlaufkäfer
Cicindéla silvática
14–19 mm
Die hübschen Sandlaufkäfer sind sehr behende und flinke Räuber, die mit ihren spitzen, sichelförmigen Kiefern Insektenlarven, Spinnen, Würmer und andere kleine Tiere erjagen. Will man sie selber fangen, so fliegen sie über kurze Strecken davon. Dabei erkennen die Käfer einen herannahenden Menschen schon in einer Entfernung von etwa 3 m. Als ausgesprochen wärmeliebende Tiere tummeln sich die Sandläufer auf sonnigen Waldlichtungen, besonders in Kiefernwäldern, in Heidegegenden und in Dünengebieten. Bei trübem Wetter sitzen sie zwischen Laub und Gräsern am Boden und lauern auf Beute. Der oberseits bronzebraune und matt seidenglänzende Wald-Sandläufer, mit vielen flachen Punktgrübchen und gezackter weißer Mittelbinde auf den Vorderflügeln, fliegt sehr gut und meist auch geschickter als die anderen *Cicindéla*-Arten. Man findet ihn daher mitunter auch auf Sträuchern.

131. Dünen-Sandlaufkäfer
Cicindéla hýbrida
11–19 mm
Die Oberseite des Dünen-Sandläufers

ist kupfrig grün bis dunkel kupferfarben, seine Unterseite metallisch grün. Die weiße Mittelbinde des Vorderflügels ist breiter als bei der vorigen Art, und auch die Flecken sind entsprechend größer. Im Bereich der Küste geht diese *Cicindéla*-Art nur bis auf die Dünen, während die ähnlich aussehende *Cicindéla marítima* die feinsandigen Uferstreifen am Meer besiedelt. Im Binnenland lebt der Dünen-Sandläufer auf Flächen, die besonders stark der Sonneneinstrahlung ausgesetzt sind und erreicht in der stärksten Mittagshitze seine größte Aktivität. Die Käfer, die meist gesellig in kleinen Rudeln auftreten, rennen als vorzügliche Läufer hastig umher, wobei sie jeden Schatten, gegen den sie sehr empfindlich sind, peinlichst meiden. Dennoch zeigen sie auch ein gewisses Bedürfnis nach Feuchtigkeit. Larve: (192).

Familie:
Laufkäfer *Carábidae*

132. Hügel-Laufkäfer *Cárabus arcénsis*
12–21 mm
Die Färbung dieses im Hügelland und im Gebirge weit verbreiteten Laufkäfers ist sehr veränderlich und reicht von kupferrot über grün, blau und violett bis schwarz. Die sogenannten Kettenstreifen auf den Vorderflügeln sind nur schwach ausgebildet und fast gleichmäßig erhaben. Nicht selten dringt der Hügel-Laufkäfer, der sonst von Ende März–Oktober vor allem unter Steinen anzutreffen ist, bis in die Häuser und Keller ein. Auf Gebirgswiesen sieht man ihn vielfach auch am Tage herumlaufen, während die Mehrzahl der Carabiden Dämmerungs- und Nachtjäger sind. Die Beute (Insekten, Schnecken, Würmer) wird mit den kräftigen Kiefern ergriffen und von einem durch den Mund ausgeschiedenen Sekret des Mitteldarmes in kurzer Zeit zersetzt. Der dabei entstehende Nahrungsbrei

wird sodann wieder aufgesogen. Diese Art der Verdauung außerhalb des eigenen Körpers findet sich bei allen Laufkäfern sowie bei deren Larven (193).

133. Heide-Laufkäfer *Cárabus nítens*
13–18 mm
Als ein Bewohner lichter Wälder sowie von Heide- und Moorlandschaften bevorzugt dieser schöne Laufkäfer trockenen Sandboden. Doch trifft man ihn zuweilen auch am oder sogar im Wasser an. Wie die vorige Art jagt auch *Cárabus nítens* manchmal schon am Tage. Seine Oberseite ist metallisch goldgrün, Halsschild und Seitenrand der Vorderflügel sind leuchtend kupferrot. Über die Vorderflügel ziehen 3 hohe und glatte schwarze Rippen.

134. Eilkäfer *Notióphilus aquáticus*
4–5,5 mm
Dieser kleine, metallisch schwarz glänzende Laufkäfer fällt durch seine großen Augen auf, die die ganze Kopfseite einnehmen. Er ist besonders im Hügel- und Gebirgsland überall vertreten, wo er in Wäldern, entgegen seinem Artnamen, an trockenen Plätzen lebt, unter Laub, Baumwurzeln und Steinen. Nicht selten findet man den Käfer auch in Gärten und auf Feldern. Während er meist nachts nach kleinen Bodentieren und Insektenlarven jagt, sieht man ihn nach einem Regenguß bisweilen auch im Sonnenschein umherstreifen.

135. Raschkäfer *Élaphrus ripárius*
6,5–7,5 mm
Mit ihrem großen Kopf sowie den großen, stark vorspringenden Augen erinnern die zierlichen, sehr schnellen Raschkäfer den Beobachter lebhaft an die Sandlaufkäfer. Die abgebildete, in Deutschland am häufigsten vertretene *Élaphrus*-Art zeichnet sich durch eine matt bronzegrüne, seltener kupferige Oberseite aus. Die Vertiefungen auf

Kopf und Vorderrücken sowie die äußeren Augenflecken der Vorderflügel sind matt smaragdgrün. Die hübschen Tiere sind recht feuchtigkeitsbedürftig und leben an den Ufern stehender und fließender Gewässer. Beim Umherstreifen, auch am Tage, machen sie Jagd auf kleine Insekten und deren Larven. Man findet die Raschkäfer von April–August.

136. Handkäfer *Dyschírius obscúrus*
3,5–4,5 mm
Fast 2 Dutzend Arten dieser kleinen, oberseits meist bronzefarbenen oder erzschwarz glänzenden Laufkäfer sind aus Deutschland bekannt. Ihr Kopf ist klein, der Vorderrücken kugelig gewölbt und die gesamte Vorderbrust durch eine halsartige Verengung ihrer Basis deutlich vom übrigen Körper abgesetzt. Die Handkäfer leben meist in großer Zahl gesellig an sandigen und schlammigen Ufern, auf Salzboden und am Meeresstrand, wo sie mit Hilfe ihrer verbreiterten Fußglieder und den kräftigen Schenkeln der Vorderbeine sehr geschickt im Erdreich graben und Gänge anlegen. Der abgebildete *Dyschírius obscúrus* bewohnt hauptsächlich die Sanddünen der Meeresküste und hält sich unter Tang, angeschwemmtem Holz und ähnlichem auf, aber immer in Gesellschaft mit dem Kurzflügler *Blédius arenárius* (**147**). Dieser ebenfalls im Sande grabende Käfer wird in seinen Gängen von *Dyschírius* und dessen Larven verfolgt, überfallen und mitsamt seiner Brut aufgefressen. Im Herbst verlassen die Handkäfer den feuchten Boden und graben sich in den trockenen Dünen senkrechte Gänge, in denen sie überwintern.

137. Großkopf *Bróscus cephalótes*
17–22 mm
Der Kopf des mattschwarz glänzenden Laufkäfers ist fast so breit wie der sich nach hinten verengende Vorderrücken. Er ist nicht selten und findet

sich vor allem auf sandigen Feldern und Ödland, aber auch an Seeufern sowie im Küstenbereich. Die Käfer graben im sandigen Boden bis etwa 15 cm tiefe Gänge, an deren Eingang sie auf Beute lauern. Die Entwicklung der Larven dauert vom Spätsommer bis zum Frühjahr; die Vollkerfe erscheinen vom März–Oktober.

138. Schnelläufer *Hárpalus smaragdínus*
9–11 mm

Mit einer größeren Anzahl von Arten sind die vorwiegend schwarzbraunen Laufkäfer der Gattung *Hárpalus* in ganz Deutschland verbreitet. Die Männchen der dargestellten Art, bei der die hinteren Ecken des Vorderrückens einen scharfen rechten Winkel bilden, haben glänzend grüne oder blauviolette Vorderflügel, die des Weibchens sind matt pechbraun. Die Beine sind gelbrot. Die Schnelläufer lieben trockene, sandige Örtlichkeiten und finden sich sowohl im Walde als auch in freiem Gelände. Als Nachttiere verlassen sie nur nach einem Regen ihre Schlupfwinkel und laufen dann auch im Sonnenschein umher. Gelegentlich hat man die Käfer schon beim Fressen von Samen beobachtet, doch jagen sie hauptsächlich andere kleine Gliedertiere.

139. *Hárpalus rúbripes*
8–11 mm

In seiner Lebensweise gleicht dieser Schnelläufer der vorigen Art. Auch er ist weit verbreitet und nicht selten. Die schwarze Oberseite des Käfers schimmert in blauem oder grünlichem Metallglanz, seine Fühler und Beine sind rot.

140. *Bradycéllus harpalínus*
3,5–4 mm

Die kleinen, glänzenden, rostrot gefärbten Laufkäfer der Gattung *Bradycéllus* leben an schlammigen Uferrändern von Gewässern sowie an

lichten Waldstellen unter Moos und abgefallenem Laub. Andere halten sich gerne unter Heidekraut verborgen. Bei der abgebildeten Art sind die Hinterflügel vorhanden, bei anderen fehlen sie.

141. Kanalkäfer *Amára spréta*
6–8 mm

Etwas über 40 verschiedene *Amára*-Arten gibt es in Deutschland. Die Tiere sind überwiegend schwarz mit unterschiedlichem Metallglanz; die dargestellte *Amára spréta* ist bronzebraun bis messingfarben, doch gibt es auch ganz schwarze Stücke. Der Vorderrücken hat jederseits 2 Eindrücke, von denen die äußeren schräg gestellt sind. Die Nahrung der Kanalkäfer besteht offenbar hauptsächlich aus Samen und anderen Pflanzenteilen, doch werden auch Insekten und deren Larven gefressen. Sie halten sich mehr an trockenen als an feuchten Stellen auf und verbergen sich unter Rinde, Pflanzenresten, Steinen, Moos und anderem. Viele Amaren laufen – häufig nach Regen – auf Wegen und Feldern umher und sind wohl zumeist als Tagtiere zu bezeichnen.

142. *Amára bífrons*
5,5–6,5 mm

Die oberseits rötlichbraune, erz- oder dunkel bronzefarbene *Amára bífrons* wird häufig an sandigen, trockenen Standorten gefunden. Ihre Fühler und Beine sind gelb, der Vorderrücken ist an seinem Hinterrand punktiert.

143. Kreiselkäfer *Cálathus móllis*
6–9 mm

Die Arten der Gattung *Cálathus* leben zumeist auf Sand- oder Kiesboden und werden auf Ödland und in lichten Wäldern angetroffen. Sie ernähren sich von anderen Gliederfüßern und Würmern, doch sie verschmähen als Beikost auch keineswegs Blüten und saftige Pflanzenteile. Der rötlichbraune *Cálathus móllis* ist hauptsächlich von der Küste bekannt, wurde aber auch schon an Binnengewässern gefunden.

144. Rennkäfer *Drómius lineáris*
5 mm
Der Vorderkörper dieses Rennkäfers ist rostrot; die an ihrer Spitze angedunkelten Vorderflügel sind heller braunrot. Einige der ein rundes Dutzend zählenden *Drómius*-Arten halten sich hinter Baumrinde sowie auf Gesträuch und dürren Ästen auf. Andere aber lieben mehr feuchte Örtlichkeiten, und schließlich werden von manchen auch die Dünen am Meeresstrand besiedelt.

145. *Sýntomus truncatéllus*
3 mm
Der Körper dieses winzigen, flachen Laufkäfers ist schwarz oder schwarzbraun. Genauso gefärbt und sehr klein sind auch die anderen 3 Arten der Gattung *Sýntomus*, die innerhalb Deutschlands eine weite Verbreitung haben. Sie bevorzugen Sand- und Kiesböden auf Ödland und in lichten Wäldern, wo sie sich unter Baumrinde, Wurzeln und Steinen aufhalten. Auch an der Meeresküste sind sie gefunden worden. Die Käfer erscheinen von März bis September.

146. Listkäfer *Póecilus punctulátus*
11–14 mm
Der einfarbig schwarze Listkäfer, dessen Vorderflügel im Gegensatz zu anderen *Póecilus*-Arten von nur sehr zarten Punktstreifen durchzogen sind, hält sich auf sandigen Feldern und Ödland unter Steinen auf. Erst nach Eintritt der Dämmerung verläßt er seinen Schlupfwinkel, um Insektenlarven, Würmer und andere Kleintiere zu jagen. Gelegentlich sieht man ihn aber auch am Tage. Die Käfer überwintern.

Familie:
Kurzflügler *Staphylínidae*
147. *Blédius arenárius*
3–3,4 mm
Ein bezeichnendes Merkmal dieser Käferfamilie sind die stark verkürzten Vorderflügel, die den größeren Teil des Hinterleibes unbedeckt lassen. Auch die Hinterflügel sind bei vielen Arten teilweise oder vollständig zurückgebildet, so daß von ihnen nicht mehr als ein kleines Schüppchen unter den Vorderflügeln übrig geblieben ist. Solche Käfer sind natürlich flugunfähig. Die Arten der Gattung *Blédius* dagegen sind wie die meisten Kurzflügler gute Flieger, die besonders im Sonnenschein oft in großer Zahl umherschwärmen. In der Ruhe werden die Hinterflügel äußerst kunstvoll und »raumsparend« unter den kurzen, gelb gefärbten Flügeldecken zusammengefaltet. Ein weiteres Kennzeichen des sonst völlig schwarzen *Blédius* ist die halsartige Verbindung zwischen dem Vorderrücken und dem mittleren Brustabschnitt durch einen kurzen Stiel. Die Käfer leben vorzugsweise auf Salzboden im unmittelbaren Bereich der Küstenlinie, doch finden sie sich zerstreut auch an salzigen Stellen im Binnenland und am Ufer stehender und fließender Gewässer. Auf den Sandfeldern der Küste, teilweise innerhalb der Gezeitenzone, legen die vorzüglich grabenden Tiere labyrinthartige Gangsysteme an. Die Eingänge zu ihren Bauen entdeckt man leicht an dem locker aufgehäuften Material dicht neben den Löchern. Die große Zahl solcher Sandhäufchen gibt einen Eindruck von der gewaltigen Menge, in der diese Kurzflügler auftreten: Auf verhältnismäßig engem Raum zählt man oft hunderte von Käfern. Sie ernähren sich offenbar ausschließlich von Algen, wie Untersuchungen des Darminhaltes sowohl der Vollkerfe als auch der Larven ergeben haben. Die Kurzflügler fallen ihrerseits dem Laufkäfer *Dyschírius*

obscúrus (**136**) zum Opfer, der sie in ihren Wohnröhren verfolgt. Mit Beginn der kalten Jahreszeit verlassen die Staphyliniden den feuchten Sand und graben sich in trockenem Sandboden senkrecht in die Erde führende Überwinterungsröhren.

148. *Sténus geniculátus*
3,7–4,7 mm
Die großenAugen dieses zierlichen, schmalen Kurzflüglers nehmen die ganzen Seiten des Kopfes ein. Seine dicht punktierte Oberseite ist schwarz, ohne Metallschimmer; die Beine sind bis auf die mehr oder weniger geschwärzten Kniegelenke gelb. Während die Mehrzahl der fast 100 *Sténus*-Arten an feuchten Orten, Uferrändern und dergleichen anzutreffen ist, lebt der abgebildete Kurzflügler ganz überwiegend in trockenen Heidegebieten des Tieflandes. Die Käfer ernähren sich räuberisch von anderen Gliedertieren und deren Larven. Sie überwintern als Vollinsekt.

149. *Philónthus várians*
5,5–7,5 mm
Die kurzen Flügeldecken tragen bei dieser Art einen unscharf abgegrenzten roten Längswisch oder sie sind, allerdings seltener, einfarbig schwarz. Der schmale Kopf ist wie der Vorderrücken oval geformt; der letztere mit einer Punktreihe jederseits der Mittellinie. Die mehr als 60 aus Deutschland bekannten *Philónthus*-Arten leben vorzugsweise an faulenden Pflanzenstoffen, an Exkrementen und Aas sowie zahlreich im Genist der Uferränder. Einige wenige bevorzugen Salzboden, während manche Philonthen offenbar nur in den Erdbauen kleiner Säuger sowie in Vogelnestern heimisch sind.

150. **Graubindiger Raubkäfer**
Creóphilus maxillósus
15–25 mm
Wie die folgende Art gehört auch

Creóphilus zu den größten einheimischen Kurzflüglern. Man bezeichnet gerade diese großen Tiere meist als Raubkäfer. Dem entsprechen auch die langen, zangenförmigen Kiefer von *Creóphilus*. Sein großer Kopf und der Vorderrücken sind glänzend schwarz; über die Vorderflügel zieht ein unscharf begrenztes weißlichgraues Querband mit einigen schwarzen Punkten darin. Der Hinterleib ist oberseits scheckig weißlichgrau behaart. Die Käfer finden sich meist zahlreich an Aas, von dem sie sowohl selber fressen als auch den daran lebenden Käfer- und Fliegenlarven nachstellen. Seltener sieht man den Raubkäfer an anderen stark zersetzten Faulstoffen, wie etwa an Pilzen.

151. **Stinkender Raubkäfer**
Ócypus ólens
20–32 mm
Besonders in Laubwäldern, unter Steinen, Moos und Holzresten ist dieser größte der einheimischen Kurzflügler nicht selten. Seine gesamte Oberseite ist schwarz, matt, mit einer feinen und dichten Punktierung. Wird der Käfer, den man auch oft auf Wegen nach Insektenlarven jagen sieht, gestört, dann hebt er seinen Hinterleib und krümmt ihn über den Rücken nach vorn. Gleichzeitig entleert er seine Stinkdrüsen, deren Wehrsekret den Verfolger abschrecken soll.

Familie:
Aaskäfer *Sílphidae*

152. **Totengräber** *Necróphorus fóssor*
12–20 mm
Außer der abgebildeten Art finden sich in Deutschland noch 5 weitere Totengräber-Arten mit roten Querbinden. Während ihrer Flugzeit im Frühjahr und Sommer werden die Käfer von jeder verwesenden Tierleiche in kürzester Zeit angelockt. Wenn der Kadaver nicht zu groß ist,

wird er durch Unterwühlen erstaunlich schnell im lockeren Erdreich versenkt und noch mit Erde überdeckt. Die Käfer fressen von dem Aas, doch dient es vor allem auch der Ernährung ihrer Larven (194).

Familie:
Stutzkäfer *Histéridae*

153. *Saprínus semistriátus*
3,5–5,5 mm
Die Familie der Stutzkäfer ist in ihrer Körpergestalt sehr einheitlich: Der Umriß ihres Körpers ist breit oval, die Flügeldecken sind hinten fast geradlinig abgeschnitten und ihre Beine und Fühler sind in flache Gruben auf der Unterseite des Körpers einziehbar. Während viele Stutzkäfer im Mulm und unter der Rinde alter Bäume anderen Insekten sowie deren Larven nachstellen, sucht der schwarze, dunkel erzglänzende *Saprínus semistriátus* seine Beutetiere, Fliegenmaden und Käferlarven, bevorzugt an Aas. Unter den schwer zu unterscheidenden *Saprínus*-Arten ist diese eine der häufigsten.

Familie:
Zipfelkäfer *Malachíidae*

154. *Maláchius víridis*
4–5 mm
Die glänzend grünen Zipfelkäfer sind ausgesprochene Sonnentiere und sitzen gerne auf blühenden Sträuchern und Gräsern. Sie ernähren sich im allgemeinen von Pollen, teilweise aber auch von kleineren Insekten, wie etwa Blattläusen. Die Männchen vieler Arten der Zipfelkäfer besitzen zumeist paarige, ausstülpbare Drüsenorgane, die beim Vorspiel zur Paarung sehr wahrscheinlich die Weibchen erregen. Diese beißen nämlich wiederholt in die von dem männlichen Partner dargebotenen Organe. Die Larven verfolgen und fressen holzbewohnende Käferlarven.

Familie:
Buntkäfer *Cléridae*

155. Blauer Kolbenkäfer
Necróbia violácea
4–5 mm
Entgegen unserer Abbildung sind die Flügeldecken dieser *Necróbia*-Art von der gleichen blauen oder mitunter auch grünen Farbe wie der Vorderrücken. Außerdem sind die Beine dunkel. Der Blaue Kolbenkäfer findet sich zeitweise sehr häufig an Aas, getrockneten Fleischteilen, Knochen und Fellen. Er taucht deshalb nicht selten in Fleisch- und Wurstfabriken auf. Hier mag der Käfer auch einmal die Fleischprodukte beknabbern und dort, wo Felle und Häute gelagert werden, nur ungern gesehen sein. Doch stellt er samt seinen Larven hauptsächlich den Fliegenmaden sowie den Larven der Speckkäfer nach, die sich an diesen Orten gleichfalls in großer Zahl einfinden. Dagegen tritt der sehr nahe verwandte und ähnlich aussehende Schinkenkäfer (*Necróbia rúfipes*) vor allem in Nordamerika als großer Schädling auf. Die Larven dieser durch Verschleppung weltweit verbreiteten Art entwickeln sich nämlich in Dauerfleischwaren sowie in anderen stark fetthaltigen Nahrungsmitteln.

Familie:
Schnellkäfer *Elatéridae*

156. Erzfarbener Schnellkäfer
Corymbítes aéneus
10–15 mm
An alten Hölzern und unter Steinen wird dieser sehr veränderlich metallisch gefärbte Käfer häufig angetroffen. Seine Oberseite wechselt von sehr dunkel kupferig über bronzefarben bis zu blauen oder grünen Farbtönen. Typisch für alle Schnellkäfer ist ihre Fähigkeit, aus der Rückenlage emporzuschnellen, um dann wieder auf den Beinen zu landen. Dazu haben die

Käfer an der Vorderbrust eine Vorrichtung, die aus einer nach hinten gerichteten stachelartigen Verlängerung besteht. Diesen Stachel läßt das Tier durch eine Bewegung der Vorderbrust ruckartig in eine grubenförmige Vertiefung der Hinterbrust einschnappen, so daß es mit einem knipsenden Geräusch hochgeschleudert wird. Die Larven des Erzfarbenen Schnellkäfers können durch Wurzelfraß an Kartoffeln, Rüben, Getreide und anderen Kulturpflanzen schädlich werden.

157. Mausgrauer Schnellkäfer
Lácon murínus
12–17 mm
Sehr häufig begegnet man in offenem Gelände, aber auch im Wald, auf Wegen und unter Steinen dem mit verschiedenfarbigen, dichten Härchen besetzten Schnellkäfer, dessen Äußeres dadurch wie gescheckt erscheint. Die Larve kann durch Vertilgung von Maikäfer-Engerlingen sehr nützlich werden.

158. *Hypnoídus pulchéllus*
2,7–6 mm
Dieser kleine Schnellkäfer ist ein Bewohner der Flußufer und des Meeresstrandes, wo die Tiere auf Sand und im Schottergeröll sowie zwischen den Graswurzeln oft in großer Menge vorkommen. Die Flügeldecken tragen zumeist 3 gelbe Makeln, die teilweise zu Querbinden zusammengeflossen, mitunter aber auch innen der Länge nach miteinander verbunden sind. Manchmal ist die Zeichnung bis auf kleine gelbe Fleckchen reduziert.

Familie:
Speckkäfer, Pelzkäfer *Derméstidae*

159. *Derméstes laniárius*
6,5–8 mm
In Lagerhäusern und Vorratsräumen gehören die Speckkäfer zu den gefährlichsten Schädlingen. Gemeinsam mit ihren abstehend behaarten Larven

fressen sie an dem dort aufbewahrten getrockneten Fleisch, an Speck, ungegerbten Häuten und Knochen. Bevor die Speckkäfer nach und nach in die Häuser und Lagerräume vorgedrungen sind, bestand ihre Nahrung überwiegend aus getrockneten Kadavern und ähnlichen tierischen Stoffen. Daneben wird der häufige, mit grauweißen und schwarzen Härchen besetzte *Derméstes laniárius* auch unter faulenden Pflanzen gefunden. Säugetierkundler machen sich die Fraßtätigkeit einer nordamerikanischen Speckkäfer-Art zunutze, indem sie die Skelette kleinerer Wirbeltiere von anhaftenden Fleischresten säubern lassen.

Familie:
Rindenkäfer *Colydíidae*

160. *Orthócerus clavicórnis*
3,5–5 mm
Sehr breite, spindelförmige Fühler, die noch mit langen abstehenden Haaren besetzt sind, kennzeichnen diesen kleinen schwarzen Rindenkäfer. Sein fast quadratischer Vorderrücken hat in der Mitte eine Längsfurche, und über die gestreckten Flügeldecken ziehen Längsrippen mit dazwischenliegenden Punktreihen. Im Gegensatz zu anderen Rindenkäfern, die meistenteils an und in alten brüchigen Stämmen und Baumstümpfen, vor allem hinter loser Rinde und in den Bohrgängen anderer Käfer leben, ist die abgebildete Art ein Bewohner von Sandgebieten. Sie findet sich hier auf nur spärlich bewachsenem Boden unter Flechten, namentlich der Hundslederflechte.

Familie:
Sägekäfer *Heterocéridae*

161. *Heterócerus fúsculus*
3–3,5 mm
Die winzigen dunklen Sägekäfer, deren Flügeldecken mit kleinen gelben,

doppelt angelegten Längsflecken geziert sind, besiedeln die schlammigen oder feinsandigen Ufer von Flüssen, Seen und Bächen. Sie leben hier gesellig und zusammen mit ihren Larven in selbstgegrabenen Gängen. Einige Sägekäfer-Arten kommen auf Salzboden am Meeresstrand oder am Rande salziger Gewässer des Binnenlandes vor.

Familie:
Pillenkäfer *Býrrhidae*

162. Gewöhnlicher Pillenkäfer
Býrrhus pílula
7,3–11 mm
Der Name des Käfers ist eine Anspielung auf die pillenförmige Gestalt des rundlichen, gewölbten Körpers. Dieser Eindruck wird noch dadurch verstärkt, daß die Tiere bei Beunruhigung ihre Fühler und Beine in entsprechend grubige Vertiefungen am Körper einlegen und so wie leblos verharren. Die schwarzbraune Oberseite ist mit einer feinen Behaarung überzogen, die als ein Streifenmuster mit hell und dunkel gescheckten Zwischenräumen erscheint. Bei dem Gewöhnlichen Pillenkäfer ist dieses Muster sehr veränderlich. Die Tiere sind an den verschiedensten Örtlichkeiten, vornehmlich an solchen mit Moosbewuchs, nicht selten. Von Moos ernähren sie sich auch.

Familie:
Marienkäfer *Coccinéllidae*

163. Elfpunkt-Marienkäfer
Coccinélla undecimpunctáta
3,5–4,5 mm
Zahllos sind die Namen, die der Volksmund diesen rundlich gewölbten und auffallend roten, schwarz gepunkteten Käfern gegeben hat, und von denen einige bis in heidnisch-mythische Vorstellungen zurückreichen. Sie zeugen auch von der großen Popularität und der Zuneigung, die den Marienkäfern überall entgegengebracht wird. Zwar ist die Verbindung mit himmlischen Wesen, für deren Mittler und Boten diese Käfer gehalten werden, ein hübsches Motiv des Volksglaubens. Doch hat die große Beliebtheit der »Gotteskäferchen« auch einen durchaus realen Hintergrund, wenn man sich ihren großen Nutzen vor Augen hält, der ihnen durch das Vertilgen beträchtlicher Mengen von Blattläusen, Spinnmilben und anderer Schädlinge zukommt. Gewöhnlich finden sich in der Nachbarschaft von Blattlauskolonien zahlreiche Marienkäfer. An Dünengräsern, aber auch auf anderen Pflanzen im Bereich der Meeresküsten ist der Elfpunkt-Marienkäfer besonders häufig. Im Binnenland tritt diese Art vornehmlich in Flußauen auf und wird nicht selten im angeschwemmten Ufergenist gefunden. Larve: (196).

164. *Coccinélla hieroglýphica*
3,5–5 mm
Die Mehrzahl der Marienkäfer ist in ihrer Färbung und Zeichnung außerordentlich variabel, was die Bestimmung der einzelnen Arten teilweise sehr erschwert. So sind von der abgebildeten rot-schwarz gezeichneten *Coccinélla*-Art neben Tieren mit vermehrten dunklen Binden auch solche bekannt, die eine einheitlich schwarze Färbung zeigen. Derart dunkle Käfer vermögen sich bei tieferen Durchschnittstemperaturen besser zu behaupten, da ihr Körper sich bei Sonneneinstrahlung leichter erwärmt. Man findet sie zum Beispiel nicht selten in oberbayerischen Hochmooren. Ansonsten lebt dieser Marienkäfer fast ausschließlich in Heide- und Moorgebieten, wo er sich vor allem auf Moorlatschen und an Heidekraut aufhält.

165. Sechzehnpunkt-Marienkäfer
Tytthåspis sedecimpunctáta
2,5–3 mm
Dieser kleine gelbgefärbte Marien-

käfer hat auf dem Vorderrücken 6 schwarze Punkte und auf den Vorderflügeln insgesamt 16 schwarze Flecken. Bei manchen Tieren sind die seitlichen Punkte der Flügeldecken miteinander verbunden. Außerdem zeigen die Vorderflügel stets einen schwarzen Nahtstreifen. Die Art bewohnt vorwiegend Sandgebiete und wird nicht selten an Flüssen sowie auf den Dünen im Bereich der Küste angetroffen. Die Marienkäfer, und zwar alle Arten, überdauern den Winter als Vollinsekt, wobei sich vielfach größere Gesellschaften zusammenfinden. Bemerkenswert ist schließlich die Gewohnheit dieser Käfer, sich bei Berührung totzustellen. Dabei tritt aus der Gelenkhaut zwischen Schenkel und Schienen der dicht an den Körper gezogenen Beine eine orangegelbe Blutflüssigkeit aus.

Familie:
Blütenmulkäfer *Anthícidae*

166. *Notóxus monóceros*
3,7–5,5 mm
Der kugelige Vorderrücken dieses kleinen Käfers trägt ein langes, nach vorn gerichtetes Horn, dessen Seiten gezähnt sind. Seine gelbbraune Oberseite ist mit schwärzlichen Flecken und einer ebensolchen Querbinde im hinteren Drittel der Flügeldecken gezeichnet. In der Regel verlängert sich die Querbinde längs der Flügelnaht nach vorn und ist hier mit dem großen Schildchenfleck verbunden. Schließlich ist die Oberseite noch mit anliegenden und mit abstehenden Haaren bedeckt. Die abgebildete Art kommt bei uns in weiter Verbreitung recht häufig vor. Die Blütenmulkäfer finden sich in den verschiedensten Lebensräumen unter faulenden Pflanzenresten, Waldstreu, unter Steinen, trockenen Exkrementen und Aas. Einige leben auf Gräsern, Kräutern und auf Gebüsch, andere im Genist der Fluß- und Teichufer sowie in

Schilfresten. Beobachtungen haben gezeigt, daß die Anthiciden gerne an toten Käfern fressen, die, wie die folgende Art, das Gift Cantharidin enthalten.

Familie:
Blasenkäfer *Melóidae*

167. Ölkäfer *Méloe variegátus*
11–38 mm
Wie die Mehrzahl der Blasenkäfer liebt dieser kurzflügelige, dunkel erzgrüne und teilweise kupferrote Ölkäfer Trockenheit und Wärme. Man sieht ihn deshalb hauptsächlich an stark besonnten Waldrändern, auf Steppenwiesen und an ähnlichen Orten. Bei Störungen lassen die Tiere eine gelbe ölige Flüssigkeit aus Poren ihrer weichen Kniegelenkhaut austreten. Die darin enthaltene Substanz Cantharidin hat eine blasenziehende Wirkung auf der menschlichen Haut, weshalb bei der nahe verwandten Spanischen Fliege (*Lýtta vesicatória*) dieser Stoff, extrahiert und zu einer Droge verarbeitet, in der Pharmazie Verwendung findet. Bemerkenswert ist die Entwicklung des Ölkäfers. Das dick aufgetriebene Weibchen legt eine sehr große Zahl von Eiern (bis zu mehreren Tausend) in kleine Erdvertiefungen. Aus den Eiern schlüpfen langbeinige Larven (195a).

Familie:
Wollkäfer *Lagríidae*

168. Rauhhaariger Wollkäfer
Lágria hírta
7–10 mm
Die in Europa weit verbreiteten und im Sommer meist häufigen Wollkäfer sind oberseits dicht filzig behaart. Während der Körper der weichhäutigen Tiere einheitlich schwarz ist, zeigen die Flügeldecken eine gelbbraune oder auch strohgelbe Färbung. Die Käfer sind auf Gräsern, Gesträuch und blühenden Pflanzen zu

finden, wo sie sich von jungen Blättern ernähren. Ihre Larven dagegen, die sich unter abgefallenem Laub aufhalten, leben von verwesenden pflanzlichen Stoffen.

Familie:
Pflanzenkäfer *Allecúlidae*

169. *Isomíra murína*
5–5,5 mm
Auf blühenden Sträuchern begegnet man häufig diesem eiförmigen und oft unterschiedlich gefärbten Käfer. Neben einfarbig braunroten Tieren gibt es solche mit dunkelbraunem bis schwarzem Kopf und Vorderrücken oder auch mit ganz schwarzem Körper. Die Flügeldecken jedoch sind in der Regel braunrot. Die Nahrung der Käfer besteht vornehmlich aus Blüten und Früchten. Die Larven der Pflanzenkäfer entwickeln sich zur Mehrzahl in morschem Holz, wo sie die Kotkrümel der Borkenkäfer fressen und vielleicht auch deren Larven selber nachstellen. Seltener leben sie im Boden an verfaulenden Pflanzenresten.

Familie:
Schwarzkäfer *Tenebriónidae*

170. *Crýpticus quisquílius*
4,5–6 mm
Nur die Fühler und Beine dieses kurzovalen und ziemlich flachen Käfers sind dunkelbraun. Der übrige Körper ist einfarbig schwarz, mit glänzendem Kopf und Vorderrücken und matten, spärlich punktierten Flügeldecken. Auffallend ist das sehr große Endglied der Kiefertaster. Die Art ist weit verbreitet und meist häufig. Als Aufenthaltsorte bevorzugen die Tiere trockene, sandige Stellen, wo sie sich unter Steinen und unter Pflanzen verborgen halten. Die Käfer und ihre Larven fressen an Wurzeln und unterirdischen Stengelteilen sowie an verfaulenden Pflanzenresten.

171. *Phýlan gíbbus*
7,5–8,5 mm
Ein salzliebender und deshalb vorwiegend an den Küsten der Nord- und Ostsee verbreiteter Schwarzkäfer ist die Art *Phýlan gíbbus*. Die glänzend schwarzen Tiere besiedeln hier die Sandflächen des Strandes und der Dünen, wo sie teilweise im Sand, an Graswurzeln, wie auch unter angespültem Tang sowie an Kadavern von Fischen zu finden sind. Erwähnenswert sind noch die kurzen, kräftigen Grabbeine des Käfers, mit den erweiterten Vorderschienen, sowie die groben Punktreihen der Flügeldecken, wobei die Zwischenräume auffallend gewölbt erscheinen.

172. *Melánimon tibiális*
3–4 mm
Zu breiten Grabbeinen erweiterte Vorderschienen hat auch dieser schwarze, glänzende Tenebrionide, der in seiner Körpergestalt der folgenden Art sehr ähnlich ist. Auffallend sind zwei glänzende Flecken beiderseits hinter der Mitte des Vorderrückens, dessen Basis auf beiden Seiten tief eingedrückt ist. Die Art bewohnt trockene Sandgebiete, wo sie teilweise recht zahlreich in Erscheinung tritt. Die Käfer und ihre Larven ernähren sich von unterirdischen Stengelteilen und von Wurzeln.

173. Staubkäfer *Ópatrum sabulósum*
7–10 mm
Gleichfalls auf trockenem sandigen Boden, unter Steinen und niedrigen Pflanzen, lebt der mattschwarze, kurze und flach gewölbte Staubkäfer. Ob sein Name auf die trockenen »staubigen« Aufenthaltsorte der Tiere hinweisen soll oder ob er von der feinen, staubartigen Behaarung der Oberseite herrührt, ist ungewiß. Über die Flügeldecken ziehen schwache Punktstreifen, mit je einem erhabenen Körnchen zwischen den Punkten sowie glänzenden, flachen Längsrunzeln

zwischen den Reihen, so daß die gesamte Oberseite der Vorderflügel einen recht unebenen Eindruck macht. Im übrigen sind die Hinterflügel verkümmert und die Tiere dadurch flugunfähig. Die gewöhnlich sehr häufigen Staubkäfer nagen außer Wurzeln und Stengel mit Vorliebe junge Triebe sowie keimende Samen an. Das gleiche gilt auch für ihre Larven (199).

Familie:
Blatthornkäfer *Scarabáeidae*

174. Mondhornkäfer *Cópris lunáris*
16–24 mm
Die Männchen dieses hochgewölbten, tiefschwarz glänzenden Käfers tragen auf dem halbmondförmigen Kopfschild ein ziemlich langes, leicht nach hinten gebogenes Horn. Beim Weibchen ist das Kopfhorn viel kürzer und an der Spitze ausgerandet. Der Vorderrücken des Männchens wölbt sich außerdem in der Mitte zu einem Buckel auf, der nach vorn steil abfällt und dessen mittlere Partie stark eingebuchtet ist. An jeder Seite des Vorderrückens, und von dem Buckel durch 2 tiefe, glatte Gruben getrennt, steht noch ein etwas nach außen weisender zugespitzter Höcker. Während im weiblichen Geschlecht der mittlere Buckel ebenfalls ausgeprägt ist, sind die beiden seitlichen in der Regel nur mehr oder weniger beulenartig angedeutet. Auffallend sind schließlich noch die tiefen Längsstreifen auf den Flügeldecken sowie die am Außenrand kräftig gezähnten Vorderschienen. Derart verbreiterte Vorderschienen zeichnen auch die beiden folgenden Arten aus und weisen auf die vorwiegend grabende Tätigkeit der Käfer hin.
Der Mondhornkäfer bewohnt Sandgegenden, wo er sich als Kotfresser gern unter frischem Rindermist, seltener unter Pferdekot findet. Hier legt jeweils ein Käferpärchen gemeinsam eine große und geräumige unterirdische Bruthöhle an. Diese Höhle wird fast vollständig mit Dung gefüllt, den das Weibchen durch stetes Bekneten zu einer festen Masse verformt und schließlich in mehrere Teile zerschneidet. Aus jedem dieser Teile wird eine birnenähnliche Brutpille gefertigt, das sind kugelige Gebilde mit einer aufgesetzten Eikammer. Die ausgeschlüpfte Larve ernährt sich von der Dungmasse und verpuppt sich schließlich im Innern der hohlgefressenen Brutbirne. Während dieser ganzen Zeit verbleibt das Muttertier in der Bruthöhle, pflegt die Brutbirnen, indem es ihre Oberfläche reinigt und glättet, aufkommenden Schimmel entfernt und schließlich die Höhle von eindringenden Insekten und Milben freihält.

175. Frühlings-Mistkäfer
Geotrúpes vernális
12–20 mm
Auf sandigem Boden und Ödland kann man häufig diesen halbkugelig gewölbten Käfer an Rinder-, Schaf- oder auch Wildmist beobachten. Die Tiere, deren Punktstreifen auf den Flügeldecken fast völlig erloschen sind, haben eine glänzend blaue bis schwarzblaue, mitunter auch lebhaft metallisch grün oder rotviolett gefärbte Oberseite. Ihre schwarzblaue Unterseite ist anliegend dunkel behaart. In unmittelbarer Nähe oder direkt unter den Exkrementen graben die Käfer etwa 7–8 cm tiefe, schräg verlaufende Brutstollen in die Erde. Vom Grunde der Stollen gehen Seitengänge ab, die mit Brutballen aus eingetragenen Miststoffen beschickt sind. In jedem dieser Brutballen liegt jeweils nur eine Eikammer mit einem Ei. Der Nahrungsvorrat reicht für die Entwicklung der Larve aus, die sich nach etwa 10 Monaten verpuppt. Nach einer 3–4wöchigen Puppenruhe schlüpft der Käfer. Er ist in der Lage, durch reibende Bewegungen mit den

Hüften seiner Hinterbeine einen hellen Zirpton hervorzubringen. Im Haushalt der Natur spielen die Mistkäfer, wie viele andere Insekten auch, eine große Rolle: Durch ihre Tätigkeit werden die Exkremente rasch zersetzt und wieder in Humus umgewandelt.

176. Stierkäfer *Typhóeus typhóeus*
15–24 mm

Den Vorderrücken des glänzend schwarzen Stierkäfers zieren im männlichen Geschlecht 2 lange, nach vorn weisende Hörner, zwischen denen noch 1 kurzes Horn sitzt. An Stelle der Hörner hat das Weibchen hinter dem Vorderrand des Vorderrückens nur eine kräftige Querleiste, die auf jeder Seite ein schwaches Hörnchen aufweist. Die Flügeldecken sind von tiefen, schwach punktierten Streifen durchzogen. Der Stierkäfer ist in sandigen Heidegebieten und in lichten Kiefernwäldern, wo sich viele Kaninchenbaue finden, verbreitet, in der Regel jedoch nicht häufig. Der Kot der Kaninchen wird von den Käfern in Erdstollen eingebracht, die zuweilen bis in eine Tiefe von 1,5 m gegraben sind. Seltener nehmen die Käfer auch die Losung von Rotwild oder Schafkot an. Zu länglichen Brutpillen verformt, wird der Kot in mehreren Nebenstollen abgelagert, während das Weibchen seine Eier abseits der Brutpillen in den Boden legt. Die ausgeschlüpften Larven müssen die Nahrungsballen erst aufsuchen.

177. Julikäfer *Anómala dúbia*
12–15 mm

Von Ende Mai bis Mitte August wird dieser Käfer, besonders in sandigen Gegenden, nicht selten angetroffen. Die Tiere sitzen vor allem auf Weidengebüsch und an Birken, doch findet man sie auch an anderen Pflanzen, wie etwa auf Brombeeren. Sie ernähren sich von Blüten und fressen außerdem die Maitriebe an. Die Färbung des Julikäfers ist recht veränderlich, in der Regel jedoch metallisch grünblau mit mehr oder weniger bräunlichen Flügeldecken. Er gleicht darin weitgehend dem meist sehr häufigen und etwas kleineren Gartenlaubkäfer (*Phyllopértha hortícola*), der auch unter dem Namen Junikäfer bekannt ist. Die beiden Arten sind unter anderem durch die Form ihres Vorderrückens zu unterscheiden, dessen breiteste Stelle beim Gartenlaubkäfer in der Mitte und beim Julikäfer deutlich hinter der Mitte des Vorderrückens liegt. Außerdem sind die Hinterschenkel bei dieser Art merklich dicker als die Vorder- und Mittelschenkel, während die Hinterschenkel des Gartenlaubkäfers kaum dicker sind als die der anderen Beine. Larve: (198).

178. Waldmaikäfer *Melolóntha hippocástani*
22–26 mm

Von dem gleichfalls sehr populären Feldmaikäfer (*Melolóntha melolóntha*) unterscheidet sich der Waldmaikäfer durch die von der Wurzel an sehr rasch und stark verschmälerte Hinterleibsspitze (Pygidium), deren Ende knotenähnlich verdickt ist. Beim Feldmaikäfer ist die Hinterleibsspitze in einen schmalen, lanzettartigen Fortsatz verlängert. Farbabweichungen sind hingegen von beiden Arten bekannt; nicht selten zeigt der Vorderrücken eine braune Stelle statt der schwarzen Färbung. Der Waldmaikäfer tritt bei uns vor allem in sandigen Heidegebieten und Waldgegenden auf, wo er, im Gegensatz zum Feldmaikäfer, in größerem Umfang auch in Nadelholzbeständen angetroffen wird. Gewöhnlich erscheinen die Käfer in einem Abstand von 3–5 Jahren in größerer Menge, so daß wir dann von Maikäferjahren sprechen. Dieser Zyklus entspricht der Entwicklungsdauer einer Käfergeneration, ist jedoch in gewissem Grade von der Temperatur abhängig, die in dem betreffenden Gebiet herrscht. Im Frühjahr, meistens im Mai, kommen die Käfer aus der Erde, nachdem sie bereits im Sommer des Vorjahres die Puppe verlassen und als Jungkäfer in ihrer Erdhöhle überwintert haben. Sie schwärmen in der Abenddämmerung, meist nach Sonnenuntergang, und lassen sich dabei leicht von Lichtquellen anlocken. Die von den Käfern verursachten und zum Teil erheblichen Fraßschäden an den verschiedensten Bäumen werden durch eine Neubelaubung während des sogenannten Johannistriebes wieder wettgemacht.

Weit größer hingegen ist der von den Larven angerichtete Schaden. Die mit kräftigen Kiefern ausgerüsteten Engerlinge wachsen im Laufe ihres 3–4jährigen Larvenstadiums zu feisten Tieren heran. Sie fressen zunächst Humusstoffe und zarte Wurzelfasern, später jedoch Wurzeln aller Art, und zwar in solchen Mengen, daß auf Wiesen, Getreidefeldern oder Kartoffeläckern ganz erhebliche Verluste entstehen können.

179. Dungkäfer *Aphódius fóetens*
6–8 mm

Mit mehr als 80 Arten sind die Dungkäfer der Gattung *Aphódius* in Mitteleuropa recht zahlreich vertreten. Die kleinen bis mittelgroßen Käfer (3–15 mm), deren gelbe oder rötliche Flügeldecken oft dunkle Flecken aufweisen, finden sich auf Weiden, Wegen, auf Ödland und im Walde. Sie werden hier von den Miststoffen größerer Haustiere sowie von den Exkrementen des Wildes angezogen. Die Weibchen legen ihre Eier an diesen Substanzen ab, in denen die Larven sich entwickeln. Der besonders im Norden und Osten Mitteleuropas nicht seltene *Aphódius fóetens* hat es dabei vor allem auf Kuh- und Pferdedung abgesehen. Die vorderen Winkel des schwarzen Vorderrückens sind bei diesem Käfer mehr oder weniger

ausgedehnt rot, und den hinteren Teil der Flügeldecken nimmt zuweilen eine dunkle Makel von unterschiedlicher Größe ein.

180. *Aegiália arenária*
5–6 mm

Als typischer Bewohner feinsandiger Dünen ist dieser kleine schwarze oder braune Käfer im Küstengebiet der Nord- und Ostsee stellenweise häufig. Die kurzen, breiten und stark gewölbten Tiere haben schaufelartig verbreiterte Vorderschienen, mit deren Hilfe sie sich ziemlich tief in den Sand eingraben können. Nicht selten findet man die Käfer, die in ihren Bewegungen recht schwerfällig sind, auch unter herumliegendem Holz und Tang oder im Sande an Graswurzeln.

Familie:
Bockkäfer *Cerambýcidae*

181. Weberbock *Lámia téxtor*
15–30 mm

Ihre auffallende Gestalt und die bei tropischen Arten oft sehr ansprechende Zeichnung machen die Bockkäfer zu einer der hübschesten Käferfamilien. Kennzeichnend sind ihre im männlichen Geschlecht sehr langen Fühler, die den Körper in der Regel – zum Teil sogar beträchtlich – überragen. Eine der wenigen Ausnahmen mit vergleichsweise kurzen Fühlern ist der Weberbock, bei dem in beiden Geschlechtern die Fühler kürzer sind als der Körper. Die mattschwarzen, dünn gelbbraun behaarten Käfer, deren Flügeldecken hinten runzelig punktiert und mit zahlreichen graugelben Haarflecken besetzt sind, sitzen in den Sommermonaten an den Ästen und Wurzeln von Pappel und Weide. Erst mit einsetzender Dämmerung werden die Tiere aktiv. Larve: (200).

Familie:
Blattkäfer *Chrysomélidae*

182. *Melasóma colláris*
5,5–7,5 mm
Die Familie der Blattkäfer, die vorwiegend rundlich-ovale und oft sehr bunt gefärbte Tiere umfaßt, ist eine der artenreichsten überhaupt. Sowohl Käfer als auch Larven leben, wie der Name schon sagt, auf Pflanzen, von deren Laub sie sich ernähren. Der abgebildete schwarz metallglänzende Blattkäfer fällt durch die rot gefärbten Seiten seines Vorderrückens auf. Man findet ihn von Mai–September auf verschiedenen Weiden-Arten. In manchen Jahren mit einer starken Vermehrung des Käfers können die Larven ihre Nahrungspflanzen durch Kahlfraß fast völlig entlauben. Bei Störungen sondern die Larven aus Warzen, die in einer Längsreihe an den Körperseiten angeordnet sind, eine wenig angenehm duftende Flüssigkeit ab, so daß sie von insektenfressenden Tieren weitgehend gemieden werden.

183. *Chrysoméla anális*
3,5–6,5 mm
Dieser schwarze, blau oder violett schimmernde Blattkäfer, mit rotem Seitensaum der Flügeldecken, führt zumindest tagsüber eine mehr versteckte Lebensweise. Auf sandigem Boden, in Heidegegenden und auch im Küstengebiet hält er sich unter Steinen und zwischen Pflanzenwurzeln auf. Wenn der Käfer in der Dämmerung seine Schlupfwinkel verlassen hat, wird er hauptsächlich an Korbblütlern angetroffen. Die Art erscheint von Februar–Mai und dann nochmals im Spätsommer.

184. Heide-Blattkäfer *Lochmáea suturális*
5–6 mm
Ausschließlich an Heidekraut lebt dieser rötlich gelbbraune, schwarz-

köpfige Blattkäfer, dessen Oberseite keinen Metallglanz aufweist. Der von April–Oktober anzutreffende Käfer tritt jahrweise in solchen Mengen auf, daß die Heide über weite Strecken kahlgefressen wird. An solchen Zerstörungen sind vor allem auch die Larven (197) beteiligt.

185. *Cryptocéphalus fúlvus*
2–3 mm
Die blaßgelben Flügeldecken dieses winzigen Blattkäfers sind grob punktiert, wobei jeder Punkt noch deutlich schwarzbraun gekernt ist. Gelegentlich tragen die Flügeldecken noch eine gelbbraune Längsbinde oder ihre Naht ist schwarz gesäumt. Die Käfer leben von Juni–September an einer Vielzahl von Pflanzen, darunter Haselnuß, Weide, Pappel, Beifuß, Thymian und anderen. Bei Beunruhigung ziehen die *Cryptocéphalus*-Arten, von denen es mehr als 60 bei uns gibt, ihre Beine an und lassen sich einfach fallen. Dieses Verhalten hat den Tieren auch den Namen Fallkäfer eingebracht. Ihre Larven fertigen von Kotkrümeln einen Sack, aus dem nur ihr Vorderteil herausragt. Beim Laufen wird er schräg aufgerichtet getragen. Vor der Verpuppung, die im verschlossenen Larvensack stattfindet, wird das Gehäuse an Laub, Zweigen oder Gräsern angeheftet.

186. Nebliger Schildkäfer
Cássida nebulósa
6–7 mm
Ein gemeinsames Merkmal der Schildkäfer sind ihre verbreiterten Flügeldecken sowie der verbreiterte Vorderrücken, der den Kopf, von oben gesehen, völlig verdeckt. Der Körperumriß der Käfer erscheint dadurch breit oval. Die meisten Schildkäfer, insbesondere die tropischen Arten, schillern in herrlichen, vornehmlich goldenen Farbtönen. Leider verschwinden diese Farben nach dem Tode der Tiere sehr schnell, was mit

dem Austrocknen des Körpers in Zusammenhang steht. Der Neblige Schildkäfer ist braungelb bis rostrot gefärbt, mit zahlreichen schwarzen Punkten auf den Flügeldecken. Er lebt auf Gänsefuß, ist aber auch als Schädling an jungen Rübenpflanzen bekannt. Die länglich ovalen Larven des Schildkäfers sind sehr stark bedornt. Sie bedecken sich selber mit einem schirmähnlichen Sichtschutz aus Kotteilchen und leeren Larvenhüllen.

Familie:
Samenkäfer Brúchidae

187. *Bruchídius fasciátus*
2–3,5 mm
Während die Samenkäfer sich nur von Blütenstaub ernähren, leben die Larven der abgebildeten Art in Samen von Besenginster. Das Käferweibchen heftet seine Eier im Frühsommer an die Außenseite der Hülse, und die ausgeschlüpften Larven nagen sich ihren Weg in das Innere. Hier fressen sie dann die Samen aus und verpuppen sich schließlich an Ort und Stelle.

Familie:
Rüsselkäfer Curculiónidae

188. *Otiorrhýnchus atroápterus*
7,5–10 mm
Bezeichnend für die Vertreter dieser Käferfamilie, die mit der gewaltigen Zahl von mehr als 45 000 Arten die größte Familie des Tierreiches überhaupt darstellt, ist ein rüsselähnlicher, verschiedenartig geformter Kopffortsatz. Bei der abgebildeten, schwarz fettglänzenden Art, mit ihren eiförmigen Flügeldecken, ist der Rüssel kurz und breit. Hinterflügel fehlen, so daß die Käfer flugunfähig sind. Sie bewohnen die Dünen und die Strandzone im Bereich der Meeresküste. Im Mai/Juni sieht man die Tiere häufig auf dem feinen Sand zwischen der Strandvegetation umherwandern. Zwischendurch benagen sie die jungen Triebe der verschiedensten Pflanzen. Ihre Larven durchlaufen ihre Entwicklung im Boden an den Wurzeln von Strandgräsern und verpuppen sich in einer ovalen Erdhöhle.

189. Gestreifter Sandgraurüßler
Philópedon plagiátus
4,5–8 mm
Die schwärzliche Oberseite dieses Rüßlers ist dicht mit grauen und braunen Schuppen besetzt, die Flügeldecken sind längsstreifig graubraun, nur 2 Längsbinden und die Seiten sind weißlich beschuppt. Er findet sich zumeist auf sandigem Boden mit spärlichem Pflanzenwuchs und befrißt vor allem die Maitriebe, Nadeln und Knospen von Kiefer und Lärche. Doch ist der Sandgraurüßler gelegentlich auch schon an angebauten Pflanzen schädlich geworden.

190. *Týchius venústus*
3,5–4 mm
Kleeschoten-Rüßler nennt man die etwa 20, an verschiedenen Schmetterlingsblütlern lebenden Arten der Gattung *Týchius*. Der auf bräunlich-gelbbraunem Grund weißgrau behaarte und lebhaft längsgestreifte *Týchius venústus* findet sich an Besenginster. Seine Larven entwickeln sich in den Hülsen dieser Pflanze, die dadurch gallenförmig anschwellen. Zur Verpuppung suchen sie den Erdboden auf.

191. Gänsefußgallenrüßler
Chromóderus fasciátus
8–11,5 mm
In sandigen Gegenden ist dieser schwarze und weißlich beschuppte Rüsselkäfer nicht selten. Man sieht ihn oft auf Disteln und im Herbst am Boden zwischen Grasbüscheln. Seine Larven befressen die Wurzeln von Gänsefuß und Melde und verursachen dadurch bis zu 5 cm große, längliche Gallen. Seltener werden auch Rüben befallen.

Käferlarven

Die Käfer gehören zu den Insekten mit vollkommener Verwandlung. In ihrem Entwicklungsgang ist also ein Larvenstadium eingeschlossen, das dem fertig ausgebildeten Käfer in keiner Weise ähnlich sieht, und wie wir es unter anderem auch von den Schmetterlingen, Hautflüglern und Zweiflüglern her kennen. Die Larvenzeit ist für den Käfer (und für die Insekten überhaupt) ein reines, von Häutungen unterbrochenes Wachstumsstadium, verbunden mit ständiger Nahrungsaufnahme. Denn oftmals nimmt das erwachsene Insekt, ausschließlich auf die Vermehrung und Verbreitung der Art eingerichtet, keinerlei Nahrung mehr zu sich. Die Käferlarven besitzen alle eine fest sklerotisierte Kopfkapsel mit beißenden Mundwerkzeugen und Punktaugen. Sofern sie freilebend sind, entweder räuberisch oder als Pflanzenfresser auf den verschiedensten Gewächsen, verfügen sie in der Regel über wohlausgebildete Gliedmaßen an den Brustsegmenten und zeigen oft lebhafte Farbtöne. Entwickeln sich die Larven in der Erde, in Mulm von Baumstubben oder im Inneren der Pflanzen, dann sind sie zumeist weißlich, während ihre Beine vielfach zugunsten von Kriechwülsten an den Körpersegmenten zurückgebildet sind. Die ebenfalls weißlichen Puppen haben im Gegensatz zu den Schmetterlingspuppen überwiegend freie, dem Körper lose anliegende Gliedmaßenscheiden (**200a**).

192. Dünen-Sandlaufkäfer

Cicindéla hýbrida (*Cicindélidae*)
Etwa 20 mm
Die Larven der Sandläufer sind nicht in der Lage, auf der Erdoberfläche zu laufen. Sie sitzen am Eingang ihrer engen, senkrecht verlaufenden Erdgänge, und zwar so, daß der Kopf mit den nach oben gerichteten, scharfen Kiefern sowie der feste Schild des Vorderrückens die Höhle gerade abschließen. Dabei stützt sich die Larve ab, indem sie einen Höcker auf ihrem Hinterleib und dessen Hinterende in einer typischen Weise an die Wandung stemmt. Vorüberkommende kleine Insekten und deren Larven werden gepackt und verzehrt. Nachts und bei bedecktem Himmel sitzen sie am Grunde der bis 50 cm tiefen Röhren. Die Entwicklungszeit der *Cicindéla*-Larven beträgt 2 Jahre. Käfer: (131).

193. Laufkäfer *Cárabus* species

(*Carábidae*)
Bis 37 mm
Die langgestreckten, zumeist schwarzen Larven der Laufkäfer sind ebenso behende wie die Vollkerfe. Sie jagen Regenwürmer und Schnecken, die ebenfalls außerhalb des Körpers (extraintestinal) verdaut und dann eingeschlürft werden. Die Zeit ihrer Hauptaktivität fällt, wie übrigens auch bei den Käfern, in die Nachtstunden. Nur selten bekommt man deshalb eine Larve zu Gesicht; den Tag über halten sie sich meist versteckt. Die Verpuppung findet in einer Erdhöhle statt. Käfer: (132).

194. Totengräber *Necróphorus*

fóssor (*Sílphidae*)
Bis 30 mm
Das Weibchen des Totengräbers legt seine Eier in kleinen Erdkammern ab. Diese münden in eine Höhle, in der sich der kaum noch erkennbare Kadaver irgendeines kleineren Wirbeltieres befindet. Die Käfer haben ihn nach dem Vergraben durch ständiges Bearbeiten enthaart und zu einer Kugel verformt. Sobald die zylindrischspindelförmigen Larven ausgeschlüpft sind, kriechen sie auf die Aaskugel, wo sie von dem Muttertier zunächst noch mit ausgewürgtem Nahrungssaft gefüttert werden. Nach einiger Zeit fressen sich die Larven in das

Aas, das sie bis zu ihrer Verpuppungsreife völlig aufgezehrt haben. Sie verpuppen sich dann einzeln in Erdhöhlen in der Nähe der Aasreste. Käfer: (152).

195. Ölkäfer *Méloe variegátus* (*Melóidae*)

Die aus den Eiern schlüpfenden etwa 3 mm großen Larven des Ölkäfers sind zunächst langbeinig, wobei jedes Bein mit 3 Krallen ausgestattet ist. Diese sogenannten Triungulinus-Larven (**195a**) sind sehr beweglich und suchen blütentragende Pflanzen zu erklettern. Hier erwarten sie anfliegende Bienen, und zwar die einzeln (solitär) lebenden Erdbienen, an deren Haare sie sich anklammern und ins Bienennest tragen lassen. Dort läßt sich die Triungulinus-Larve nach der Eiablage des Bienenweibchens auf dessen Ei gleiten, das in der Zelle auf dem Honig schwimmt. Nach einer Woche etwa ist das Bienenei völlig ausgefressen, und die Käferlarve häutet sich zu einer weichen, blinden und kurzbeinigen Larve, die noch relativ beweglich ist. Sie schwimmt auf dem Honigvorrat, von dem sie sich auch ernährt. Das gleiche gilt für die späteren Larvenstadien, die indessen sehr plump und fast unbeweglich sind (**195**). Den Winter überdauert die Larve in einem puppenähnlichen Ruhezustand und entläßt erst nach zwei weiteren Häutungen den Käfer (**167**), ohne nochmals Nahrung aufzunehmen. Bei diesem komplizierten Entwicklungsgang kommen trotz der großen Eimengen nur wenige Tiere zum Ziel, denn bereits viele Triungulinus-Larven erklettern irrtümlich andere blütenbesuchende Insekten und müssen hier schließlich verhungern.

196. Marienkäfer *Coccinélla* species (*Coccinéllidae*) 10–12 mm

Ebenso nützliche Blattlausvertilger wie die erwachsenen Tiere sind auch die Larven der Marienkäfer. Ihr grauvioletter Körper trägt auf dem Rücken und an den Seiten schwarze und rotgelbe Warzen. Oft werden die auf den von Blattläusen befallenen Pflanzen umherlaufenden Larven mit denen des gefürchteten Kartoffelkäfers verwechselt. Dessen Larven sind jedoch rotorange gefärbt und mit schwarzen Punkten besetzt. Die Puppen der Marienkäfer hängen, mit dem Hinterleibsende angeheftet, frei an den Pflanzen. Nach 6–9 Tagen schlüpft aus ihnen der Käfer (163).

197. Heide-Blattkäfer *Lochmáea suturális* (*Chrysomélidae*) Etwa 5 mm

Durch starken Fraß an Blättern und jungen Trieben des Heidekrauts werden die Larven des Heide-Blattkäfers oft sehr schädlich. Die mit Warzenreihen und kurzen Borsten besetzten Tiere, die auch als Vollkerfe sich nur von Heidekraut ernähren, fressen erst nach Einbruch der Dämmerung. Bei Massenauftreten können auf diese Weise große Bestände dieser Pflanze zerstört werden. Käfer: (184).

198. Julikäfer *Anómala dúbia* (*Scarabáeidae*) Etwa 30 mm

Die plumpe, gelblichweiße Larve des Julikäfers entspricht gestaltlich dem, was man gewöhnlich als Engerling bezeichnet. Die im Boden lebenden und zumeist sichelartig gekrümmt liegenden Tiere sind nur wenig beweglich. Mit ihren kräftig ausgebildeten Kieferzangen benagen sie hier die feinen Wurzeln. Erst im zweiten Jahr ihrer Entwicklung verpuppen sich die Larven, und im Frühsommer des gleichen Jahres erscheinen die Käfer (177).

199. Staubkäfer *Ópatrum sabulósum* (*Tenebriónidae*) Etwa 15 mm

In ihrer Körpergestalt erinnern die

fast drehrunden, derbhäutigen und mattglänzenden Larven des Staubkäfers an die allbekannten »Mehlwürmer«, die Larven des in Getreideprodukten oft schädlichen Mehlkäfers (*Tenébrio mólitor*). Sie fressen und entwickeln sich während des Sommers an unterirdischen und zumeist faulenden Pflanzenteilen, doch werden mitunter auch Keimlinge und junge Triebe angenagt. Oftmals nimmt die Entwicklung der Larve 1 Jahr oder länger in Anspruch, bevor der Käfer erscheint (173).

200. Weberbock *Lámia téxtor*
(*Cerambýcidae*)
Etwa 35 mm
Sehr bezeichnend ist die zumeist walzenförmige und nach vorn verbreiterte Gestalt der Bockkäferlarven. Sie besitzen keine Beine oder nur winzige, zurückgebildete Stummel, statt dessen aber dicke Kriechwülste an den Körpersegmenten. Mit ihnen bewegen sich die Tiere in ihren Gängen fort. Solche Gänge nagt die Larve des Weberbocks mit ihren sehr kräftig entwickelten Oberkiefern in Stöcken, den unteren Teilen des Stammes sowie in den höhergelegenen Wurzeln alter Weiden und Zitterpappeln. Die gesamte Entwicklung nimmt 2 Jahre in Anspruch. Ist die Larve erwachsen, legt sie dicht unter der Rinde eine Puppenkammer an. In ihr häutet sie sich zur Puppe (**200a**). Nach dem Ausschlüpfen nagt sich der Käfer (181) einen Weg ins Freie.

Ordnung:
Hautflügler *Hymenóptera*

Die Hautflügler, zu denen so bekannte Insekten wie die Bienen, Wespen und Ameisen gehören, sind durch den Besitz von 2 Paar häutigen, durchsichtigen Flügeln gekennzeichnet. Gewöhnlich sind die Flügel, von denen das vordere Paar meist erheblich größer ist als das hintere, nur von wenigen Adern durchzogen. Einige Hautflügler, wie etwa die Arbeiterinnen der Ameisen, besitzen überhaupt keine Flugorgane oder die Flügel brechen nach dem Hochzeitsflug ab, wie es bei den Ameisenweibchen (Königinnen) der Fall ist. Innerhalb der Hautflügler unterscheiden wir 2 Unterordnungen, deren sicherste Kennzeichen in der Art der Verbindung von Brust und Hinterleib liegt. Bei den Pflanzenwespen (*Symphýta*), zu denen die Holzwespen und Blattwespen gehören, ist der Hinterleib in seiner ganzen Breite mit dem Brustabschnitt verwachsen und wird als »festsitzend« bezeichnet. Demgegenüber weist der Hinterleib der Taillenwespen (*Apocríta*) zwischen dem 1. und 2. Segment eine Einschnürung auf, so daß dieser, je nach der Form des 2. Segments, mehr oder minder lang gestielt erscheint. Das Hinterleibsende der Weibchen trägt einen unterschiedlich gestalteten Legebohrer, der bei vielen Hautflüglern zu einem äußerst wirksamen Wehr- und Giftstachel umgebildet ist. So sind es ausschließlich die Weibchen, die wir zu fürchten haben. Da es aber einem Laien kaum gelingen wird, ein harmloses Hummel-, Wespen- oder Hornissenmännchen von einem Weibchen zu unterscheiden, werden schmerzhafte Stiche nicht zu vermeiden sein. Zahlreiche Schlupfwespen und Brackwespen leben parasitisch in Schadinsekten und sind deshalb in unserem Sinne als nützlich zu bezeichnen. Der große Nutzen der Bienen als Blütenbestäuber ist ohnehin bekannt. Schließlich sind noch die Staatenbildung und das soziale Verhalten vieler Hautflügler besonders bemerkenswert.

Familie:
Schlupfwespen *Ichneumónidae*

201. *Bánchus compréssus*
Etwa 14 mm
Die Familie der Schlupfwespen um-

faßt eine große Zahl verschiedener Arten, in Mitteleuropa allein mehrere Tausend, deren systematische Unterscheidung zum Teil erhebliche Schwierigkeiten bereitet. In der Färbung dieser Tiere herrschen schwarze und rote Töne vor. Ihre Larven leben als Parasiten vorwiegend in den Jugendstadien anderer Insekten, insbesondere aber von Schmetterlingen. So spürt die Schlupfwespe *Bánchus compréssus*, die Fühler in ständiger zitternder Bewegung, zielsicher die Raupen der Kiefernsaateule (**104**) auf, die in sandigem Boden dicht unter der Oberfläche an den Wurzeln verschiedener Gräser fressen. Die Wespe deponiert ihre Eier im Körper der Raupe, und die ausgeschlüpften Larven fressen ihr Opfer, das sich meist noch verpuppen kann, bei lebendigem Leibe auf. Statt eines Falters schlüpft aus der Puppe dann der fertige Parasit.

Familie:
Goldwespen *Chrysídidae*

202. *Hedýchrum nóbile*
5–10 mm
Die Goldwespen zeichnen sich durch eine ungemein prächtige Erscheinung aus: Ihr Körper erstrahlt geradezu in grünem, blauem oder rubinrotem Metallglanz. Leider ist die Mehrzahl der Goldwespen jedoch so klein, daß sie mit bloßem Auge kaum in ihrer ganzen Schönheit zu erfassen sind. Auch die Bestimmung der sehr zahlreichen und meist nur schwer unterscheidbaren Arten ist nicht leicht. Die meisten Goldwespen sind Nestparasiten bei Bienen, Grab- und Faltenwespen. Die dargestellte Art schmarotzt bei der Grabwespe *Cérceris arenária* (**232**), deren Erdnester sie aufsucht und mit einem Ei belegt. Die Wirtslarve wird von der geschlüpften Schmarotzerlarve dann langsam ausgesaugt. Andere Nahrung nehmen dagegen die besonders an heißen Tagen sehr

aktiven erwachsenen Goldwespen auf. Sie besuchen vor allem die Blüten der Doldengewächse und schlecken mit Vorliebe den zuckerhaltigen Kot der Blattläuse. Daneben kann man Goldwespen vorwiegend in der Nähe der Brutplätze ihrer Wirte beobachten.

Familie:
Echte Wespen *Véspidae*

203. Rote Wespe *Paravéspula rúfa*
Weibchen (Königin) 16–20 mm, Arbeiterin 10–14 mm, Männchen 13–16 mm
Mit Ausnahme der sogenannten Kukkuckswespen, die ihre Eier in die Nester anderer Wespen-Arten einschmuggeln und ihren Bau- und Brutpflegetrieb verloren haben, errichten die staatenbildenden Echten Wespen ein dauerhaftes, von einer papierähnlichen Außenhülle umgebenes Nest. Die Rote Wespe legt ihr Nest stets in Löchern oder Höhlen unter der Erde oder aber in flachen Vertiefungen auf der Erde an, wobei sie nicht nur in Sandgebieten, sondern auch in recht feuchtem Gelände (Moorwälder) festgestellt werden konnte. Während die Weibchen vor allem Obstbaumblüten und Weidenkätzchen besuchen, sieht man die Arbeiterinnen und Männchen bevorzugt auf Doldengewächsen. Das Wespenvolk geht im Herbst zugrunde, während die Neugründung im Frühjahr durch überwinternde, befruchtete Weibchen erfolgt. Die Rote Wespe trägt ihren Namen von der mehr oder weniger ausgedehnten Rotfärbung auf der Hinterleibsbasis, die indessen beträchtlich abändern kann, wie die Zeichnung des Hinterleibes bei den Wespen überhaupt. Der gelbe Kopfschild (Clypeus) weist einen schwarzen, gezackten Längsstreifen auf, ähnlich wie bei der Gemeinen Wespe (*Paravéspula vulgáris*).

Familie:
Lehmwespen *Euménidae*

204. **Pillenwespe** *Euménes pedunculátus*
10–14 mm

Die Lehmwespen haben mit den Echten Wespen (*Véspidae*) eine bezeichnende Ruhestellung ihrer Vorderflügel gemeinsam, die nämlich der Länge nach gefaltet sind. Dem trägt auch die deutsche Bezeichnung Faltenwespen Rechnung, unter der außer den beiden genannten noch einige weitere Familien zusammengefaßt werden, die das gleiche Merkmal aufweisen. Bei den Lehmwespen nun, und in Sonderheit auch innerhalb der Gattung *Euménes*, gibt es eine ganze Reihe äußerlich sehr ähnlich aussehender Arten, deren sichere Bestimmung nur ein Spezialist vornehmen kann. Kennzeichnend für die überwiegend schwarz und nur wenig gelb gezeichneten Pillenwespen ist die Form ihres Hinterleibes: während das 1. Segment schmal und stielförmig ist, zeigt das 2. Segment eine nach hinten glockenförmig erweiterte Gestalt. Sehr kunstvoll sind die Nestkammern, die von den Pillenwespen aus herbeigeschafftem feuchten Lehm geformt werden. Sie gleichen vollendet kleinen Urnen und werden einzeln oder in Gruppen bis zu dreien frei an Pflanzen, einem am Boden liegenden Ast oder einem Stein befestigt. Nachdem das Weibchen in die Nestkammern jeweils ein Ei, das an einem Sekretfaden frei im Raum pendelt, abgelegt hat, trägt es als Nahrung für die Larve durch einen Stich gelähmte Schmetterlingsraupen ein. Dabei schiebt die Wespe von außen bis zu 10 kleine Raupen in jede Urne hinein und verschließt dann den Eingang der gefüllten Kammern mit feuchten Lehmkügelchen.

205. *Nannopteróchilus phalerátus*
7–10 mm

Eine meist seltenere Lehmwespe ist diese, auch schwarz und gelb gefärbte Art. In ihrem Vorkommen ist sie an Sandboden mit spärlichem Pflanzenbewuchs gebunden, wo die Weibchen ihre Nester oft kolonieweise im Flugsand anlegen. Ein senkrechter Gang führt zu der etwa 1 cm langen Brutzelle im Erdboden. An der Decke dieser Kammer ist an einem kurzen Faden das Ei befestigt. Nach der Eiablage wird jede Zelle mit einer Anzahl kleinerer gelähmter Raupen als Larvennahrung versorgt und dann mit Sandkörnern und Erdklümpchen verschlossen.

206. *Oplómerus spínipes*
9,5–12,5 mm

An besonders günstigen Stellen nisten manchmal mehrere hundert Weibchen dieser ebenfalls schwarzgelb gezeichneten Lehmwespe dicht beisammen. Derart bevorzugte Orte für den Nestbau sind neben senkrechten Lößabstichen auch die Lehmwände alter Gebäude. Das Muttertier gräbt einen 6–7 cm langen Gang, an dessen Ende bis zu 5 Zellen liegen. Die beim Ausgraben anfallenden Bröckchen werden mit Speichel vermischt und am Nesteingang zum Bau einer zylindrischen Röhre verwandt. Sofern sich das Nest in einer senkrechten Wand befindet, ist dieser Vorbau nach unten gekrümmt und erhält dadurch die Form eines Wasserhahnes. Jede Zelle wird von dem Wespenweibchen mit einem Ei bestückt, das wiederum an einem dünnen Faden hängt, und anschließend mit eingetragenen Rüsselkäferlarven der Gattung *Phytónomus* angefüllt. Bis zu 15 solcher Käferlarven, die der ausgeschlüpften Wespenlarve als Nahrung dienen, finden in einer Brutzelle Platz. Nach getaner Arbeit verschließt das Weibchen jede der Zellen und schließlich auch den Nesteingang mit Lehmklümpchen.

Familie:
Schuppenameisen *Formicidae*

207. Rotbärtige Hilfsameise
Formica rufibarbis

Arbeiterinnen 4–7,5 mm, Weibchen 9–11 mm

Die am Kopf und Rücken ausgedehnt rot gefärbten Ameisen sind überwiegend im offenen Gelände, an warmen und sonnigen Örtlichkeiten zu finden. Im Wald besiedeln sie allenfalls die Ränder von Lichtungen. Die Nester dieser Ameisen-Art werden gewöhnlich in der Erde unter Steinen angelegt, vielfach auch zwischen Grasbüscheln, und sind meist nur schwer zu entdecken. Denn nicht nur die engen Nesteingänge münden irgendwo gut getarnt, auch die typischen Ameisenstraßen von und zu ihrer Behausung vermißt man bei der Rotbärtigen Hilfsameise. Die überaus flinken Tiere jagen nämlich einzeln nach anderen Insekten und deren Larven. Im Gegensatz zur Roten Waldameise (*Formica rufa*) etwa, in deren volkreichen Kolonien sich neben den Arbeiterinnen und männlichen Ameisen jeweils noch zahlreiche Königinnen befinden, verfügt jede Kolonie der Rotbärtigen Hilfsameise über nur 1 Königin.

208. Schwarzgraue Hilfsameise
Formica fusca

Arbeiterinnen 3,5–6,5 mm, Weibchen 7–10 mm

Diese schwarze bis braunschwarze *Formica*-Art ist weitverbreitet und wird sowohl in etwas feuchterem Gelände als auch auf trockenem Boden angetroffen. Hier werden die Nester hauptsächlich unter Steinen angelegt, wobei niemals Pflanzenstoffe zum Bau Verwendung finden. An Waldrändern und Wegrainen hingegen sind die Nester der wenig individuenreichen Kolonien vorwiegend in Erdhügeln. Die flinken und dabei recht scheuen Ameisen nehmen sehr gerne Honigtau auf, ernähren sich teilweise aber auch von Insekten.

209. Schwarzgraue Wegameise
Lasius niger

Arbeiterinnen und Männchen 3–5 mm, Weibchen 8–9 mm

Die sehr häufige Wegameise kommt an feuchten, mit Gras bestandenen Waldrändern ebenso vor wie an trockenen Plätzen und in Gärten. Ihr Nest legt sie, den örtlichen Gegebenheiten entsprechend, als Erdkuppelbau oder unter Steinen an. Während der Schwärmzeit im Hochsommer fallen die geflügelten Weibchen und Männchen auch im Bereich der Großstädte allenthalben auf. Auf der Suche nach Zucker und ähnlichen süßen Stoffen dringen diese Allesfresser vielfach in die Häuser ein. In Gärten sind sie durch ihre Blattlauspflege und -zuchten sehr lästig.

Familie:
Rollwespen *Tiphiidae*

210. *Myrmosa melanocephala*
Männchen 7–11 mm, Weibchen 3–5 mm

Die systematische Stellung sowohl dieser als auch der folgenden Art ist schon mehrfach Gegenstand fachlicher Erörterungen gewesen. Dabei vertreten einige Forscher die Ansicht, beiden Arten jeweils den Rang einer eigenen Familie zuzuerkennen. Während die Weibchen von *Myrmosa* flügellos und dadurch leicht mit Roten Waldameisen zu verwechseln sind, besitzen die wesentlich größeren und stark behaarten Männchen wohlausgebildete Flügel (**210a**). Die Tiere bevorzugen als Aufenthaltsorte Sandgebiete, wo das Weibchen die Nestkammern verschiedener Grabwespen-Arten aufspürt, um dort ihre Eier abzulegen. Die ausschlüpfenden Larven vertilgen dann die Brut der Grabwespen.

211. *Methoca ichneumonides*
Männchen 10–14 mm, Weibchen 5–8 mm

Auch das ungeflügelte *Methoca*-Weibchen (**211a**) erinnert in seinem Aussehen lebhaft an eine Rote Waldameise. Dagegen sieht das fast doppelt so große flügeltragende Männchen einer Schlupfwespe sehr ähnlich, was auch im Namen dieser Art zum Ausdruck kommt. Die Wespe findet sich in warmen, sandigen Gegenden, und zwar dort, wo auch die Larven des Sandlaufkäfers (**192**) ihre senkrechten Erdröhren anlegen. Diese Larven spürt das *Methóca*-Weibchen mit Hilfe seines Geruchsinns auf und lähmt sie durch einen Stich in die Kehle oder zwischen die Vorderhüften. Vorher allerdings wird die Wespe meist von den mächtigen sichelförmigen Kiefern der Käferlarve gepackt, trägt aber dank ihres schmalen Körpers keinen Schaden davon. Sie nutzt im Gegenteil die Situation, wenn die Käferlarve zum Ergreifen der vermeintlichen Beute den Kopf zurückbiegt, blitzschnell ihren lähmenden Stich anzubringen. Bewegungsunfähig rutscht die Larve, nun selber zum Opfer geworden, tiefer in ihre Röhre hinab. Hier wird sie von dem Wespenweibchen mit einem Ei belegt. Danach füllt die Wespe die Röhre mit Sand auf, ebnet ihre Mündung ein und geht dann auf die Suche nach einer neuen Larve.

Familie:
Ameisenwespen *Mutíllidae*

212. Europäische Ameisenwespe
Mutílla európea
11–15 mm

Die Larven dieser ansprechend gefärbten Wespen – der Vorderkörper der flügellosen ameisenähnlichen Weibchen ist braunrot, der Hinterleib schwarzblau schimmernd mit silbergrauen Haarbinden – leben als Parasiten in den Nestern von Hummeln. Die flink umherlaufenden *Mutílla*-Weibchen suchen am Boden die Nester ihrer Wirte auf und belegen die schon besetzten Zellen jeweils noch mit einem eigenen Ei. Die ausgeschlüpften Larven der Ameisenwespe verzehren dann die Hummelbrut mitsamt den eingetragenen Vorräten. Während die Hummeln dem eingedrungenen *Mutílla*-Weibchen wegen seines dicken Panzers mit Stichen und Bissen nicht beikommen können, sind die Ameisenwespen selber wegen ihres schmerzhaften Stiches gefürchtet. Man hüte sich davor, ein solches Tier in die Hand zu nehmen.

Familie:
Rollwespen *Tiphíidae*

213. Rotschenklige Rollwespe
Típhia femoráta
10–14 mm

Diese unauffällig gefärbten Wespen besuchen häufig blühende Dolden, um hier den Nektar aufzunehmen. Gelegentlich hat man das Glück, ein Weibchen zu beobachten, das unruhig auf dem Erdboden umherläuft. Plötzlich hält das Tier in der Bewegung inne und beginnt kurz darauf, sich einzugraben. Es hat die Larve eines Blatthornkäfers (**198**) ausgemacht, zu der die Wespe nun vordringt. Die Beute wird durch einen Stich gelähmt und an ihrer Bauchseite ein Ei angeheftet. Die Lähmung durch das Gift der Rollwespe ist meist nur vorübergehend. Die ausgeschlüpfte madenartige Wespenlarve bohrt sich langsam in den Körper des Engerlings ein, wobei sie zunächst dessen Körpersäfte und später auch die inneren Organe verzehrt. Da manche Blatthornkäfer als gefürchtete Pflanzenschädlinge auftreten, hat man in einigen Ländern bereits versucht, bestimmte *Típhia*-Arten zur Bekämpfung der Engerlinge einzusetzen.

Familie:
Schmarotzerwespen *Ceropálidae*

214. *Cerópales maculátus*
5–11 mm

Diese weißgefleckte, in sandigen Gegenden nicht seltene Wespe zeichnet sich durch ihr bemerkenswertes Verhalten aus. Die *Cerópales*-Weibchen lauern nämlich auf Wegwespen, die gerade damit beschäftigt sind, erbeutete und gelähmte Spinnen zu dem künftigen Nistplatz zu transportieren. In einem günstigen, unbewachten Augenblick, meist dann, wenn die Wegwespe mit dem Ausheben einer Nestkammer beschäftigt ist, legt das *Cerópales*-Weibchen sein Ei in die Atemspalte auf der Bauchseite der Spinne ab. Auf diese Weise bleibt der rechtmäßigen Jägerin das »Kuckucksei« verborgen; sie bringt die Beute in die fertige Nestkammer, belegt sie dort noch mit einem eigenen Ei und verschließt dann die Erdhöhle sorgfältig mit Sand. Die Larve des Schmarotzers schlüpft früher als die Wegwespenlarve, tötet diese ab und entwickelt sich nun, die Spinne verzehrend, allein weiter. Nicht selten kommt es zu einem Kampf zwischen dem *Cerópales* und der Wegwespe, die ihre Beute hartnäckig verteidigt. Dennoch gelingt es dem Schmarotzer in den meisten Fällen, die Spinne blitzschnell mit seinem Ei zu versehen.

Familie:
Wegwespen *Pompílidae*

215. Bleigraue Wegwespe
Pómpilus plúmbeus
5–10 mm

Während die erwachsenen Wegwespen zur Versorgung ihrer Brut eifrig Spinnen jagen, ernähren sie sich selber von dem Nektar der verschiedensten Blüten. Die abgebildete Art kann man häufig in Dünengelände beim Ausheben ihrer bis etwa 5 cm tiefen Erdhöhlen beobachten. Die Tiere schaffen dabei im wechselnden Takt ihrer Vorderbeine geschickt den Sand weg, wobei ihnen ein Kamm langer, kräftiger Borsten an den Vorderfüßen beim Scharren sehr zustatten kommt. Nach Beendigung dieser Arbeit wird die

zuvor erjagte und gelähmte Spinne, die irgendwo in der Nachbarschaft versteckt worden ist, von der Wespe geholt und zur Brutkammer transportiert. Hierbei trägt die Bleigraue Wegwespe ihre Beute vorwärts laufend, während die meisten anderen Pompiliden die Spinnen mit den Kiefern an einem Bein packen und im Rückwärtsgang fortschleppen. Manche Wegwespen beißen der sperrigen Last noch einige Beine ab, um den Transport zu erleichtern. Am Nest angelangt, wird die Spinne in die Höhle hineingezogen, mit einem Ei belegt und dann vergraben. Den Nesteingang verschließt das Wespenweibchen unter hämmernden Bewegungen seines Hinterleibes sorgfältig mit Sand, so daß er in seiner Umgebung nicht mehr auffällt. Die gelähmte Spinne wäre übrigens noch einige Wochen lebensfähig, wenn sie von der geschlüpften Wespenlarve nicht sogleich aufgefressen würde. Manche Wegwespen-Arten stellen den im Boden lebenden Spinnen nach. Sie verfolgen diese in ihren Röhren und belassen die Spinne nach dem lähmenden Stich und der Eiablage an Ort und Stelle. Auf diese Weise ersparen sie sich die Anlage einer eigenen Nestkammer.

216. Rotbraune Bürstenwegwespe
Pómpilus fúscus
10–14 mm

Vom Frühjahr bis in den Spätsommer trifft man in trockenen Sandgebieten und auf sonnenbeschienenen, sandigen Waldwegen die lebhaft gezeichnete Bürstenwegwespe. Die behende umherlaufenden Wespenweibchen, die zwischendurch sich auch in niedrigen Flügen fortbewegen, sind unerschrockene Spinnenjäger, die besonders die kräftigen Wolfsspinnen überwältigen und durch einen Stich lähmen. Anschließend wird das Beutetier mit einem angehefteten Ei lebend vergraben, um der schlüpfenden Larve als

Nahrung zu dienen. Der Stich einer Wegwespe ist für den Menschen außerordentlich schmerzhaft, doch verursacht er keine Schwellung und flaut auch bald wieder ab. Zu Beginn des Herbstes legen die befruchteten Weibchen des *Pompilus fuscus* in günstigen Sandböden bis zu 30 cm tiefe Löcher an, in denen sie überwintern. Andere einheimische Wegwespen überstehen die kalte Jahreszeit im Puppenstadium.

Familie:
Grabwespen *Sphécidae*

217. *Astáta stígma*
6–10 mm
Die Mehrzahl der einheimischen Grabwespen ist schwarz mit gelber oder rötlicher Hinterleibszeichnung, doch gibt es auch eine Reihe einfarbig schwarzer Arten. Diese Ähnlichkeit in der äußeren Erscheinung bringt es mit sich, daß, ähnlich wie bei den Wegwespen, nur der Spezialist die vielen verschiedenen Arten mit Sicherheit voneinander unterscheiden kann. Grabwespen erkennt man vor allem an der kurzen Vorderbrust (Prothorax), die nicht bis zu den Flügelschuppen reicht, während bei den Wegwespen die Vorderbrust sich bis zur Flügelbasis erstreckt. Ferner sind die Hinterbeine der Grabwespen kürzer als die der Wegwespen. Dagegen verfügen die Weibchen jener Sphéciden-Arten, die die als Futtervorrat für ihre Larven eingetragenen Insekten in einer Bruthöhle im Boden vergraben, über die gleichen kräftigen Dornenkämme an den Vorderfüßen, wie sie auch von den Wegwespen bekannt sind. Im Gegensatz zu ihren auf Fleischnahrung angewiesenen Larven, ernähren sich die erwachsenen Grabwespen zum überwiegenden Teil von Blütennektar, wozu sie namentlich Doldenblütler aufsuchen. Die abgebildete *Astáta stígma* bevorzugt als Aufenthaltsorte extrem warme Sand-

gebiete. Hier legt sie im Boden ihre einfachen Nesthöhlen mit nur einer Zelle am Grunde an, die sie mit erbeuteten Wanzenlarven als Zehrung für ihre Brut auffüllt. Die Männchen dieser Art sind leicht an den großen, auf dem Scheitel sich berührenden Augen zu erkennen. Außerdem tragen sie einen weißen Fleck auf der Stirn.

218. *Miscóphus áter*
4–5 mm
Diese kleine, einfarbig schwarze Grabwespe bewohnt ebenfalls trockene warme Sandböden, wo die Männchen häufig an einzeln stehenden Büschen auf der Suche nach Honigtau angetroffen werden. Die Weibchen spüren kleine Spinnen auf, die durch Stiche gelähmt und in die im Boden angelegten Nester gebracht werden. Diese bestehen aus einem Gang, der einige Zentimeter tief ist und in eine einzige Kammer mündet.

219. *Táchysphex ibéricus boreális*
7–10 mm
Etwa 3 cm tief führt die Wohnröhre dieser Grabwespe als einfacher unverzweigter Gang in die Erde. Sie wird im Juni in sandigen Gegenden, in Kiesgruben oder an ähnlichen Orten gegraben, wo die Wespen meist nicht selten sind. Sie machen Jagd auf Heuschrecken- und Grillenlarven, die nach dem lähmenden Stich gewöhnlich im Flug zu dem Nest befördert werden. Dabei kann jede Nesthöhle bis zu 1 Dutzend dieser Beutetiere aufnehmen.

220. *Táchysphex pompilifórmis*
7–10 mm
In ihrer rotschwarzen Tracht erinnert diese Grabwespe an manche Pompiliden. Sie besiedelt ähnliche Örtlichkeiten wie die vorhergehende Art, scheint jedoch etwas höhere Wärme zu schätzen. Wie alle *Táchysphex* ist auch diese äußerst wendige Art ein Heuschreckenjäger, der zumeist ältere Larven einträgt. Der Transport der

Beute zum Nest geschieht sehr oft im Fluge, wobei die Wespe teilweise mit erstaunlich großen Heuschrecken vom Boden abhebt. Ihr langgestrecktes Ei klebt sie in offenbar immer gleichbleibender Weise an das Opfer: auf die Bauchseite zwischen das 1. und 2. Beinpaar und zwar quer zum Körper der Heuschrecke.

221. Psen equéstris
6–10 mm

In trockenwarmen Heidegebieten mit eingestreuten freien Sandflächen zwischen dem Pflanzenwuchs kommt diese gleich der vorigen Art ansprechend rotschwarz gezeichnete Wespe vor. Hier graben die Tiere auch ihre Nester in den sandigen Boden, an günstigen Stellen oftmals in kleinen Kolonien beieinander. Die Neströhre selber, ein recht langer, verzweigter Gang, mündet vielfach unter einem Busch Heidekraut. Psen equéstris legt seinen Larven Blattflöhe (Psyllína) als Nahrung vor.

222. Psénulus pállipes
5–9 mm

Neben Blattflöhen bilden Blattläuse die Hauptnahrung auch der Psénulus-Larven. Die kleinen Pflanzensauger werden von der Grabwespe in größerer Zahl in das Nest eingetragen, das in hohlen Pflanzenstengeln sowie in verlassenen Fraßgängen anderer Insekten in totem Holz angelegt wird. Man sieht denn auch öfter die einfarbig schwarzen Wespen, wenn sie an sonnigen Orten »wurmstichige« Zaunpfähle oder Baumstümpfe umschwärmen. Die Nester selber sind in eine Anzahl von Kammern unterteilt, deren Trennwände aus Holzmehl, vermischt mit Speichel, errichtet werden.

223. Diodóntus trístis
5–8 mm

Diese düster gefärbte Grabwespe wird besonders in Heidegegenden ange-

troffen, wo sie oftmals zusammen mit den Arten der Gattung Psen (221) vorkommt. Doch kann man Diodóntus mitunter auch an den sandigen Böschungen von Landstraßen beobachten. Er nistet im Boden, wobei von dem etwa 10 cm langen Hauptgang seiner Höhle noch einige Nebenstollen abzweigen, von denen jeder in einer vergrößerten Kammer endet. Insgesamt kann 1 Nest bis zu 15 solcher Zellen umfassen. Das Diodóntus-Weibchen macht Jagd auf Blattläuse, bei der es aber seinen Stachel offensichtlich nicht benutzt. Man konnte vielmehr feststellen, daß die vergleichsweise schwachen Beutetiere durch wiederholtes Quetschen der Nackenregion mit den Kiefern bewegungsunfähig gemacht werden. Die Rollwespe Myrmósa melanocéphala (210) ist ein Schmarotzer dieser Grabwespen-Art.

224. Passalóecus insígnis
5–7 mm

Auch die dunkel gefärbten Passalóecus-Arten fangen vornehmlich Blattläuse, denen die Wespen mit ihren Kiefern den Hinterkopf zerquetschen. Die derart gelähmten Beutetiere werden in großer Zahl in die Nester eingebracht. Als Holzbrüter nisten die Passalóecus-Weibchen in trockenen Pflanzenstengeln oder in den oft zahlreichen Gängen im ausgetrockneten Holz von Zaunpfosten oder Bretterzäunen, die von holzbohrenden Insekten herrühren. Die einzelnen Zellen des Nestes nehmen bis zu 2 Dutzend Blattläuse auf. Sind die gefüllten Kammern dann jeweils noch mit einem Ei bestückt, dann werden sie von dem Weibchen in der Regel mit einer dünnen Harzschicht verschlossen, desgleichen auch das Flugloch, sobald das gesamte Nest versorgt ist. Das Harz holen sich die Tiere zumeist von benachbarten Kiefern. Bei Sonnenschein bekommt man diese kleinen Grabwespen oft zu Gesicht, wenn sie in Anzahl um ihre

Nistplätze schwärmen. Schließlich sei noch bemerkt, daß nur durch die Untersuchung von Merkmalen, die mit bloßem Auge nicht zu erkennen sind, die *Passalóecus*-Arten von den sehr ähnlichen Wespen der Gattung *Diodóntus* unterschieden werden können.

225. *Nýsson maculátus*
6–8 mm
Sandige, stark der Sonne ausgesetzte Örtlichkeiten am Rande von Kiefernwäldern oder in der Heide sind die Lebensräume der *Nýsson*-Arten, die zu Recht auch als Kuckucksgrabwespen bezeichnet werden. Sie bauen nämlich kein eigenes Nest, sondern schmarotzen bei anderen Grabwespen, so der abgebildete *Nýsson maculátus* bei der Art *Gorýtes túmidus*. Das Weibchen der Kuckucksgrabwespe beobachtet das *Gorýtes*-Weibchen, wenn dieses erbeutete Zikaden in sein Nest einträgt und danach die Öffnung verschließt. Sobald es sich entfernt hat, erscheint das *Nýsson*-Weibchen, dringt in das Nest ein und klebt sein Ei unter dem Vorderflügel einer der eingetragenen Zikaden an. Hier ist es vor der rechtmäßigen Besitzerin des Nestes verborgen, falls diese noch einmal zurückkehren sollte. Beobachtungen haben ergeben, daß die früher ausschlüpfende Schmarotzerlarve zuerst das Wirtsei verzehrt und sich dann erst über den Vorrat an Zikaden hermacht. Bei den Männchen von *Nýsson maculátus* ist im Gegensatz zu den Weibchen der gesamte Hinterleib schwarz gefärbt.

226. *Nýsson spinósus*
8–12 mm
Lebensraum sowie Verhalten dieser Kuckucksgrabwespe entsprechen weitgehend dem der vorherigen Art. Selbst die Wirte der beiden Kuckuckswespen sind nahe miteinander verwandt. Für *Nýsson spinósus* ist es die schwarzgelbe Grabwespe *Argogorýtes mystáceus* (**229**), die ihrem Verfolger

im übrigen verblüffend ähnlich sieht. Auch sie macht Jagd auf Zikaden, die als Larvennahrung eingetragen und später von dem *Nýsson*-Weibchen noch mit einem »Kuckucksei« versehen werden.

227. Gemeine Sandwespe
Ammóphila sabulósa
16–27 mm
Gelegentlich hat man das Glück, eine der auffallenden und lebhaften Sandwespen beim Einbringen einer erbeuteten Raupe zu beobachten. Die im Vergleich zur Wespe mitunter sehr umfangreiche Raupe wird nach den lähmenden Stichen zum Nest getragen oder auch streckenweise gezerrt, wobei sie, Bauchseite nach oben und Kopf voran, unter der Wespe hängt und mit den Kiefern und dem vorderen Beinpaar festgehalten wird. Dort angekommen, legt die Wespe ihre Beute in unmittelbarer Nähe des Eingangs ab, inspiziert nochmals das Innere der Nesthöhle und zieht schließlich die Raupe, sich rückwärts bewegend, hinein. Nach der Ablage des Eies verschließt sie sorgfältig den Nesteingang, wozu auch größere Steinchen verwendet und vielfach mit dem Kopf festgestoßen werden.

228. Kurzstiel-Sandwespe
Podalónia viática
15–25 mm
Gleichfalls in sandigen Gegenden lebt diese Wespenart, die sich durch einen vergleichsweise kurzen Hinterleibsstiel auszeichnet. Sie macht hier Jagd auf unbehaarte Schmetterlingsraupen, vorwiegend von Eulenfaltern, die mit Hilfe der kräftigen Kieferzangen zur vorher gegrabenen Nesthöhle transportiert werden. In der Brutkammer der Höhle belegt die Wespe ihre durch Stiche gelähmte Beute mit einem Ei und verschließt danach den Eingang mit Sand. Die schlüpfende Larve findet in der oft recht großen Raupe reichliche Nahrung vor.

229. *Argogorýtes mystáceus*
10–14 mm

An geeigneten sonnigen Örtlichkeiten nistet diese Grabwespe oft in Gesellschaft anderer Spheciden wie etwa der Kotwespe (**231**) und der Sandknotenwespe (**232**). Der Gang zu ihrer sich waagerecht ausdehnenden Nesthöhle führt zunächst etwa 10 cm senkrecht in den Boden. Die Höhle selber umfaßt gewöhnlich mehrere Larvenkammern. Zu den wichtigsten Beutetieren des *Argogorýtes*-Weibchens gehören die Larven der Schaumzikade *Philáenus spumárius*. Die Wespe stört es dabei wenig, daß sich die Zikadenlarven mit einer schützenden Schaumhülle umgeben, dem allbekannten Kuckucksspeichel. Vielmehr versteht sie es ausgezeichnet, ihre Beute hervorzuholen, indem sie den Schaum mit den Vorderbeinen abstreicht. An den eingetragenen Zikaden tun sich als Nestparasiten vielfach auch die Larven der Kuckucksgrabwespe *Nýsson spinósus* (**226**) gütlich. Recht bemerkenswert ist schließlich noch die Beobachtung, daß die Männchen von *Argogorýtes* häufig die Blüten der Fliegenorchis (*Ophrys insectifera*) aufsuchen. Angelockt werden sie dabei nicht nur von der wespenähnlichen Form der Blütenlippe, sondern auch von dem Duft, den die Orchideenblüte ausströmt. Denn dieser entspricht geruchlich dem Lockstoff des paarungsbereiten Wespenweibchens. Bei dem Versuch, die Blüten zu begatten, werden sie von den anfliegenden Wespenmännchen bestäubt.

230. Bienenwolf *Philánthus triángulum*
12–16 mm

Besonders in Mittel- und Südeuropa ist diese breitköpfige, schwarzgelb gefärbte Grabwespe weit verbreitet, doch war sie in früheren Jahren weitaus häufiger als heute. Der »Blumenfreund« wie die Wespe in Verkennung ihrer wahren Absichten lateinisch benannt wurde, hat sich ganz auf das Jagen von Honigbienen spezialisiert. Um diesen nämlich aufzulauern, sucht *Philánthus* die Nähe nektarreicher Blüten. Blitzschnell stürzt er sich hier auf sein Opfer, packt es mit den Beinen und versetzt ihm den lähmenden Stich. Dieser wird in die häutige Membran hinter den Vorderhüften geführt und schaltet so die heftige Gegenwehr der Biene innerhalb kürzester Zeit aus. Durch die Schnelligkeit, mit der das Geschehen abläuft, kommt die überfallene Biene nicht dazu, ihren eigenen, für den Bienenwolf nicht ungefährlichen Stachel einzusetzen. Bevor der Bienenwolf sein Opfer in das Erdnest einträgt, preßt er aus dessen Honigblase die süße Flüssigkeit heraus und leckt sie begierig von den Mundwerkzeugen der Biene auf. Man hat schon beobachtet, daß Bienenwölfe allein wegen des Nektars die Bienen gefangen haben und sie nachher einfach liegenlassen. Im allgemeinen transportiert die Wespe ihre Opfer jedoch zum Nest, und zwar im Flug, wobei die Biene mit den Oberkiefern und den Mittelbeinen festgehalten wird. Zur Bruthöhle, in sandigem Boden angelegt, führt eine mitunter sehr lange Röhre, von der einige etwa taubeneigroße Brutzellen abgehen. In der Regel wird jede Zelle mit 3–4 gelähmten Bienen bestückt, an eine von ihnen legt die Wespe ihr Ei. Schon nach 3 Tagen schlüpft die Larve und saugt eine Biene nach der anderen aus. Nach weiteren 3–5 Tagen ist die Larve bereits erwachsen und beginnt, einen flaschenförmigen Verpuppungskokon zu spinnen, in dem sie bis zum Schlüpfen der Wespe vor der Feuchtigkeit des Bodens gut geschützt ist. Es liegt auf der Hand, daß es in Gegenden, in denen Bienenwölfe häufig sind, zu einer merklichen Dezimierung der Honigbiene kommen kann.

231. Kotwespe *Mellínus arvénsis*
10–16 mm
Recht ungewöhnlich mutet die deutsche Bezeichnung für diese Wespe an. Sie soll darauf hinweisen, daß man die Tiere häufig in der Nähe von Exkrementen beobachten kann. Was die Wespe dorthin zieht, sind indes die zahlreichen Fliegen, die sich an solchen Stoffen versammeln. Im plötzlichen, schnellen Vorstoß wird eine Fliege gefangen, durch 1–2 Stiche gelähmt und fliegend in das Nest eingetragen. In jeder Zelle des Nestes, das mit Vorliebe an steilen Hängen angelegt wird, können bis zu 8 Fliegen Platz finden. Gelegentlich sieht man Kotwespen, die eine gefangene Fliege mit den Kiefern kräftig durchkneten und den am Munde erscheinenden Tropfen dann auflecken. Dieses Verhalten erinnert an die gleiche Gewohnheit des Bienenwolfs, zumal auch die Kotwespe ein derart gemolkenes Opfer nicht mehr als Larvennahrung einträgt. Die eigentliche Nahrung der Kotwespe, deren glänzend schwarzes Hinterleibsstielchen sich nach hinten deutlich erweitert, besteht in erster Linie aus Honigtau, seltener wohl aus Blütensäften.

232. Sandknotenwespe *Cérceris arenária* 13–16 mm
Der Name Knotenwespe deutet auf die starke Einschnürung der Hinterleibsegmente hin, was besonders das erste, stark knotig abgesetzte Segment betrifft. Die abgebildete Art hat sich auf das Eintragen von Rüsselkäfern, vor allem aus den Gattungen *Otiorrhýnchus* und *Strophosómus*, spezialisiert. Doch kann man *Cérceris* häufig auch beim Umschwärmen junger Kiefern beobachten, an denen sie einen anderen, dort in Anzahl lebenden Rüsselkäfer der Gattung *Brachýderes* erbeutet. Die Käfer werden nach dem lähmenden Stich Kopf gegen Kopf und Bauch gegen Bauch mit den Mittelbeinen umklammert und im

Fluge ins Nest getragen. Dieses besteht aus einem etwa 10 cm tiefen Hauptgang, von dessen Ende einige kurze Seitengänge abzweigen und in die Brutkammern führen. In jeder Kammer können bis zu 1 Dutzend Rüsselkäfer gehortet werden. Für die Anlage ihres Nestes wählt das Wespenweibchen flache Sandflächen oder auch Hänge mit einer leichten Neigung. An solchen Orten nisten dann oft Hunderte von Knotenwespen dicht beisammen. Häufig findet man in der Nachbarschaft dieser Kolonien zahlreiche Exemplare der Goldwespe *Hedýchrum nóbile* (**202**), die in den Brutzellen der Knotenwespen schmarotzt. Auch die *Cérceris*-Männchen fliegen in der Nähe der Nester umher, oder sie lecken eifrig den Honigtau der Blattläuse, besonders von Eichenblättern.

233. Kreiselwespe *Bémbix rostráta*
16–24 mm
Die in trockenen Sandgebieten nicht seltene Kreiselwespe weist neben ihrer kräftigen Gestalt eine reiche Gelbzeichnung des Hinterleibes auf. Ihr Nest gräbt sie in den Sandboden, wobei an günstigen, warmen und trockenen Plätzen zahlreiche Wespen ihre Höhlen dicht beieinander anlegen. Im Gegensatz zu anderen solitär lebenden Wespen, die in einer Eikammer genügend und für die gesamte Entwicklung der Larve ausreichenden Nahrungsvorrat deponieren, betreiben die Kreiselwespen eine Brutpflege. Sie versorgen die heranwachsende Larve ständig mit frisch eingebrachten Fliegen unterschiedlicher Größe, darunter gelegentlich Bremsen (*Tabánidae*) von der Körperlänge der Wespen. Die Fliegen werden teilweise im Flug gefangen und durch einen Stich abgetötet. Nach jeder eingetragenen Beute verschließt die Wespe sorgfältig den Nesteingang mit herbeigescharrtem Sand, der bei dem

nächsten Anflug mit dem vorderen Beinpaar wieder weggeschaufelt wird. Dabei führt die weibliche Wespe alle Arbeiten allein aus. Zu ihrer eigenen Ernährung besucht sie eifrig Blüten, um hier den Nektar auszubeuten.

234. *Lindénius albilábris*
5–8 mm
Das Nest dieser kleinen Grabwespe, die auf etwas lockerem Sandboden in kleinen Kolonien brütet, zeichnet sich durch einen kraterförmigen Rand aus, der das Eingangsloch umgibt. Gebildet wird er von dem Material, das die Wespe aus dem Gang herausschafft. *Lindénius* jagt kleine Wanzen, von denen schon bis zu 2 Dutzend in einer Zelle gefunden worden sind. Wenn das Wespenweibchen mit Beute anfliegt, steuert es schnurstracks in den offenen Nesteingang, ohne erst vor der Höhle zu landen. Die Rollwespe *Myrmósa melanocéphala* schmarotzt im Nest von *Lindénius*.

235. *Entomognáthus brévis*
3,5–5,5 mm
Die kleine, aber kräftig gebaute Grabwespe versorgt ihre Larven mit verschiedenen Arten von Erdflohkäfern (*Halticínae*). Die Wespen, die durch schnellen Flug und abrupte Bewegungsweise auffallen, besuchen oft Blüten, um hier den Nektar aufzunehmen. Ihre Nester finden sich auf freien Sandflächen, in Kiesgruben und an ähnlichen Orten, oft in Gesellschaft der Grabwespe *Diodóntus trístis* (**223**).

236. *Crossócerus wesmáeli*
3,5–6 mm
In Heidegebieten sowie in Dünengelände treten die kleinen, dunkel gefärbten Wespen recht häufig in Erscheinung. Sie graben ihre Nester mit Vorliebe in die senkrechten Wände sandiger Hügel, in den Dünen vielfach auch zwischen den Wurzeln der

dort wachsenden Gräser. Die Männchen dieser Wespen-Art werden in oft größerer Zahl von dem Honigtau auf den Blättern der Eichen angelockt. Die Nahrung der Larven besteht aus eingetragenen kleinen Fliegen und Mücken, insbesondere Tanzfliegen (*Empídidae*) und Zuckmücken (*Chironómidae*).

237. *Crossócerus quadrimaculátus*
6–10 mm
Sehr zahlreich fliegt auch diese *Crossócerus*-Art in sandigen Gegenden. Ihren schwarzen Hinterleib zieren 4 gelbe Flecken. Sie legt ihre bis zu 20 cm langen Nestgänge in sonnendurchwärmten Sandbänken an, häufig in Gesellschaft der vorigen Art sowie von *Psen equéstris* (**221**). Nur selten einmal findet man ihr Nest auch in morschem Holz. Als Futter für seine Larven fängt der abgebildete *Crossócerus* Fliegen und Mücken, namentlich aus den Familien der Stechmücken (*Culícidae*) und Blumenfliegen (*Anthomyíidae*), mit denen er die Brutzellen anfüllt. Die erwachsenen Larven spinnen zur Verpuppung einen hellbraunen, pergamentartigen Kokon.

238. *Crábro cribrárius*
12–17 mm
Die Größe dieser Wespen bringt es mit sich, daß sie auch wesentlich größere Fliegen jagen, als es die beiden vorangegangenen *Crossócerus*-Arten tun. Die Weibchen patrouillieren Ausschau haltend über sonnenbeschienenem Buschwerk und niedrigen Bäumen. Sobald sie dort eine Raubfliege (*Asílidae*), eine Schmeißfliege (*Calliphóridae*) oder eine Bremse (*Tabánidae*) entdecken, stoßen sie herab, ergreifen die Beute und bringen den lähmenden Stich an. Nicht jeder Angriff glückt, und oft kann die als Opfer ausersehene Fliege durch schnellen Abflug entkommen. Das Nest der abgebildeten *Crábro*-Art

wird häufig am Rande sandiger Wege gegraben, sein Eingang liegt vielfach unter einem Stein oder einem Stückchen Holz verborgen. Sein Inneres umfaßt in der Regel nicht mehr als 2–3 Brutzellen. Leicht lassen sich die Geschlechter dieser schönen Grabwespe unterscheiden: Die Vorderschienen des Männchens weisen große, schaufelartige Verbreiterungen auf (**238a**).

239. *Ectémnius contínuus*
8–14 mm
Diese weitverbreitete und häufige Grabwespe baut ihre Larvenzellen im Mark von Strauchästen. Doch richtet sie mitunter auch Bohrgänge von Käfern in altem Holz für ihre Zwecke her. Als Larvennahrung werden größere Fliegen gefangen, gelähmt und eingetragen. Zu ihrer eigenen Ernährung besuchen die Grabwespen Blüten, um den Nektar auszubeuten.

240. *Ectémnius cávifrons*
8–16 mm
Wie die vorige Art legt auch diese dickköpfige Grabwespe ihre reichverzweigten Nester in totem Holz an. Sie benutzt dazu nur ihre Oberkiefer (Mandibel), mit denen die Gänge ausgenagt werden. Die Hauptröhre kann dabei eine Länge von mehr als 30 cm erreichen; von ihr gehen mehrere Seitenröhren ab, die sich oft nochmals verzweigen und schließlich in 1–2 Brutzellen münden. An der Herstellung eines derart weitläufigen Gangsystems sind vermutlich mehrere Wespengenerationen beteiligt, die immer wieder die alte Nesthöhle annehmen und für ihre Zwecke erweitern. Die Larven in den Brutzellen werden hauptsächlich mit Schwebfliegen (*Sýrphidae*) versorgt, die von den Wespenweibchen besonders auf Doldenblüten gefangen werden.

241. Fliegenspießwespe *Oxýbelus uniglúmis*
5–8 mm
Diese kleinen flinken Grabwespen verdanken ihren deutschen Namen der eigentümlichen Transportweise, in der sie erbeutete Fliegen zu ihrem Nest befördern. Sie ziehen nämlich ihren Stachel nicht mehr aus dem Opfer, nachdem sie der Fliege den lähmenden Stich versetzt haben, sondern tragen das Beutetier auf dem Stachel aufgespießt zum Nest. Da dieses im Flug geschieht, wird die Fliege zusätzlich noch mit den Hinterbeinen gestützt. In der Wahl seines Nistplatzes ist *Oxýbelus uniglúmis* wenig wählerisch. Man findet die Nester, die aus einem kurzen Gang und einigen Zellen an dessen Ende bestehen, sowohl zwischen Pflastersteinen auf Straßen und in Höfen wie auch auf sandigen Heide- und Feldwegen. Beim Graben ihrer Nestgänge verfahren die kleinen Wespen äußerst temperamentvoll, so daß der ausgescharrte Sand weiter zerstreut wird als bei anderen Grabwespen.

242. *Oxýbelus lineátus*
6–9 mm
Auch diese hübsch gezeichnete *Oxýbelus*-Art, die im Gegensatz zu der vorigen mehr im südlichen Europa beheimatet ist, jagt die verschiedensten Fliegen-Arten und trägt sie als Larvennahrung ein. Dabei verfährt sie ebenso, wie es von der vorhergehenden Art geschildert worden ist. Auch in der Anlage ihres Nestes stimmen beide weitgehend überein. Übrigens erkennt man Fliegenspießwespen unter anderem daran, daß das mittlere Segment ihres Brustabschnitts seitlich 2 hautartige Auswüchse und dazwischen einen lamellenartigen Fortsatz trägt. Zur Feststellung dieses Merkmals wird man jedoch am besten eine Lupe benutzen.

Familie:
Ur- und Seidenbienen *Collétidae*

243. Maskenbiene, Urbiene *Hyláeus confúsa*
6–7 mm

Die Bienen (Überfamilie *Apoídea*), von denen insgesamt mehr als 20000 Arten bekannt sind, haben sich stammesgeschichtlich aus den Grabwespen entwickelt. Im Gegensatz zu diesen ernähren die Bienen ihre Larven mit einem Gemisch von Pollen und Nektar, mit pflanzlicher Kost also, die Grabwespen ihre Larven dagegen ausschließlich mit Insekten und Spinnen. Typisch für die Bienen ist auch die starke Behaarung ihres Körpers, die man allenfalls bei parasitisch lebenden Arten oder bei den noch sehr urtümlichen Maskenbienen vermißt. Diese kleinen, einheitlich schwarzen Tiere, mit einer spärlichen Gelbzeichnung an Vorderrücken, Beinen und Gesicht, vor allem der Männchen, haben noch keine Sammelvorrichtung zum Eintragen der Pollen ausgebildet. Außerdem sind ihre Mundwerkzeuge (Zunge) so kurz, daß sie nur Blüten mit leicht zugänglichem Nektar besuchen können, wie etwa die verschiedenen Doldengewächse. Ein Gemisch aus Nektar und Pollen, die Nahrung für ihre Brut, transportieren die Maskenbienen in ihrem Kropf ins Nest, um es hier wieder auszuwürgen. Sie legen ihre Bauten in markhaltigen Stengeln, zum Beispiel der Brombeere, in hohlen Zweigen, Bohrgängen von Käfern oder auch in Lehmwänden an. Die hintereinander liegenden Zellen, bis zu 1 Dutzend, sind mit einem durchsichtigen Sekret ausgekleidet, aus dem auch die Zwischenwände hergestellt werden.

244. Seidenbiene *Collétes succínctus*
9–11 mm

Eng verwandt mit den Maskenbienen sind die ebenfalls ursprünglichen, etwa 1 Dutzend Arten zählenden Seidenbienen. Die dunkle Färbung des kegelförmigen Hinterleibs wird bei der abgebildeten Art von hellen Querbinden unterbrochen; bei oberflächlichem Hinsehen glaubt man, eine Honigbiene vor sich zu haben. Ihre Nester bauen die Seidenbienen als Gänge, mit manchmal bis zu 20 Brutzellen in lehmhaltigem oder sandigem Boden, vielfach in kleinen Kolonien. Die Wände der Brutkammern werden innen mit einem schnell erstarrenden Speichelsekret überzogen, das wie ein festes Seidengespinst wirkt und auch das Material für die Trennwände der einzelnen Zellen abgibt. *Collétes succínctus* fliegt von Juni–Ende September und besucht mit Vorliebe Heidekraut und Thymian. Den Pollen sammelt die Seidenbiene mit der Behaarung ihrer Hinterbeine.

Familie:
Furchenbienen *Halíctidae*

245. Furchenbiene *Halíctus tumulórum*
6–8 mm

So schwierig es ist, die Angehörigen der Gattung *Halíctus* auseinanderzuhalten – aus Deutschland sind 85 Arten bekannt –, so bemerkenswert sind die Verhaltensweisen innerhalb der gesamten Familie *Halíctidae*. Wir finden hier bereits alle Übergänge von einzeln (solitär) lebenden Arten bis zu solchen mit einer ausgesprochen sozialen Lebensweise, verbunden mit dem Auftreten unfruchtbarer Arbeiterinnen. Die Weibchen der Furchenbiene zeichnen sich durch eine schmale, auf beiden Seiten dicht behaarte Längsfurche in der Mitte des letzten Hinterleibssegments aus (245a). Die etwas kleineren Männchen sind unter anderem an ihrem vorstehenden, gelben Kopfschild zu erkennen. Da die befruchteten Weibchen überwintern, kann man sie vom zeitigen

Frühjahr an beobachten; einige Arten treten jährlich in 2 Generationen auf und sind also bis in den Spätsommer anzutreffen. Die Weibchen der Furchenbienen besuchen eifrig Weidenblüten, Thymian, Doldenblütler, Rosengewächse und noch eine Reihe anderer Pflanzen. Den Pollen bringen sie zwischen den kräftig entwickelten Sammelhaaren der Hinterbeine zum Nest. Dieses wird als eine bis zu 40 cm tiefe, verzweigte Röhre, von der eine Anzahl von Brutzellen abgehen, in sandigem oder lehmigem Boden angelegt. Oft bauen viele Weibchen in einer Kolonie nahe beieinander.

Familie:
Echte Bienen *Ápidae*

246. *Epéolus variegátus*
6–8 mm
Innerhalb der einzelnen Bienenfamilien gibt es Arten, die keine Nahrung für ihre Brut eintragen. Dazu fehlt ihnen auch jegliche Einrichtung zum Sammeln von Pollen. Diese Kuckucksbienen, wie sie allgemein genannt werden, dringen in fremde Nester ein, um dort ihre Eier abzulegen. Die Larve des »Kuckucks« schlüpft eher als die des Wirts und beginnt unverzüglich damit, den vorhandenen Vorrat an Pollen zu verzehren. Die Larve des Wirts aber verhungert, oder sie wird nebenbei mit aufgefressen. Kuckucksbienen, wie auch der abgebildete *Epéolus*, sind meist an ihrem grabwespenähnlichen, oft lebhaft gezeichneten Äußeren zu erkennen. Hinzu kommen die mangelnde Behaarung und der auffallende Flug nahe dem Erdboden, auf der Suche nach fremden Nestern. *Epéolus variegátus* der im Sommer und Spätsommer erscheint, schmarotzt bei den Seidenbienen (**244**).

Familie:
Mauer- und Blattschneiderbienen
Megachílidae

247. Blattschneiderbiene *Megachíle argentáta*
8–11 mm
Die Blattschneiderbienen gehören zu den sogenannten Bauchsammlern. Sie transportieren den Pollen nicht an den Hinterbeinen, sondern in einer Haarbürste auf der Unterseite ihres Hinterleibes. Mit dieser Bürste sammeln sie den Pollen, indem sie mit dem Bauch über die Staubgefäße streifen. Mit ihren scharfen Oberkiefern schneiden die Bienen ovale Stücke aus den Blättern verschiedener Pflanzen. Sie fliegen diese zu dem auserwählten Nistplatz, vorwiegend Löcher und Gänge in Holzpfosten, hohle Stengel und dergleichen, und verarbeiten sie dort zu einzelnen fingerhutähnlichen Zellen. Diese Zellen werden mit einem Gemisch aus Pollen und Honig gefüllt und jeweils mit einem Ei versehen. Die im Bereich der Küstendünen nicht seltene, hier abgebildete *Megachíle argentáta* legt ihr Nest in selbstgegrabenen Gängen im Sandboden an und verwendet für deren Auskleidung vielfach Blattstückchen von Weide.

248. Blattschneiderbiene *Megachíle circumcíncta*
11–13 mm
Auch diese Blattschneiderbiene nistet in Erdgängen, die mit Blattstücken von Birke und von anderen Gehölzen tapeziert sind. Man sieht die Tiere nicht selten in den Sommermonaten, wenn sie neben anderen Pflanzen besonders Klee- und Distelblüten besuchen. Während die Sammelbürste der vorigen Art vollständig weiß ist, hat die der etwas größeren *Megachíle circumcíncta* eine rotschwarze Farbe. Den Männchen fehlt diese Bauchbürste. Ferner sind sie durch die Zahl der Fühlerglieder (13 Glieder

gegenüber 12 beim Weibchen) sowie durch die verbreiterten Vorderfüße und die Zacken des letzten Hinterleibsegments zu unterscheiden.

249. Mauerbiene *Ósmia marítima*
13–14 mm

Ebenso wie die *Megachíle*-Arten sind auch die Mauerbienen Bauchsammler. Sie streifen mit der an der Bauchseite ihres Hinterleibes gelegenen Haarbürste über die Staubgefäße, so daß die Pollen an den langen Haaren hängenbleiben und in den Nestbau eingetragen werden können. Die Mauerbienen nisten in allen möglichen Hohlräumen, in Astritzen oder Baumlöchern, in Mauerspalten und in leeren Schneckengehäusen. Sie mauern ihre Nester aus einem festen Zement, den sie aus Erde herstellen, die mit Drüsensekret vermischt ist. Die Brutzellen werden mit einem Futtervorrat aus Pollen und Nektar für die Larven versehen und nach der Eiablage verschlossen. Die dargestellte *Ósmia*-Art findet sich im Juni/Juli in küstennahen Gebieten. Hier gräbt sie Erdbauten von etwa 4–6 cm Tiefe und mit nur einer einzigen Zelle, hergestellt aus einem Gemisch von zerkauten Pflanzenstoffen und Sand. Zumeist liegt das Nest im Bereich von Graswurzeln.

250. Kegelbiene *Coelióxys elongáta*
11–13 mm

Mit dieser Art haben wir wiederum eine Kuckucksbiene vor uns. Die so bezeichneten, in den Nestern anderer Bienen schmarotzenden Tiere bilden übrigens keine systematische Einheit, sondern sie haben sich unabhängig voneinander in verschiedensten Bienenfamilien entwickelt. Die Kegelbiene, so genannt nach dem kegelförmig zugespitzten Hinterleib der Weibchen (die Männchen haben 6 kräftige Enddornen am letzten Hinterleibssegment), hat wie alle Kuckucksbienen keinen Sammelapparat.

Sie schmuggelt ihre Eier in die Nester von Blattschneiderbienen, wobei es passieren kann, daß der Wirt das Kuckucksei entdeckt und entfernt. Die Kegelbiene muß deshalb mit ihrer Eiablage den Zeitpunkt erwischen, zu dem die Blattschneiderbiene mit der Herstellung des Verschlußdeckels für die Zelle beschäftigt ist. Denn danach prüft diese den Inhalt ihrer Brutzellen nicht mehr. *Coelióxys* fliegt von Juli bis in den Spätsommer in der Nähe ihrer Wirtsnester. Oft wird sie auch auf Korbblütlern oder auf Kleeblüten gesehen.

Familie:
Furchenbienen *Halíctidae*

251. Buckelbiene *Sphecódes pellúcidus*
7–9 mm

Die Buckelbiene sowie die beiden folgenden Bienen-Arten – alle 3 sind sogenannte Kuckucksbienen – unterstreichen das bei der vorigen Art Gesagte: Sie gehören, trotz gleicher Lebensweise, verschiedenen Familien an. Die 2 Dutzend einheimischer *Sphecódes*-Arten sind nur schwer zu unterscheiden; ihr Vorderkörper ist schwarz, der glatte, unbehaarte Hinterleib ausgedehnt rot gefärbt. Sie bringen ihre Eier in den Nestern der Furchenbienen unter und zuweilen auch bei Sandbienen. Dazu fliegen die schmarotzenden Buckelbienen dicht über dem Erdboden auf der Suche nach Wirtsnestern, die von ihren Besitzern meist erbittert verteidigt werden. Man trifft die überwinterten Weibchen der Buckelbiene schon im zeitigen Frühjahr und dann nochmals Tiere der 2. Generation im Hochsommer.

Familie:
Sandbienen *Andrénidae*

252. Wespenbiene *Nomáda flavopícta*
9–10 mm

Die teilweise wespenähnlich gelbschwarz gezeichneten Angehörigen der Gattung *Nomáda* leben als »Kuckucke« bei Sandbienen, seltener auch bei verschiedenen anderen Bienen. Bemerkenswert ist, daß die Sandbiene sich gegenüber dem in ihr Nest eindringenden »Kuckuck« völlig gleichgültig verhält, während in den Beziehungen der Buckelbiene (**251**) zu ihrem Wirt gerade das Gegenteil der Fall ist. Die Wespenbienen treten überall dort in großer Zahl auf, wo Sandbienen in dichten Kolonien nisten. Hier haben sie es leicht, ihr Ei in der mit Nahrung für die Wirtslarve versorgten Zelle abzulegen. Wespenbienen sind indessen auch eifrige Blütenbesucher, und man kann die abgebildete Art im Juli/August öfter an Thymian- und Heidekrautblüten beobachten. Vorräte tragen sie freilich keine ein, da sie als Kuckucksbienen weder entsprechende Sammelhaare besitzen noch die Fähigkeit zum Nestbau überhaupt ausgebildet ist.

253. Wespenbiene *Nomáda rúfipes*
7–9 mm
Aus Deutschland sind etwa 70 verschiedene *Nomáda*-Arten bekannt, die nur schwer voneinander zu trennen sind. Dabei tragen nicht alle Wespenbienen das charakteristische schwarzgelbe Zeichnungsmuster. Manche von ihnen sind braunrot gefärbt oder blauschwarz mit hellen Punkten. Die dargestellte Wespenbiene führt die gleiche Lebensweise wie die vorige Art. Sie ist auch als »Kuckuck« bei der Seidenbiene (**244**) festgestellt worden.

254. Trugbiene *Panúrgus banksiánus*
10–11 mm
Wie alle Angehörigen der Sandbienen – ausgenommen die schmarotzenden *Nomáda*-Arten – ist auch die kleine schwarze Trugbiene ein Beinsammler. Die entsprechende Vorrichtung zum Sammeln von Pollen besteht aus langen Haaren, die an der gesamten

Außenseite der Hinterbeine sitzen. Wenn die Trugbiene die von ihr bevorzugten Korbblütler besucht, benutzt sie allerdings nicht nur diesen Sammelapparat. Vielmehr wälzen sich die Tiere mit ihrem ganzen Körper in den Blüten, so daß sie nachher mit Pollen förmlich überpudert sind. *Panúrgus* bevorzugt sandige Gegenden, wo die Bienen oft kolonieweise im Boden trockener Wege oder an Stellen mit spärlichem Pflanzenwuchs ihre Nester bauen.

255. Sandbiene *Andréna vága*
13–15 mm
Die Gattung *Andréna* ist äußerst formenreich. So sind allein aus Deutschland 126 Arten nachgewiesen. Die in der Größe und Färbung recht unterschiedlichen Bienen nisten überwiegend in nicht allzu lockeren sandigen Böden, worauf auch schon ihr Name hinweist. Ihre Nester sind einfach gebaut: Ein schräger, bis 40 cm langer Hauptgang entläßt eine Anzahl kurzer Seitengänge, die mit den flaschenförmigen Brutzellen abschließen. Um das Ganze am Zusammenrutschen zu hindern, durchfeuchten die Bienen die Gang- und Zellenwände mit Speichel, der nach dem Trocknen verfestigt. Männchen und Weibchen überwintern, so daß die abgebildete Art zu den ersten Insekten des Frühjahrs gehört. Die Bienen besuchen im Sonnenschein eifrig die Weidenkätzchen und Veilchen.

256. Sandbiene *Andréna fúscipes*
10–12 mm
Diese Sandbiene, die man leicht mit einer Honigbiene verwechseln könnte, fliegt vor allem im August/September und wird fast ausschließlich in Heidegebieten angetroffen. Ihre Nester im sandigen Boden trockener Wege oder warmer Grashänge legt sie, wie die meisten *Andréna*-Arten, fast immer in Kolonien an, so daß man schon

bis zu mehrere 100 Bauten, die dicht beieinander waren, gezählt hat.

257. Sandbiene *Andréna hattorfiána*
13–15 mm

Eine der größten Sandbienen ist diese Art, die im Hochsommer nicht selten beim Besuch blühender Skabiosen und anderer Pflanzen beobachtet werden kann. Sie sammelt den Pollenvorrat für ihre Brut vorwiegend in Haarbürsten, die bei den Sandbienen an der Innenseite der Schenkel sitzen. Den Männchen fehlen, wie bei allen Bienen, diese Einrichtungen.

Familie:
Melittiden *Melíttidae*

258. Hosenbiene *Dasýpoda hírtipes*
13–15 mm

Nicht zu übersehen sind die mächtigen Sammelbürsten (Hosen) dieser gelbrot behaarten Biene. Sie bestehen aus einer sehr langen und buschigen Behaarung an den Hinterschienen und -fersen der Weibchen. Entsprechend reichlich ist die Ausbeute an Pollen, den die Biene von ihren Blütenbesuchen mit nach Hause bringt. Sie fliegt vor allem an Korbblütler und hier namentlich die Wegwarte an. Warme, sandige Hügel gehören ebenso zu den Lebensstätten der Honigbiene wie aufgelassene Kiesgruben. Hier graben die Tiere, in der Regel in Kolonien zusammen, ihre Nester, deren Hauptgang eine Tiefe von 50 cm erreichen kann. Von ihm zweigen kurze Seitengänge mit den Brutzellen ab. Mitunter ist der Nesteingang von einem kleinen Sandwall umgeben. Die Pollenballen in den einzelnen Zellen liegen nicht einfach auf dem Boden, sondern ruhen jeweils auf 3 kleinen Sockeln. Nach der Anlage eines Eies an jeden Futterballen verschließt das Muttertier die Zellen mit Sand.

Familie:
Echte Bienen *Ápidae*

259. Veränderliche Hummel *Bómbus variábilis*

Weibchen (Königin) 16–18 mm, Arbeiterinnen und Männchen kleiner.

Sicher gehören die hübschen, dicht bepelzten Hummeln zu den auffallendsten und bekanntesten Hautflüglern. Indessen fällt es durchaus nicht leicht, die oft sehr ähnlich aussehenden Arten, von denen es mehr als 2 Dutzend in Deutschland gibt, auseinanderzuhalten. Außerdem kann die Färbung bei manchen Hummeln ganz beträchtlich variieren, so auch bei der abgebildeten, nicht häufigen Art. Es gibt von ihr braune bis orangefarbene Stücke in verschiedenen Abstufungen. Im Gegensatz zu anderen Hummel-Arten, bei denen die befruchteten Weibchen (Königin) bereits im zeitigen Frühjahr ihr Winterversteck verlassen, erscheinen die Weibchen von *Bómbus variábilis* nicht vor Juni. Sie suchen einen geeigneten Nistplatz, oft ist es nur das Innere eines Grasbüschels. Unter Verwendung zerkleinerter Pflanzenteile wird das Nest angelegt, und aus den abgelegten Eiern entwickeln sich innerhalb von 3–4 Wochen die Arbeiterinnen. Die ersten Larven ihres neu gegründeten Volkes muß die Königin noch allein betreuen; die daraus entstandenen Arbeiterinnen übernehmen jedoch sofort diese Aufgabe bei ihren Geschwistern, während sich die Königin nur noch der Eiablage widmet. Im August erscheinen die stachellosen Männchen sowie junge Weibchen, die nach ihrer Begattung wiederum als einzige den Winter überleben. Zu Beginn der kalten Jahreszeit sterben nämlich die Arbeiterinnen und Männchen sowie die alten Königinnen ab. Die Hummeln tragen ihre Vorräte an Pollen mit Hilfe einer besonderen Sammelvorrichtung an den Hinterbeinen ein. Es ist dies das sogenannte Körbchen sowie die Bürste. Als Körbchen wird die glatte, leicht eingedellte und von längeren, steifen Borsten eingeschlossene Außenfläche der Schienen (Unterschenkel) bezeichnet. Die Bürste, mit der der Pollen zusammengefegt wird, setzt sich aus mehreren dichten Borstenreihen auf der Innenseite der Hinterfersen zusammen.

260. Heidehummel *Bómbus jonéllus*
Weibchen (Königin) 15–20 mm, Arbeiterinnen und Männchen kleiner. Anders als bei der vorigen Art kommen die Weibchen der Heidehummel schon im April aus ihren geschützten Winterquartieren. Für die Anlage ihres Nestbaues bevorzugen sie Erdlöcher, nicht selten verlassene Mäusegänge. Die ersten Arbeiterinnen schlüpfen Ende Mai aus ihren Puppen, die jungen Weibchen und die Männchen im Juli. *Bómbus jonéllus* bewohnt, wie sein Name schon andeutet, in erster Linie trockene Heidelandschaften.

Ordnung:
Zweiflügler *Díptera*

Eine Mücke oder eine Fliege zu erkennen fällt nicht schwer, wenn man sich das Tier genau anschaut: Der Besitz von nur einem Flügelpaar, auf den sowohl der deutsche als auch der wissenschaftliche Name dieser Insekten-Ordnung hinweist, unterscheidet sie eindeutig von den anderen geflügelten Kerbtieren. Völlig verschwunden ist das zweite (hintere) Flügelpaar jedoch nicht. Es ist zu winzigen, trommelstockähnlichen Schwingkölbchen (Halteren) umgewandelt, die vielfach die Flugbewegung beeinflussen. Die Zweiflügler stellen eine der umfangreichsten Insektengruppen dar. In einer oft riesigen Anzahl bevölkern diese Insekten fast sämtliche Lebensräume der Erde und sind auch in Trocken-gebieten überall anzutreffen. Ihre Unterteilung in die schlanken, zumeist langbeinigen Mücken und in die gedrungen gebauten Fliegen kommt auch in der äußeren Erscheinung dieser Insekten gut zum Ausdruck.

Familie:
Schnaken *Tipúlidae*

261. *Típula juncéa*
15–25 mm
Zu Unrecht werden diese Mücken mit ihren überlangen leicht abbrechenden Beinen oft den so lästigen Stechmücken zugeordnet oder mit diesen verwechselt. In Wirklichkeit sind die Schnaken harmlose Sauger von Blütensäften, ihre Mundteile sind überhaupt nicht zum Stechen geeignet. Gewöhnlich finden sich diese Zweiflügler an feuchten Plätzen mit reichlichem Pflanzenwuchs, wo sie an Grashalmen und anderen Pflanzen hängen. Die dargestellte Art kommt mehr in Dünengelände, jungen Kiefernkulturen und Mooren vor, wo sie von Mitte Mai–Mitte Juni in Erscheinung tritt. Das Weibchen legt seine Eier in feuchterem Sandboden ab, in dem die runden, derbhäutigen Larven später an den Wurzeln der Pflanzen fressen. Nicht selten kriechen sie bei feuchtem Wetter zahlreich auf der Erde umher. Die Larven anderer Schnaken-Arten treten zum Teil als Schädlinge in der Landwirtschaft auf.

Familie:
Dungmücken *Scatópsidae*

262. *Aspístes berolinénsis*
2–3 mm
Während der Sommermonate bewohnt diese winzige Mücke die Dünen der Nord- und Ostseeküste. Die Tiere graben hier lange Gänge in den Sand, in denen auch ihre Larven leben. Selbst die Puppen sind in der Lage, sich wieder in den Sand

einzuwühlen, wenn man sie aus dem Boden hervorholt.

Familie:
Bremsen *Tabánidae*

263. *Atylótus rústicus*
11–16 mm
An schwülen Sommertagen leiden sowohl der Mensch wie auch das Wild und das Weidevieh ganz erheblich unter den schmerzhaften Stichen dieser Blutsauger, die nicht selten einen beträchtlichen Blutverlust verursachen. Auch hier sind es, wie bei den Stechmücken, nur die Weibchen, die derart unangenehm in Erscheinung treten, während die Männchen von Blütennektar und Pollen leben. Die blaß graubraun gefärbte Bremse hält sich vor allem auf Wiesen, Feldern sowie an den Ufern von Seen und Teichen auf. Die Larven der Tabaniden sind Bewohner feuchter Böden, in denen sie sich räuberisch von anderen Insektenlarven, Würmern und Weichtieren ernähren.

264. *Tabánus sudéticus*
20–27 mm
Diese mächtige dunkelbraune Bremse, deren Hinterleibsegmente einen auffallend gelb gefärbten Hinterrand aufweisen, sieht man häufig auf Grasflächen und Weiden, wo die Weibchen besonders an Pferden und Rindern Blut saugen. Daneben begegnet man diesem *Tabánus*, der ein ausdauernder Flieger ist, auch an lichten Waldrändern sowie in Heidegebieten. Während des Fluges lassen die Tiere einen lauten und tiefen Summton vernehmen.

265. *Hybomítra montána*
12,5–16 mm
Wie eine verkleinerte Ausgabe der vorigen Art erscheint dieser Vertreter der Gattung *Hybomítra*, deren Angehörige sich von *Tabánus* und *Atylótus* unter anderem durch behaarte Augen

unterscheiden. *Hybomítra montána* ist sowohl in bergigem und hügeligem Gelände zu Hause als auch in Heide und Dünen. Die von Mai–August fliegenden Tiere umschwärmen an heißen Sommertagen oft den Wanderer, doch stechen sie nur selten.

266. Blindbremse *Chrýsops relíctus*
9–11 mm
Die Blindbremsen – wie auch die Regenbremsen – verfügen über wohl ausgebildete große Augen, die zudem noch leuchtend goldgrün oder violett gefärbt und mit Purpurflecken geziert sind. Die leicht mißverständliche Bezeichnung deutet vielmehr auf die rauchig getrübten Flecke und Binden der sonst durchsichtigen Flügel hin. Die Blindbremse ist eine sehr zahlreich auftretende Tabanide und kommt in den verschiedensten Lebensräumen vor. An heißen Tagen sind die Weibchen sehr aktiv und verursachen schmerzhafte Stiche, was namentlich Badegäste am Strand zu spüren bekommen.

267. Regenbremse *Haematopóta pluviális*
7–12 mm
Auch die kleinen, grau gefärbten Regenbremsen sind bei bevorstehenden Gewittern sehr angriffslustig und umschwärmen, besonders in Waldesnähe, Tiere und Menschen. Bei Menschen bevorzugen die Fliegen vielfach die unbedeckte Kopfregion, wobei sie häufig bis unter die Haare kriechen, um hier einen Stich anzubringen.

Familie:
Schnepfenfliegen *Rhagiónidae*

268. Schnepfenfliege *Rhágio tringárius*
8,5–14 mm
In einer typischen Haltung, kopfabwärts und den Vorderkörper weit

von der Unterlage abgehoben, sitzen die schlanken, langbeinigen Fliegen an Baumstämmen, Holzpfosten oder an Gesträuch. Vermutlich lauern sie hier auf kleinere Fliegen und andere Insekten, doch sind die Schnepfenfliegen auch schon bei der Aufnahme von Wasser und Honigtau beobachtet worden. Nähert man sich den sitzenden Tieren, so fliegen sie schnell ab. Die Arten der in Amerika verbreiteten Gattung *Symphoromýia* saugen Blut bei Menschen und Wirbeltieren. Die Larven der Schnepfenfliegen, von denen sich die Mehrzahl im Boden entwickelt, leben räuberisch. Die Larve der abgebildeten *Rhágio*-Art, die auch in Wiesengelände sowie im Bereich der Dünen vorkommt, frißt kleine Regenwürmer.

Familie:
Wollschweber *Bombylíidae*

269. Kleinschweber *Phthíria pulicária*
2,5–4 mm
Kenner des alten Griechisch vermuten hinter dem Gattungsnamen *Phthíria* mit Recht eine Laus, Lateiner hinter dem Artnamen *pulicaria* einen Floh. Tatsache ist aber, daß beide Namen nur auf die Kleinheit der zu bezeichnenden Fliege anspielen wollen. Daß dies nicht ohne Berechtigung geschieht, zeigt ein Vergleich mit den übrigen Arten der Wollschweber. Von Juni–Anfang August sind die Kleinschweber an besonnten, trokkenen Örtlichkeiten, vielfach auch im Bereich der Küstendünen, keine seltene Erscheinung. Die Fliegen zeigen hier eine besondere Vorliebe für die Blütenstände gewisser Korbblütler. Mit den beiden folgenden Arten haben die Kleinschweber den sehr langen und dünnen Rüssel gemeinsam. Bei den anderen Wollschwebern ist der Rüssel dagegen nur kurz.

270. Großer Wollschweber
Bombýlius májor
7–12 mm
Die pelzartig behaarten Wollschweber sind sehr wärmeliebende Tiere, die sich gerne mit flach abgespreizten Flügeln auf sonnenbeschienene Stellen am Erdboden setzen. Erstaunlich groß ist ihre Flugfertigkeit. Ähnlich wie die Schwebfliegen vermögen sie mit schwirrendem Flügelschlag vor einer Blüte in der Luft zu »stehen«, um ihren langen, nach vorn ragenden Rüssel einzutauchen. Plötzlich schießen sie blitzschnell davon und rütteln vor einer anderen Blüte. Die Larven der Wollschweber-Gattung *Bombýlius* schmarotzen in den Nestern von Sand- und Furchenbienen. Die Fliegenweibchen »werfen« ihre Eier während des Fluges in die Eingänge zu den Bienennestern oder zumindest in deren Nähe. Die ausgeschlüpften, anfangs sehr beweglichen Larven dringen in die Bienennester ein und verzehren zunächst den eingetragenen Futterbrei. Erst später befallen sie auch die Brut der Bienen und setzen sich meist auf den Wirtslarven fest. Zu diesem Zeitpunkt sind sie, im Gegensatz zu den schlanken Junglarven, von typisch madenförmiger Gestalt.

271. *Systóechus sulphúreus*
4–6,5 mm
In seinem Aussehen erinnert dieser Wollschweber etwas an die vorhergehende Art. Abgesehen von seiner weitaus geringeren Größe unterscheidet er sich auch durch das Fehlen der Braunfärbung auf der Vorderhälfte der Flügel. Zu den Lebensräumen der Fliege, deren Erscheinungszeit in die Monate Juni–August fällt, zählen unter anderem Dünen- und Moorgebiete. Ihre Larven entwickeln sich in den Eigelegen von Heuschrecken. Dazu legt das Weibchen des Wollschwebers seine Eier, oft bis zu 100 Stück, direkt in die Eikapseln der Heuschrecke oder in deren Nähe ab.

272. *Thyridánthrax fenestrátus*
8–12 mm
Die Larven dieser hübsch gezeichneten Art leben ebenfalls parasitisch in den Eikapseln von Heuschrecken. In seinem Vorkommen ist der Wollschweber mehr oder weniger auf sandiges Heidegelände beschränkt, wo er von Juni bis spät in den September beobachtet werden kann.

273. Trauerschweber
Ánthrax ánthrax
7–12 mm
An warmen, trockenen Stellen sieht man den Trauerschweber oft am Erdboden in der Sonne sitzen. Die dunkle Flügelzeichnung läßt nur die Flügelspitze und einen Teil des äußeren Randes frei, die schwarze Körperfärbung ist nur am Hinterleib durch schmale weiße Haarbinden unterbrochen. Die Larven des Trauerschwebers sind Parasiten einzeln lebender Bienen aus verschiedenen Gattungen, in deren Nester sie ihre Entwicklung durchlaufen.

274. Gemeiner Trauerschweber
Hemipénthes mório
5–12 mm
Noch tiefer schwarz gefärbt als die vorige Art ist diese ansprechende Fliege. Nur die körperferne Hälfte der Flügel ist glasklar durchsichtig, während die Seiten der Brust rötlichgelb behaart sind. Die Larven des von Juni–Mitte August fliegenden Trauerschwebers leben in den Larven von Schlupfwespen und Raupenfliegen, die ihrerseits wieder in Schmetterlingsraupen parasitieren. Die *Hemipénthes*-Larven vollenden ihre Entwicklung in den Schlupfwespenkokons beziehungsweise in den Puppentönnchen der Raupenfliegen. Wir bezeichnen diese Wollschweber deshalb als »Überschmarotzer« oder Hyperparasiten. Eine bemerkenswerte Erscheinung, die man auch von anderen parasitisch lebenden Insekten kennt, ist die erstaunliche Größenschwankung der Trauerschweber. Sie hängt von der unterschiedlichen Größe der Wirtstiere, das heißt von der Menge der vorhandenen Nahrung ab.

275. *Exoprosópa capucína*
9–12 mm
Über die Lebensweise dieses Wollschwebers ist noch kaum etwas bekannt. Mit seiner ansprechenden Flügelzeichnung und dem vorne rötlichbraun behaarten Brustabschnitt erinnert er lebhaft an die Art *Thyridánthrax fenestrátus* (**272**). Die Gattung *Exoprosópa* ist vor allem im südlichen Europa verbreitet, und nur die abgebildete Art kommt nordwärts bis nach Dänemark vor.

276. *Vílla modésta*
10–13 mm
Die Angehörigen der Wollschweber-Gattung *Vílla* sind durchweg Parasiten in den Raupen und Puppen verschiedener Eulenfalter und Spinner. So ist die Art *Vílla quinquefasciáta* ein wichtiger Verfolger des Fichtenprozessionsspinners. Zweifellos spielen diese Fliegen damit eine besondere Rolle bei der biologischen Bekämpfung von Pflanzenschädlingen. Ein interessantes Verhalten, das sich auch bei anderen Wollschweber-Arten findet, sei hier noch erwähnt. Die Weibchen füllen, wenn sie am Boden sitzen, eine Tasche an ihrem Hinterleibsende mit feinem Sand. Die klebrige Oberfläche der Eier kommt mit diesem in Berührung und überzieht sich mit einer feinen Sandschicht. Dann erst werfen die Weibchen die so getarnten Eier in der Nähe der Wirtstiere ab. Die ausschlüpfenden, sehr beweglichen Fliegenlarven finden sehr schnell die Raupen und bohren sich in ihr Opfer ein.

Familie:
Raubfliegen *Asílidae*

277. *Lasiopógon cinctus*
7,5–10 mm
Besonders an Waldrändern und auf Lichtungen, aber auch in der offenen Landschaft, lauern die zumeist sehr kräftig gebauten und zum Teil dicht pelzig behaarten Raubfliegen auf vorbeikommende Insekten. Ihre großen, weit auseinanderliegenden Augen ermöglichen es den Asiliden, ihre Opfer sofort zu erkennen, die sie dann zielsicher anfliegen und ergreifen. Danach kehren die oft abenteuerlich aussehenden Fliegen auf ihren Ansitz, Baumstämme, erhöhte Holzpfosten oder Steine, zurück, um hier die Beutetiere auszusaugen. Dabei kommen ihnen die zu kräftigen Stechapparaten umgebildeten Mundwerkzeuge ebenso zustatten wie ihre langen, dicht behaarten und mit starken Krallen versehenen Beine zum Festhalten der Beute. Diese besteht bei dem abgebildeten *Lasiopógon*, der zu den zarteren, nur schwach behaarten Raubfliegen gehört, in erster Linie aus anderen Fliegen und Mücken. Zur Eiablage bohren die Weibchen ihr Hinterleibsende in den lockeren Sandboden.

278. Wolfsfliege *Dasypógon diadéma*
15–24 mm
Diese große und langbeinige Raubfliege ist ein häufiger Bewohner sandiger Flächen, die mit buschiger Vegetation bestanden sind. Meist hat sie jedoch an der Spitze langer Grashalme ihren Ansitz, von wo aus sie vorüberfliegenden Insekten auflauert. Dabei greift die Asilide sogar größere, schwere Käfer an, die ihr oft genug zur Beute werden. Ihre Flugzeit fällt in die Monate Juli/August.

279. *Rhadiúrgus variábilis*
11–14 mm
Lichte, sandige Kiefernwälder, Dünen und ähnliche Lebensräume gehören zu den Aufenthaltsorten dieser Asilide,

die man jedoch seltener zu Gesicht bekommt als die vorhergehende Art. Entsprechend ihrer geringen Größe hat sie sich auf die Jagd kleinerer Beutetiere verlegt, wie etwa auf gewisse Fliegen und Schmetterlinge, Weichwanzen und andere eher zierlich gebaute Kerbtiere. Das Weibchen klebt seine Eier einzeln an herabgefallene Kiefernnadeln, Aststückchen und ähnliche, am Boden liegende Dinge. Die ausgeschlüpften Larven graben sich in den sandigen Boden ein, wo ihre weitere Entwicklung stattfindet.

280. Hornissenraubfliege *Asílus crabronifórmis*
18–26 mm
Trotz ihrer beachtlichen Größe und des kräftigen Körpers ist die Hornissenraubfliege – einer der größten bei uns lebenden Zweiflügler – eher als schlank zu bezeichnen. Doch nicht allein durch die Gestalt, auch durch die gelbe Zeichnung auf dunklem Grund – besonders kontrastreich am Hinterleib – ist diese Fliege kaum zu übersehen. Im Hochsommer begegnet man ihr an sandigen Plätzen mit spärlichem Pflanzenwuchs, in lichten Gehölzen und in trockenen Heidegebieten. Oft sitzt das Tier auf flachem Boden, doch bezieht es zumeist auf erhöhter Warte seinen Posten. Von hier aus stürzt sich die Raubfliege auf Heuschrecken, Käfer, Fliegen und andere Insekten, wobei sie selbst Artgenossen keineswegs verschmäht. Ihr Flug wirkt schwerfällig und ist von einem lauten Summton begleitet. Vielfach fliegen die großen Asiliden ihren Wohnbereich ab, um dabei wahrscheinlich auch Ausschau nach Beute zu halten.

281. *Dýsmachus trigónus*
10–16 mm
Die Abbildung dieser und der beiden folgenden Arten zeigt deutlich die stark gewölbte und für die Asiliden

typische Rückenpartie des Brustabschnitts, die bei *Dýsmachus* noch besonders dicht mit langen Haaren besetzt ist. Auch der bezeichnende buschige »Knebelbart« ist gut zu erkennen, der den unteren Teil des Gesichtes weit überragt. Schließlich sei noch auf die schwarzen, stark glänzenden Begattungsorgane am Hinterleibsende hingewiesen, ein auffallendes Merkmal der Raubfliegen. Die Männchen weisen hier komplizierte Strukturen auf (281–283), während die Weibchen in der Regel durch ihre spitz ausgezogene Legeröhre gut charakterisiert sind (284). Der abgebildete *Dýsmachus* fliegt im Juni und Juli sowohl in Sandgegenden des Binnenlandes wie auch in den Küstenzonen.

282. *Máchimus rústicus*
15–22 mm

Diese kräftige Raubfliege wird ebenfalls in Gebieten mit vorwiegend sandigen Böden gefunden, wenn auch nicht allzu zahlreich. Wie bei der Mehrzahl der Asiliden ist der Kopf der Fliege in ständiger Bewegung, wenn sie in Lauerstellung Beute erwartet. Zudem stimmt sie mit den übrigen Raubfliegen darin überein, daß sich ihre Larven (321) nach dem Verlassen der Eischale in den Erdboden eingraben und dort ihre weitere Entwicklung durchlaufen.

283. *Antípalus váripes*
16–19 mm

Von Juni–Mitte August wird diese Asiliden-Art vorzugsweise an sandigen Plätzen in oder am Rande von Nadelgehölzen angetroffen. Doch ist von ihrer Lebensweise selbst bisher noch kaum etwas bekannt.

284. *Philónicus álbiceps*
13–20 mm

Die hellgraue Raubfliege fällt durch eine starke, weißliche Bestäubung ihres Körpers auf. Weißlich sind außerdem die kurzen Borsten. Sie besiedelt die Sanddünen an der Küste, wo sie im Juli/August recht zahlreich zu beobachten ist, doch trifft man sie ebenso an sandigen Stellen des Binnenlandes. Die Tiere sitzen häufig mit weit ausgestreckten Beinen auf dem Sand, so daß auch der Körper auf dem Boden ruht. Von hier aus jagen sie ihre Beute, die überwiegend aus Fliegen besteht. Aufgescheucht, entfernt sich die Raubfliege eine beträchtliche Strecke, die sie in raschem Flug zurücklegt. Das Weibchen hat an der Spitze der Legeröhre 4 oder 6 kräftige, kurze Borsten, mit deren Hilfe das Tier eine kleine Grube im losen Sand aushebt. Nachdem es dort seine Eier abgesetzt hat, füllt es die Vertiefung wieder mit Sand auf.

Familie:
Stilettfliegen *Therévidae*

285. Stilettfliege *Théreva annuláta*
8–11 mm

Der deutsche Name für diese Fliege bezieht sich auf ihre charakteristische Körpergestalt, wobei der Brustabschnitt dem Griff eines Stiletts und der lang zugespitzte Hinterleib der Klinge entspricht. Die abgebildete Art ist ein häufiger Bewohner loser Sandflächen im Bereich der Küste, sie kommt aber auch in trockener, sandiger Umgebung im Binnenland vor. Ihre Männchen zeichnen sich durch eine dichte, silbergraue Behaarung aus. Die Erscheinungszeit der Tiere, deren Flug schnell, aber nur von kurzer Dauer ist, fällt in die Monate Mai–Mitte Oktober. Verwandtschaftlich stehen die Stilettfliegen den Raubfliegen nahe und besitzen wie diese einen kräftigen Stechrüssel. Dennoch konnte bislang nicht mit Sicherheit nachgewiesen werden, ob die Stilettfliegen tatsächlich andere Insekten erjagen. Immerhin ist dies sehr wahrscheinlich. Die Weibchen legen ihre Eier im Boden ab. Larve: (320).

286. Stilettfliege *Théreva margínula*
9–10 mm
Von Mai–Juli sieht man diese, in
Europa weitverbreitete Stilettfliege
nicht selten an warmen, trockenen
Stellen, wo die Tiere gelegentlich an
den Blüten von Sträuchern sitzen. Die
Flügel sind bei dieser Art verhältnismäßig kurz, mit braunen Flecken und
ebensolchen Linien längs der Flügel-
adern.

Familie:
Waffenfliegen *Stratiomýidae*

287. *Nemótelus uliginósus*
5–6,5 mm
Die harmlosen und friedfertigen Angehörigen dieser Dipteren-Familie
als Waffenfliegen zu bezeichnen, geht
allein auf die Ausbildung zweier
Dornen am hinteren Teil des Brustabschnitts zurück. Dabei haben diese
Dornen, die besonders gut bei der
folgenden Art zu sehen sind, weder
eine Bedeutung als Schutz noch für
irgendeinen Angriff. Sehr typisch
für die Waffenfliegen ist fernerhin
der abgeplattete, im Umriß ovale
Hinterleib, der vielfach eine lebhafte
Färbung aufweist. Bezeichnend ist
schließlich die Flügelhaltung dieser
eher trägen Tiere. In der Ruhelage
überdecken die Flügel sich derart auf
dem Hinterleib, daß dessen seitliche
Ränder immer unbedeckt bleiben,
sein Hinterende von den Flügeln aber
stets überragt wird. Bei den kleineren,
schwarz und weiß gezeichneten Fliegen der Gattung *Nemótelus* ist der
untere Teil des Kopfes nasenförmig
nach vorn verlängert, so daß der sehr
lange Rüssel zusammengeklappt darunter Platz findet. Bei dem Männchen
der abgebildeten Art (**287a**) ist der
Hinterleib überwiegend weiß, mit
schwarzem Endteil, beim Weibchen
hingegen vorwiegend schwarz, mit
weißen oder blaßgelben Flecken. Die
Fliegen sitzen häufig auf den von der
Sonne beschienenen Blütenständen

von Dolden- und Korbblütlern, die
an etwas feuchteren Stellen der Dünen
in der Nähe von Brackwassertümpeln
gedeihen. Die Larven dieser *Nemótelus*-Art leben in Wasseransammlun-
gen mit einer recht hohen Salzkonzentration.

288. *Stratíomys longicórnis*
12–14 mm
Im Mai/Juni erscheint diese Waffen-
fliege, auf deren Schildchen recht
deutlich die beiden für einen Groß-
teil der Arten typischen Dornen zu
erkennen sind. Außerdem fallen die
langen Fühler auf, ein Merkmal der
dargestellten Art. Die Larven dieser
Fliege. die man gewöhnlich auf den
Blütenschirmen verschiedener Doldenblütler antrifft, ertragen wie die
Larven der vorigen Art einen beträchtlichen Salzgehalt des Wassers.

Familie:
Schwebfliegen *Sýrphidae*

289. *Pipizélla váripes*
5–7 mm
Nicht weniger als 4600 verschiedene
Arten umfaßt die Familie der Schwebfliegen und ist damit eine der umfangreichsten Zweiflügler-Familien.
Annähernd 300 Arten gehören allein
zur mitteleuropäischen Fauna. Außerordentlich mannigfaltig sind die
Lebensgewohnheiten der oft gelb
und schwarz gezeichneten Fliegen.
Das gleiche trifft in besonderem Maße
auch für ihre Larven zu, die überdies
in ihrem Körperbau sehr unterschiedlich sind. Die Larven der
Pipizélla váripes leben an den Wurzeln verschiedener Doldenblütenge-
wächse, wo sie sich von den hier
saugenden Wurzelläusen (Blattlaus-
Arten) ernähren. Die Fliege selber ist
vergleichsweise klein und vollkommen schwarz gefärbt. Sie ist von Mai-
Anfang September anzutreffen, oft
auf Blüten oder Blattwerk in der
Sonne sitzend.

290. Stengelmark-Schwebfliege
Cheilósia mutábilis
6–8 mm
Nur wenig größer als die vorige Art, aber ebenso düster gefärbt und dadurch von dem üblichen Syrphiden-Aussehen etwas abweichend ist diese Stengelmark-Schwebfliege. Sie findet sich Mitte Juni–Mitte August auf den Blüten der verschiedensten Pflanzen. Ihre Larven leben in den Stengeln und teilweise auch in den Wurzeln gewisser Distel-Arten. Doch befallen sie sehr wahrscheinlich auch noch andere Pflanzen.

291. *Eumérus sabulónum*
5–8 mm
An ihrer auffallenden Färbung, vor allem des Hinterleibes, ist diese Fliege unschwer zu erkennen. In ihren Lebensräumen, trockenen sandigen Örtlichkeiten mit einer spärlichen Vegetation, kann man die Tiere auf Pflanzen und des öfteren auch am Boden sitzen sehen. Wahrscheinlich leben die Larven der meisten *Eumérus*-Arten in verfallenden pflanzlichen Stoffen, doch sind zumindest 2 Arten als Schädlinge in Blumenzwiebeln bekannt geworden.

292. *Páragus tibiális*
4–6 mm
Vorwiegend in Dünengelände, wo die Tiere in niedriger Höhe über den Boden fliegen oder die Blüten dort wachsender Pflanzen besuchen, ist diese kleine Schwebfliege zu Hause. Im Norden ihres Verbreitungsgebietes haben die meisten Exemplare dieser Art einen fast einfarbig schwarzen Hinterleib; bei Stücken aus dem Süden Europas weist er dagegen noch eine zentrale, lebhaft orangerote Zeichnung auf. Außerdem ist das Gesicht der Tiere gelb gefärbt, mit einem schwarzen Längsstreifen. Ihre Larven leben räuberisch von Blattläusen, die sich an den Wurzeln verschiedener Gewächse aufhalten.

293. *Chrysotóxum festívum*
11–15 mm
Schwebfliegen – bereits der Name deutet auf die hervorragenden Flugleistungen dieser Tiere hin, die nur von wenigen anderen Insekten erreicht oder gar übertroffen werden. Mit einer hohen Schlagfrequenz ihrer Flügel schweben sie an einer Stelle in der Luft, um bei [Störungen blitzschnell nach vorn und ebenso seitwärts oder rückwärts, nach oben oder unten davonzuschießen. Nach einer kurzen Strecke stehen sie dann wieder unbeweglich in der Luft. Dies trifft auch für die abgebildete, hübsch gefärbte Schwebfliege zu. Ihren Hinterleib zieren 4 Paare leuchtendgelber Halbbogen, die über die schwarzen Seitenränder des Hinterleibes nicht hinausreichen. Auffallend sind auch die langen Fühler dieser Fliege, die gerne die Blütenköpfe verschiedener Korbblütler besucht.

294. *Chrysotóxum bicínctum*
10–15 mm
Nur 2 gelbe, in der Mitte kaum unterbrochene Halbbogen ziehen über den Hinterleibsrücken dieser Schwebfliege, ein breiter auf dem 2. Segment und ein schmaler auf dem 4. Segment. Das Gelb dieser Binden verlängert sich noch auf die Seiten des Hinterleibes. Die Fliege sitzt häufig auf den Blütenschirmen von Doldengewächsen, oder sie sonnt sich auf Blättern. Unklar ist noch, ob die Larven der *Chrysotóxum*-Arten, die in verrottendem Holz, in Komposthaufen und auch schon in Ameisennestern gefunden wurden, sich von verwesenden pflanzlichen Substanzen ernähren oder aber räuberisch leben.

295. *Dídea intermédia*
9–13 mm
Der Hinterleib dieser Schwebfliege, mit seinen leuchtend gelben, leicht geschwungenen Querbinden, ist so flach, daß er wie plattgedrückt wirkt.

Verblüffend ist die Ähnlichkeit vieler Schwebfliegen mit den stachelbewehrten Wespen, Bienen oder Hummeln. Der Laie wird sich auch sehr davor hüten, eine dieser hübschen Fliegen anzufassen, die vom Frühjahr bis in den Spätherbst in großer Zahl auf den verschiedensten Blüten anzutreffen sind. Bisher gibt es keine zufriedenstellende Antwort darauf, ob diese auffallenden Farbmuster wirklich als Schutzfärbung zu deuten sind. Zweifellos spielen die Schwebfliegen eine nicht zu unterschätzende Rolle bei der Bestäubung zahlreicher Blüten, wenn sie dort mit ihren leckend-saugenden Mundwerkzeugen Pollen und Nektar aufnehmen. Die Larven der abgebildeten Art sind eifrige Blattlausvertilger.

296. *Sericomýia siléntis*
14–18 mm
Eine wespenähnliche Schwebfliege, die in ihrer Lebensweise weitgehend mit den anderen Syrphiden übereinstimmt: Man sieht die Tiere häufig am Boden oder auf den Blättern eines Strauches sitzen, doch ebenso oft besuchen sie blühende Pflanzen. Dabei kommt die dargestellte *Sericomýia*-Art von Juni-Mitte September sowohl in Waldgebieten als auch in der offenen Landschaft vor. Wie die Larven der sogenannten Mistbiene (**298**) gehören auch die wasserbewohnenden Larven dieser Schwebfliege dem »Rattenschwanztyp« an, das heißt, sie besitzen am Hinterende ihres Körpers ein langes, teleskopartig ausstülpbares Atemrohr. Damit sind die Tiere in der Lage, auch noch in äußerst sauerstoffarmem Wasser zu leben. Die Rattenschwanzlarven der *Sericomýia* wurden beispielsweise in feuchtem, in Zersetzung befindlichem Torfrasen in einem Torfmoor gefunden.

297. Hummelschwebfliege *Volucélla bómbylans*
12–16 mm
Die Schwebfliegen der Gattung *Volu-*cella haben einen pelzig behaarten, plumpen Körper, dessen Färbung ihre Ähnlichkeit mit Hummeln noch steigert. Allerdings werden die Härchen auf dem Rücken des Brustabschnitts leicht abgerieben, so daß die Tiere an dieser Körperstelle glänzend schwarz erscheinen. Die Larven der *Volucélla bómbylans* leben in den Nestern von Erdhummeln und Steinhummeln. Außer Abfallstoffen nehmen sie sehr wahrscheinlich auch Hummellarven als Nahrung an. Ob die Hummelähnlichkeit der Fliegen mit der Lebensweise ihrer Larven in Verbindung gebracht werden darf, erscheint zumindest fraglich. Viel eher möchte man eine zufällige Parallelentwicklung für die äußere Ähnlichkeit von Fliege und Hummel verantwortlich machen, wenngleich auch die Erd- und Steinhummel von jeweils einer anderen Unterart der *Volucélla bómbylans* »nachgeahmt« werden. Larve: (322).

298. Mistbiene *Erístalis intricária*
11–14 mm
Der nicht gerade schmeichelhafte Volksname für die Schwebfliegen der Gattung *Erístalis* bringt zweierlei zum Ausdruck. Einmal ihre unverkennbare Ähnlichkeit mit einer Biene und zum anderen einen Hinweis auf die teilweise unappetitlichen Lebensstätten ihrer Larven, an denen sich, zumindest zeitweise, auch die Fliegen einfinden. Sonst begegnet man ihnen gewöhnlich sehr zahlreich auf den verschiedensten Blüten, und zwar vom Frühjahr bis in den Spätherbst. So kann man die abgebildete Fliege, eine der größten und am stärksten behaarten, im April an Weidenkätzchen und im Herbst an Heidekraut beobachten. Ihre weißlichgrauen »Rattenschwanzlarven« leben in schlammigen und mit faulenden Pflanzenstoffen angefüllten Tümpeln, die Larven anderer *Erístalis*-Arten in Jauche- und Abortgruben ländlicher Gemeinden. Sie ernähren sich hier

von zersetzten organischen Substanzen, die im Bodenschlamm angereichert sind. Um in der nahezu sauerstofflosen Umgebung mit der Außenluft in Verbindung zu bleiben, tragen die Larven an ihrem Hinterende eine Atemröhre. Dieser Schnorchel ist bis 35 mm lang (Körperlänge der Larve bis 20 mm) und besteht aus 3 ineinandergesteckten Teilen, die wie ein Teleskop eingezogen und ausgestülpt werden können. Zur Verpuppung verlassen die ausgewachsenen Larven ihr Brutgewässer und suchen trockenen Boden auf.

Familie:
Dickkopffliegen *Conópidae*
299. Rostfarbige Blasenfliege
Sícus ferrugíneus
8–13 mm
Der dicke, stark aufgetriebene Kopf mit den vorgestreckten Fühlern sowie der am Ende etwas eingerollte und an seiner Basis vielfach verschmälerte Hinterleib sind die typischen Kennzeichen dieser Fliegen-Familie. Diese Merkmale sind es auch, die den Dickkopffliegen eine große Ähnlichkeit mit manchen Hautflüglern verleihen. Die überwiegend rostbraune, glänzende Blasenfliege ist an sonnigen Waldrändern sehr häufig. Hier sieht man sie in den Monaten Juni–August oft auf Doldengewächsen und Korbblütlern sitzen, wo sie mit ihrem langen, schlanken Rüssel Nektar aufnehmen. Ihre Larven leben als Parasiten im Körper von Hummeln, die von den Fliegenweibchen, meist im Fluge, mit den Eiern belegt werden. Besondere Vorrichtungen lassen die Eier an dem Wirtstier haften, in dessen Körper die ausgeschlüpften Larven sich einbohren. Sie nehmen zunächst Blutflüssigkeit auf, greifen aber später auch die inneren Organe an und verpuppen sich schließlich in dem inzwischen abgestorbenen Wirtsinsekt.

Familie:
Tanzfliegen *Empídidae*

300. *Platypálpus strígifrons*
2,5–3 mm
Die im allgemeinen recht unscheinbaren Tanzfliegen tragen auf dünnem Hals einen kleinen kugelförmigen Kopf, der einen langen, nach unten gerichteten Stechrüssel aufweist. Auch ihre Beine sind auffallend lang. Zwar besuchen zahlreiche Tanzfliegen-Arten eifrig Blüten, vor allem solche von Korb- und Doldenblütlern, doch leben sie in der Mehrzahl räuberisch von anderen Insekten, die in der Luft geschickt mit den Beinen ergriffen werden. Bei der geringen Größe von *Platypálpus*, einem typischen Düneninsekt, kommen als Beute nur entsprechend winzige Mücken und Blattläuse in Betracht. Sie werden mit dem mittleren Beinpaar gefangen, dessen Schiene, mit einem Sporn bewaffnet, wie die Klinge eines Messers gegen den verdickten und mit Dornen besetzten Schenkel einklappt. Die Larven der Tanzfliegen finden sich in feuchtem Boden, in zerfallenden Pflanzenteilen und Mulm und ernähren sich vermutlich überwiegend räuberisch.

301. *Hílara lundbécki*
2,7–3,5 mm
Wie es auch von anderen Zweiflüglern bekannt ist, bilden die Empididen oft umfangreiche Tanzschwärme, die besonders in der Nähe kleiner Gewässer oder Wasserläufe und bei der vorliegenden Art vor allem in Moorgebieten zu beobachten sind. Diese Tanzschwärme sollen das andere Geschlecht anlocken, wobei das Verhalten der um die Weibchen werbenden Männchen sehr bemerkenswert ist und bei den einzelnen Arten unterschiedlich abläuft. Die Männchen einiger Arten der Gattung *Hílara*, die sich durch den Besitz von Spinndrüsen in dem verdickten basalen

Fußglied der Vorderbeine auszeichnen, umspinnen die Beute mit Seidenfäden und überreichen sie den Weibchen. Andere tragen beim Schwärmflug zarte, seidenartige Gespinste mit sich. Diese Verhaltensweisen dienen dazu, die Paarungsbereitschaft der Weibchen auszulösen.

Familie:
Langbeinfliegen *Dolichopódidae*

302. Langbeinfliege *Scíapus lóewi*
5–6 mm
Angehörige der Gattung *Scíapus* zählen zu den wenigen Langbeinfliegen, die in Mooren und auch in Dünengelände vertreten sind. Die Mehrzahl dieser Fliegen hält sich mit Vorliebe an feuchten Stellen, meist im Walde auf. Oft laufen die Tiere auch auf der Oberfläche kleiner Gewässer oder Pfützen umher. Die vielfach metallisch grünen Langbeinfliegen sind in ständiger lebhafter Bewegung auf der Suche nach kleinen, weichhäutigen Insekten, von denen sie sich ernähren. Ähnlich wie bei den Tanzfliegen sind auch von Langbeinfliegen Balzspiele bekannt, die indessen nicht so sehr im Fluge, als vielmehr am Boden stattfinden. Überhaupt sieht man die Dolichopodiden nur sehr selten fliegen. Auch die Larven der Langbeinfliegen leben räuberisch, und zwar von kleinen Würmern und Insektenlarven, denen sie unter Baumrinde und in mulmigem Holz nachstellen.

Familie:
Anthomyziden *Anthomýzidae*

303. *Stiphrosóma sabulósum*
Unter 2 mm
Ähnlich wie andere dünenbewohnende Fliegen aus verschiedenen Familien haben auch einige Arten der Gattung *Stiphrosóma* stark verkümmerte und bisweilen bandartig reduzierte Flügel. Die winzigen, flugunfähigen Tiere rennen über den Sand und sind auch in der Lage, recht beachtliche Sprünge auszuführen, was sie vor allem dann tun, wenn sie gestört oder verfolgt werden. Ihre Larven entwickeln sich in den Blattscheiden von Gräsern und Seggen, wobei noch unklar ist, wovon sie sich ernähren.

Familie:
Helcomyziden *Helcomýzidae*

304. *Helcomýza ustuláta*
6–10 mm
Diese gelblichgraue Fliege, mit weißlichen Flügeln, ist im Küstengebiet der Nordsee ein häufiges Insekt. Man begegnet ihr von Juni–August, wenn sie sich zusammen mit anderen Fliegen-Arten, an angespülten Tierkadavern versammelt. Bei Störungen fliegt sie weiter weg als die anderen dort sitzenden Dipteren, woran man *Helcomýza* dann oft erkennt. Ihre Larven leben in faulendem Tang.

Familie:
Otitiden *Otítidae*

305. *Tétanops myopína*
5–6 mm
Von Juni–Ende August tritt an sandigen Küsten und in den Dünen diese Fliege in Erscheinung, die sich durch einen etwas blasig aufgetriebenen Kopf auszeichnet. Typisch sind auch die wippenden Flügelbewegungen der Tiere. Von einigen Arten ist bekannt, daß sie räuberisch von kleinen Pflanzensaugern (*Homóptera*) leben. Die Entwicklung findet sehr wahrscheinlich in verfallenen Pflanzen statt. Die Larve der abgebildeten Art ist noch nicht bekannt.

Familie:
Trixosceliden *Trixoscélidae*

306. *Trixóscelis obscurélla*
Etwa 2 mm
Die winzige Fliege ist ein häufiger

Bewohner der Küstendünen, wo sie besonders im Juli in großer Zahl angetroffen wird. Andere *Trixóscelis* sind Heidebewohner. Die Flügel der Tiere weisen mehr oder minder kräftige Flecken oder Schatten auf.

Familie:
Chamaemyiiden *Chamaemyíidae*

307. *Chamaemýia flavipálpis*
4–5 mm
Oft werden diese kleinen, zumeist graugefärbten Zweiflügler als Blattlausfliegen bezeichnet. Ihre Larven führen nämlich eine räuberische Lebensweise und ernähren sich von grasbewohnenden Blattläusen und Schildläusen. Die Fliegen, deren Hinterleib in der Regel braun oder schwarz gefleckt ist, bewohnen oft in Mengen die Küstendünen oder auch Heidegebiete. Die Bestimmung der Gattungen oder Arten dieser Dipteren-Familie erweist sich als äußerst schwierig, da hierzu subtile Unterschiede in der Beborstung des Fliegenkörpers herangezogen werden müssen.

Familie:
Lauxaniiden *Lauxaniidae*

308. *Minéttia desmometópa*
4–5 mm
Schwer zu unterscheiden sind auch die Gattungen in dieser Fliegen-Familie. Die Tiere sind in der Regel schattenliebend und in Wassernähe zu finden. Die Larve der abgebildeten Art entwickelt sich in verrottendem Laub.

Familie:
Halmfliegen *Chlorópidae*

309. Halmfliege *Meromýza pratórum*
5–6 mm
Zumindest ein Teil der Halmfliegen (die Unterfamilie *Chloropínae*) ist auffallend gelb mit schwarzen Längsstreifen. Zu ihren Lebensräumen gehören sowohl Moorlandschaften als auch Dünen. Die Larven etlicher Chloropiden-Arten minieren in Grasstengeln. Einige von ihnen haben als Getreideschädlinge wirtschaftliche Bedeutung erlangt, darunter verschiedene *Meromýza*-Arten.

Familie:
Augenfliegen *Pipuncúlidae*

310. Augenfliege *Allonéura littorális*
3–4 mm
Der bewegliche kugelige Kopf dieser an und für sich unscheinbaren Fliegen wird fast vollständig von den riesig entwickelten Augen eingenommen. Beim Männchen stoßen sie auf der Stirn zusammen, während sie beim Weibchen nur einen schmalen Steg freilassen. Pipunculiden sieht man häufig in langsam schwebendem Flug über Grasflächen und zwischen krautiger Vegetation. Die Weibchen halten hier nach kleinen Zikaden Ausschau, den bevorzugten Wirtstieren für ihre Larven. Jeweils 1 Larve entwickelt sich als Innenparasit in einer Zikade, nachdem ihr das Fliegenweibchen mit spitzem Legestachel das Ei regelrecht einverleibt hat. Wenn die Larve, die schließlich den ganzen Hinterleib der Zikade ausfüllt, erwachsen ist, durchbricht sie die Körperdecke ihres Wirtes und verpuppt sich am Erdboden.

Familie:
Schmeißfliegen *Calliphóridae*

311. Goldfliege *Lucília sericáta*
5–10 mm
Metallisch goldgrün schillern diese in den Sommermonaten überall häufigen Schmeißfliegen. Ihre Larven leben, meist in sehr großer Zahl, in Tierleichen und spielen eine gewichtige Rolle bei der Beseitigung der Kadaver. Fleischwaren für den menschlichen Verzehr sollten in der heißen Jahreszeit sorgfältig vor

Schmeißfliegen, die ihre Eier auch hieran ablegen, geschützt werden. Während die Larven der weltweit verbreiteten *Lucília sericáta* in Mitteleuropa nur das Fleisch von toten Tieren als Nahrung aufnehmen, befallen sie in Schottland und Wales sowie in Australien, Neuseeland und Südafrika auch lebendes Gewebe von Schafen. Die Fliegenweibchen legen ihre Eier an die zumeist verschmutzte Schafwolle ab, und die Larven, die über kleine Wunden in die Haut eindringen, verursachen oft derart schwere Schädigungen des Gewebes, daß sie zum Tode des betroffenen Tieres führen. Die Goldfliegen besuchen sehr gerne die verschiedensten Doldenblüten, um sich hier an den süßen Pflanzensäften zu laben.

312. *Melínda cognáta*
5–10 mm
In Dünen und Moorgebieten bekommt man nicht selten diese blaugrün gefärbte Schmeißfliege zu Gesicht, der vorigen Art recht ähnlich, jedoch mit schlankerem Körper. Recht beträchtlich sind indessen die Unterschiede in der Größe der einzelnen Tiere, was von der Nahrungsmenge abhängt, die den Larven zur Verfügung gestanden hat. Diese Erscheinung ist von sehr vielen parasitisch lebenden Insekten bekannt, zu denen auch diese Fliege zählt. Ihre Larven schmarotzen nämlich in gehäusetragenden Landschnecken.

Familie:
Fleischfliegen *Sarcophágidae*

313. *Miltográmma punctátum*
6–10 mm
Als Brutschmarotzer muß man die oft silbrig glänzenden *Miltográmma*-Arten bezeichnen, die als Lebensräume warme und trockene Örtlichkeiten bevorzugen. Die fluggewandten Tiere verfolgen mit großer Hartnäckigkeit Grabwespen, die ihre Beute eintragen, oder auch zum Nest heimkehrende Sandbienen. In einem günstigen Augenblick heftet die Fliege dem gelähmten Beutetier der Grabwespe ihr Ei an. Oder sie dringt in das Bienennest ein und belegt den aus einem Pollen-Honig-Gemisch bestehenden Nahrungskuchen der Bienenlarve mit einem Ei. In beiden Fällen entwickelt sich die Fliegenlarve schneller und frißt die Vorräte auf, so daß die Wirtslarven früher oder später verhungern müssen.

314. *Metópia leucocéphala*
4,5–7,5 mm
Sowohl im Aussehen wie auch in ihrer Lebensweise ist diese Fliege der vorangegangenen Art sehr ähnlich. Die Männchen kann man leicht an ihrem silbrig weißen Kopf erkennen. Von Mai–Anfang August sind die Tiere im Küstengebiet und auch im Binnenland nicht selten.

Familie:
Raupenfliegen *Tachínidae*

315. *Gónia ornáta*
8,5–11,5 mm
Mit mehr als 5000 bekannten Arten (davon etwa 500 allein in Mitteleuropa) gehören die Raupenfliegen zu den umfangreichsten Zweiflügler-Familien. Erhebliche Schwierigkeiten bereitet die Bestimmung dieser Fliegen, die einem Laien nicht gelingt und selbst dem Fachmann große Mühe macht. Sehr interessant ist jedoch die Lebensweise der Raupenfliegen, die insbesondere für die biologische Schädlingsbekämpfung eine erhebliche Bedeutung haben. Die Larven der auffallend lang und stachlig beborsteten Tachiniden leben nämlich als Schmarotzer vornehmlich in Schmetterlingsraupen, wobei vor allem auch die durch Massenvermehrung schädlichen Falter-Arten heimgesucht werden. Das Weibchen der dargestellten *Gónia*-Art legt bis zu

4000 winzige Eier an Grashalmen ab. Die Eier oder die ausgeschlüpften, ebenfalls sehr kleinen Fliegenlarven werden von den Raupen beim Fressen des Pflanzengewebes mit aufgenommen und entwickeln sich im Körper des Wirtes. Dieser verpuppt sich zwar noch, doch schlüpft aus der Puppe kein Schmetterling, sondern eine Anzahl Raupenfliegen. Die wärmeliebenden Fliegen finden sich von März–Juni in trockenen Gebieten, wo sie zur Nahrungsaufnahme zunächst die Weidenkätzchen und später vor allem Doldengewächse aufsuchen.

316. Igelfliege *Echinomýia féra*
9–14 mm
Der volkstümliche Namen dieser Raupenfliege soll auf die zahlreichen langen Borsten hinweisen, mit denen ihr rötlicher Hinterleib besetzt ist. Sie erscheint von Juni–September und fliegt ebenfalls an warmen, trockenen Örtlichkeiten. Zur Eiablage spüren die Weibchen in erster Linie die Raupen von Eulenfaltern auf. Sie legen ihre Eier meistens unmittelbar neben der Raupe auf deren Nahrungspflanze ab. Die ausgeschlüpften winzigen Fliegenlarven führen mit ihrem Vorderkörper in regelmäßigen Zeitabständen winkende Suchbewegungen aus. Berühren sie dabei eine Raupe, dann heften sie sich an ihr fest und bohren sich in den Wirtskörper ein.

317. *Echinomýia gróssa*
15–20 mm
Auch diese Fliege schmarotzt in verschiedenen Schmetterlingsraupen, wobei vor allem der Eichenspinner (**126**) befallen wird. Sie ist nah verwandt mit der Igelfliege, jedoch größer als diese, mehr beborstet und vollständig schwarz mit einem gelben Kopf. Die Erscheinungszeit der Fliege fällt in die Monate Juni–Mitte August, während der sie nicht selten auf Doldengewächsen und Korbblütlern zu sehen ist.

Familie:
Blumenfliegen *Anthomyiidae*

318. *Phórbia penicilláris*
5–7 mm
Bei den Angehörigen dieser Fliegen-Familie handelt es sich überwiegend um grau gefärbte, unscheinbare Tiere. Die Bezeichnung Blumenfliegen hat demnach nichts mit ihrem Aussehen zu tun. Sie weist vielmehr nur darauf hin, daß viele Arten dieser Familie eifrige Blütenbesucher sind. Die abgebildete Art wird im Mai/Juni zahlreich in Dünen angetroffen, wo auch ihre Larven vermutlich in den Stengeln verschiedener Gräser leben. Seine Eier versenkt das Fliegenweibchen mit Hilfe der sichelförmig gebogenen Legeröhre in das Pflanzengewebe. Einige Blumenfliegen zählen zu den wohl wichtigsten landwirtschaftlichen Schädlingen, da ihre Larven die verschiedensten Nutzpflanzen, wie etwa Rüben, Kohl, Zwiebeln und noch viele andere befallen.

319. *Helína protúberans*
5,5–7 mm
Ebenfalls im Mai/Juni erscheint die abgebildete Blumenfliege und zwar vorwiegend in den Küstendünen. Wie zahlreiche andere Bewohner dieser Sandflächen zeichnet sie sich durch eine weißlichgraue Färbung ihres Körpers aus. Typisch für *Helína*-Arten sind außerdem die dunklen Fleckenpaare auf dem Hinterleib. Fortsätze an der Spitze des Hinterleibes unterstützen das Weibchen, wenn es sein Eigelege im Sand vergräbt.

Zweiflügler-Larven

Es fällt nicht immer leicht, eine in der Bodenschicht oder im Mulm eines zerfallenden Baumstumpfes gefundene Larve als die einer Mücke oder Fliege zu bestimmen. Hierzu wird oft nur der Spezialist in der Lage sein, denn die Ähnlichkeit mit Larven anderer Insektenordnungen ist vielfach sehr groß. So teilen sie etwa das Fehlen gegliederter Beine mit den Larven in vielen anderen Insektengruppen. Relativ gut lassen sich dagegen die Larven der Mücken von denen der Fliegen unterscheiden. Die Mückenlarven besitzen nämlich in der Regel eine deutlich sichtbare Kopfkapsel, während diese bei den Fliegenlarven meist nur sehr klein und wenig verfestigt ist. Außerdem sind die Kiefer bei den Fliegenlarven fast immer als sogenannte Mundhaken ausgebildet, die bei manchen Familien mitsamt dem Kopf völlig in die Brustregion eingezogen werden können. Diese Larvenform, wie sie unter anderem bei den Schmeißfliegen auftritt, bezeichnet man als eine Made. Bei den höher entwickelten Fliegen findet die Verpuppung innerhalb der vorletzten Larvenhaut statt, die zu einer sogenannten Tönnchenpuppe oder einem Puparium erhärtet. Die Mücken dagegen verpuppen sich ohne larvale Schutzhülle, so daß hier deutlich die Körperanhänge zu erkennen sind.

320. Stilettfliege *Théreva* species (*Therévidae*)
Bis 30 mm
Eine Besonderheit der langgestreckten, wurmförmigen Larven ist die scheinbar vermehrte Zahl ihrer Körpersegmente. In Wirklichkeit haben jedoch einige Segmente lediglich einen weiteren Körperring abgegliedert. Bezeichnend für die Larven ist ihre schnelle, windende Bewegungsweise. So erzeugt die Larve von *Théreva annuláta* dicht unter der Oberfläche des Dünensandes, den sie bewohnt, eine typische Schlängelspur. Gräbt man eine der Larven aus und legt sie auf die Oberfläche des Sandes, dann verschwindet sie innerhalb kürzester Zeit wieder im Untergrund. Die Tiere leben räuberisch von an-

deren Insektenlarven oder -puppen, die sie im Sand aufstöbern. Sie können einige Zeit hungern und vor allem auch der Trockenheit widerstehen. Die Larven überwintern und verpuppen sich etwa im Mai. Im gleichen Monat erscheint auch noch die Fliege: (285).

321. Raubfliege *Máchimus* species (*Asílidae*)
Bis 24 mm
Vielfach werden die gelblichweißen Larven als ausschließliche Räuber bezeichnet, von denen auch einige im Sandboden nach Insekten und deren Larven jagen. Untersuchungen haben jedoch erbracht, daß offenbar nur die älteren Larven tierische Nahrung zu sich nehmen. Zuvor scheinen sie sich weitgehend von verfaulenden pflanzlichen Stoffen und vielleicht auch von Kotkrümeln anderer Insektenlarven zu ernähren. Typisch für die Larven der Raubfliegen sind die langen Seitenborsten an den Brustringen sowie 8 in Zweiergruppen sitzende Borsten am Hinterende. Fliege: (282).

322. Hummelschwebfliege *Volucélla* species (*Sýrphidae*)
Bis 25 mm
Die Larven der Hummelschwebfliege finden sich in den Nestern sozial lebender Wespen, vor allem bei der Gemeinen Wespe sowie in Hummelnestern. Neben Exkrementen und abgestorbenen Wespen- und Hummellarven verschmähen sie offenbar auch die lebende Brut in ihren Wirtsnestern nicht. Die Larven vieler Schwebfliegen-Arten spielen als eifrige Vertilger von Blattläusen eine nicht unerhebliche Rolle, während andere sich im Innern pflanzlicher Gewebe entwickeln. Fliege: (297).

Ordnung:
Fächerflügler *Strepsíptera*
Die Fächerflügler bilden eine Gruppe sehr kleiner Insekten, die parasitisch

in anderen Insekten leben. Die Männchen besitzen wohlausgebildete Hinterflügel, während das vordere Flügelpaar zu kleinen Kölbchen reduziert ist. Der Körper des Weibchens hat bei vielen Arten, in Anpassung an die innenparasitische Lebensweise, eine sackförmige, kaum gegliederte Gestalt und besitzt weder Augen noch Fühler oder Beine (323a). Außerdem verläßt es das Wirtsinsekt nicht, sondern ragt nur zwischen zwei Hinterleibssegmenten ein Stückchen hervor (323b). Nach der Begattung durch eines der frei umherfliegenden Männchen bringt es unter Auslassung des Eistadiums, viele winzige Larven zur Welt. Diese zeichnen sich durch den Besitz von Augen und Beinen aus und versuchen lebhaft, ein Wirtstier zu erreichen. Ist ihnen dies gelungen, dann bohren sie sich ein und häuten sich zu einer beinlosen, madenähnlichen Larve, die in der Körperhöhle des Wirtes lebt und sich dort nach weiteren Häutungen auch verpuppt. Befallen werden in erster Linie Hautflügler und Zikaden, ferner Heuschrecken, Wanzen und Silberfischchen. Durch die Tätigkeit der Parasiten gehen die betroffenen Insekten nicht immer zugrunde, erleiden jedoch in der Mehrzahl Deformierungen einzelner Organe.

Familie:
Fächerflügler Stylópidae

323. Bienen-Fächerflügler Stýlops múelleri
Männchen etwa 4 mm, Weibchen etwa 8 mm
Der hier behandelte Fächerflügler wurde erst im Jahre 1971 der Wissenschaft bekannt, doch ist nicht ausgeschlossen, daß er mit einer schon früher als Stýlops ovínae beschriebenen Art identisch ist. Sein Wirtsinsekt ist die Sandbiene Andréna vága (**258**). An warmen, sonnigen Tagen kann man mitunter die Männchen des Fächer-

flüglers beobachten, wenn sie um die Nesteingänge der Sandbienen schwärmen. Mit ihren durchsichtigen Hinterflügeln erinnern die nur wenige Stunden lebenden Tierchen an kleine Mücken. Angelockt werden sie von einem Duftstoff, den die reifen Weibchen abgeben, von denen nicht mehr als der flache braune Vorderkörper aus der Biene hervorragt (**323b**). Einige Zeit nach der Begattung kommen die beweglichen Erstlarven aus der sogenannten Brutspalte zwischen Kopf und Vorderbrust des Muttertieres. Während des Blütenbesuches verlassen die Larven die Wirtsbiene ihrer Mutter. Sie halten sich an anderen Sandbienen fest, die zur gleichen Blüte kommen, und lassen sich auf diese Weise in das Bienennest tragen. Dort dringen sie in die Larven des Wirtes ein, wo ihre weitere Entwicklung den im vorhergehenden Abschnitt beschriebenen Verlauf nimmt.

Klasse:
Spinnentiere Arachnída

Sicher sind die Spinnentiere ebenso bekannt wie die Insekten. Nicht selten steht der Laie jedoch vor einer schwierigen Aufgabe, wenn es gilt, die beiden Tierklassen voneinander zu unterscheiden. Dies trifft weniger für die Spinnen selber zu, die in ihrer typischen Körpergestalt leicht zu erkennen sind. Weit häufiger werden Milben oder auch Afterskorpione, zwei weitere Vertreter der Spinnentiere, mit einem Insekt verwechselt. Von den insgesamt 11 Ordnungen, die die Klasse der Spinnentiere umfaßt, sind nur 4 auch in Deutschland heimisch, und zwar die Webespinnen oder Echten Spinnen (Aráneae), die Weberknechte (Opiliónes), die Afterskorpione (Pseudoscorpiónes) und schließlich die Milben (Acari). Das Verbreitungsgebiet der übrigen Spinnentiere liegt in den tropischen und subtropischen Gebieten der Erde; von ihnen seien hier nur die berüchtigten Skorpione (Ordnung *Scorpiónes*) erwähnt.

Welche Merkmale kennzeichnen nun die Spinnentiere? Zunächst sind Kopf und Brust zu einem einheitlichen Vorderkörper, dem Cephalothorax, verschmolzen. An ihm sitzen die Mundwerkzeuge: 1 Paar Cheliceren sowie die Kiefertaster oder Pedipalpen. Außerdem nehmen 4 Paar Laufbeine am Vorderkörper ihren Ursprung (Insekten haben nur 3 Paar Beine), wobei lediglich einige winzige Milbenformen weniger als 4 Beinpaare aufweisen. Dagegen besitzen die Spinnentiere weder Fühler noch Flügel, jene Organe also, die gerade für die Insekten so bezeichnend sind.

Ordnung:
Afterskorpione *Pseudoscorpiónes*

Der Name dieser kleinen bemerkenswerten Spinnentiere weist auf die Scheren hin, die am Ende der kräftig entwickelten Kiefertaster (Pedipalpen) sitzen. Allerdings fehlt ihnen der schwanzartige Nachleib der Skorpione mit dem gefährlichen Giftstachel. Dafür münden an der Spitze des beweglichen Scherenfingers Giftdrüsen aus, die indessen nur den winzigen Beutetieren der Afterskorpione verhängnisvoll werden. Ihren Opfern, vor allem Staubläusen und Milben, folgen die *Pseudoscorpiónes* in die engsten Spalten, wozu ihr außerordentlich flacher Körper besonders geeignet ist. Entdeckt man einen dieser merkwürdigen Zwerge in der Wohnung – zumeist handelt es sich dabei um den Bücherskorpion (*Chélifer cancroídes*) –, so sollte man das harmlose Tier in Anbetracht seiner Jagd auf die oben genannten unerwünschten Hausgenossen unbedingt gewähren lassen. Vielfach klammern sich Afterskorpione mit ihren Scheren an den Beinen von Fluginsekten,

Weberknechten und anderen Gliederfüßern an und werden auf diese Weise in die verschiedensten Lebensräume verschleppt.

Familie:
Moosskorpione *Neobisíidae*

324. Moosskorpion *Neobísium carcinoídes*
1,7–3 mm
Wegen seiner geringen Größe bekommt man diesen Pseudoskorpion nur selten zu Gesicht. Dennoch ist er an geeigneten Örtlichkeiten überall zu finden, sei es auf sandigem Boden oder auch anderswo. Mäßig feuchte Stellen, wie etwa die unteren Lagen des Fallaubs, Moospolster und vermoderndes Holz sind seine Lebensstätten, in denen er ganz überwiegend den Springschwänzen nachstellt. Der Moosskorpion, der mit weit vorgestreckten Kiefertastern ebenso geschickt seitwärts wie rückwarts läuft, ergreift diese Ur-Insekten mit den Scheren und führt sie zu den Mundwerkzeugen (Cheliceren). Mit den Cheliceren wird ein Loch in das Beutetier gebissen, durch das Verdauungssaft in das Opfer eingepumpt und die aufgelösten Gewebe dann aufgesaugt werden. Diese Art der Nahrungsaufnahme entspricht also ganz der bei Spinnentieren üblichen Form. Vor den Häutungen, zur Überwinterung sowie zur Eiablage spinnen die Afterskorpione kleine kuppelförmige Nester, deren Außenseiten mit winzigen Fremdkörpern getarnt werden.

Ordnung:
Webespinnen *Aráneae*

Der Besitz von Spinndrüsen, die auf warzenähnlichen Gebilden am Ende des Hinterleibes sitzen, und die Fähigkeit, Spinnfäden zu erzeugen, ist allein auf die Webespinnen oder Echten Spinnen beschränkt. Dennoch kennen wir sehr viele Arten, die keines der charakteristischen Fangnetze herstellen. Statt dessen streifen sie umher und erjagen ihre Beute mit einem schnellen Sprung oder sie lauern an Blüten sitzend den Insekten auf. Dabei kommt ihnen das vorzügliche Formen- und Bewegungssehen ihrer – bis 8 – Einzelaugen sehr zustatten. Die netzbauenden Spinnen hingegen nehmen ihre Beute zuerst mit ungemein empfindlichen Tasthaaren wahr, die in häutigen Gruben stehen und namentlich auf den Beinen verteilt sind. Die Webespinnen töten ihre Beute mit Hilfe eines giftigen Sekrets, das durch die klauenförmigen Endglieder der Kieferfühler (Cheliceren) in das Opfer eingebracht wird. Gleichzeitig entfaltet das Gift eine fermentative Wirkung, wobei das Gewebe des Beutetieres aufgelöst und von der Spinne als vorverdauter Nahrungsbrei eingesaugt wird. Die Kiefertaster (Pedipalpen) haben entweder die Form von Laufbeinen (bei den Weibchen), oder sie tragen keulig verdickte Endglieder, die zu kompliziert gebauten Begattungsorganen der Männchen umgestaltet sind.

Familie:
Röhrenspinnen *Erésidae*

325. Röhrenspinne *Eresus cinnaberínus*
Männchen 7–10 mm, Weibchen 10–16 mm
Mit ihrem gedrungenen Körperbau erinnert die sehr ansprechend gefärbte Röhrenspinne lebhaft an gewisse Springspinnen. Darüber hinaus sind die Männchen auch durchaus in der Lage, Sprünge auszuführen. Männchen und Weibchen unterscheiden sich durch Größe und Färbung. Das kleinere Männchen hat gegenüber dem samtschwarzen Weibchen einen leuchtend ziegelroten Hinterleibsrücken mit 4 größeren schwarzen Flecken. Die Röhrenspinne lebt kolonieweise auf sandigem, warmem Boden mit spärlichem Pflanzenwuchs, vielfach an Südhängen und Böschungen. Hier graben die Tiere zwischen Heidekraut und Steinen durchschnittlich 10 cm tiefe und 1 cm weite Erdröhren, die mit Gespinst völlig austapeziert sind. Die Mündungen dieser Röhren werden von dichten Gespinstdecken überdacht, von denen strahlenförmig Fangfäden ausgehen. Die Spinne lauert in der Röhrenmündung unter dem Gespinstdach auf Beute, die zur Hauptsache aus Sandlaufkäfern und Mistkäfern besteht. Die harten Reste der Beutetiere weben die Spinnen in ihre oberirdischen Gespinste ein. Das Männchen überwintert in der Erdröhre eines reifen Weibchens, mit dem es sich im nächsten Frühjahr paart. Das Weibchen, das erst nach 3 Jahren seine Geschlechtsreife erlangt, trägt den linsenförmigen Eikokon ständig bei sich.

Familie:
Kräuselspinnen *Dictýnidae*

326. *Dictýna arundinácea*
Etwa 3,5 mm
Diese kleine, oft in Mengen auftretende Netzspinne gehört zu den Kräuselfadenweberinnen (Unterordnung *Cribellátae*). Im Gegensatz zu den Klebfadenweberinnen (Unterordnung *Ecribellátae*), zu denen auch die Kreuzspinnen zählen, belegen sie die Fangfäden ihres Gewebes nicht mit Leimtröpfchen, an denen die Beutetiere kleben bleiben. Vielmehr bringen die Kräuselfadenweberinnen aus einem für diese Tiere bezeichnenden Organ (dem Cribellum) bläulich schimmernde Kräuselfäden hervor, die über das Netz verteilt werden. In diesen verstricken sich anfliegende Insekten ebenso leicht wie sie an den Klebfäden der Kreuzspinne hängen bleiben. Die abgebildete *Dictýna* webt ihr Netz oft in der Spitze eines Grasbüschels oder eines Heidekrautbusches.

Vielfach ist das Netz auch auf der Oberseite eines Blattes angelegt. Dabei dient der übersponnene Blattgrund als Wohngewebe, während die Fangfäden, meist fächerförmig angeordnet, über die Blattspreite ziehen. Nach der Paarung im Juni fertigt das Weibchen im Laufe des Sommers bis zu einem halben Dutzend Eikokons, die in der Mitte des Netzes angesponnen werden.

Familie:
Laufspinnen *Philodrómidae*

327. Flachstrecker *Philódromus fállax*
Etwa 5 mm
In ihrer Färbung und Zeichnung ist diese Spinne so gut an ihre Umgebung angepaßt, daß sie auf sandigem Untergrund, namentlich in den Küstendünen, nur schwer zu entdecken ist. Die Tiere laufen schnell und gewandt auf dem Sand umher, doch stets in kurzen, ruckartigen Sätzen, wobei sie zwischendurch bewegungslos sitzen bleiben. Ihre Beute erjagen sie im Laufen, da sie weder ein Fangnetz noch ein Wohngewebe herstellen. Eikammer: (345).

Familie:
Krabbenspinnen *Thomísidae*

328. *Xýsticus cristátus*
4–7 mm
Auch die Krabbenspinnen, bei denen die Männchen in der Regel sehr viel kleiner sind als die Weibchen, weben keinerlei Netze oder Gespinste. Lediglich die Eikokons werden von den Weibchen gesponnen und bis zum Ausschlüpfen der Jungen bewacht. Mit ihren extrem seitlich gehaltenen Beinen, von denen die beiden ersten Paare noch stark verlängert und auf der Innenseite bestachelt sind, tragen diese Spinnen ihren Namen zu Recht. Zu dem äußeren Eindruck einer Krabbe kommt noch die Fähigkeit der Spinnen, genau wie jene Strandbewohner geschickt seitwärts zu laufen. Mit ausgebreiteten Vorderbeinen lauern die Krabbenspinnen am Boden oder auf niedrigen Pflanzen, wie etwa an Heidekraut, auf Insekten. Berührt ein Beutetier die Vorderbeine der Spinne, dann wird es sofort ergriffen und im selben Moment auch der lähmende Giftbiß angebracht. Die robust gebauten *Xýsticus*-Arten fallen durch ihre charakteristische Rückenzeichnung auf: Über den dunklen Hinterleibsrücken zieht ein helleres, auf beiden Seiten mehrfach dreieckig ausgezacktes Mittelband, wobei von den Zacken jeweils noch eine schmale, helle Querbinde abgeht.

Familie:
Sackspinnen *Clubiónidae*

329. Eigentliche Sackspinne
Clubíona símilis
7 mm
Diese vorwiegend nächtlich aktive Spinne legt als Jägerin kein Fanggewebe an, sondern beschleicht vorsichtig ihre Beutetiere. Tagsüber hält sich das gelbbraune Tier, dessen Hinterleibsrücken seidig glänzt, in einem gewebten länglichen Wohnsack auf, der zwischen Blättern, bei vielen Clubioniden aber auch unter loser Rinde angesponnen ist. Zur Überwinterung oder wenn das Weibchen seine Eier im Innern bewacht, werden die Ausgänge, gewöhnlich sind es zwei, fest zugewebt. Die abgebildete Art ist ein Bewohner der Küstenzone.

330. *Tibéllus marítimus*
(Philodromidae) 8–10 mm
Ein stabförmig gestreckter und schmaler Körper sowie sehr lange, nicht nach seitlich gestellte Beine kennzeichnen diese Art aus der Familie der Laufspinnen. Die blaßgelben Tiere, über deren Hinterleibsrücken braune Längsbinden ziehen, finden sich häufig an sandigen Stellen auf Gräsern,

Heidekraut, Ginster und anderen Pflanzen. Vielfach nehmen sie an Gräsern und Stengeln eine bezeichnende Schutzstellung ein, wobei die 2 vorderen Beinpaare nach vorn, die beiden hinteren gerade nach hinten gestreckt werden. In dieser Stellung werden die Spinnen leicht übersehen. Fanggewebe legen sie keine an, sondern sie erjagen ihre Beute frei oder lauern ihr auf. Den flachen, unregelmäßig geformten Eikokon spinnen die Weibchen an Pflanzen fest und bleiben zu seinem Schutz in der Nähe.

331. *Agróeca próxima*
6–8 mm
Sowohl in Küstennähe, wo sie sich vor allem in Grasbüscheln aufhält, als auch in Moor- und Waldgebieten lebt zwischen Moospolstern diese gelbrot gefärbte Sackspinne. Als nächtlich jagendes Tier verbirgt sich die Spinne tagsüber unter Steinen und Rinde oder zwischen Moos. Fangnetze werden keine gesponnen, doch legen die Weibchen der abgebildeten Art einen charakteristischen länglichen Eikokon an, ähnlich dem unter **344** abgebildeten.

Familie:
Springspinnen *Saltícidae*

332. *Aeluríllus v-insígnitus*
Männchen 4–5 mm, Weibchen
6–7 mm
Mit mehr als 3000, vornehmlich in den Tropen verbreiteten Arten bilden die Spring- oder Hüpfspinnen die umfangreichste Spinnenfamilie; etwa 70 Arten sind in Deutschland beheimatet. Bemerkenswert ist die gedrungene Gestalt der Springspinnen mit ihren vergleichsweise kurzen Beinen. Die ungemein wendigen und lebhaften Tiere jagen im Sonnenschein Insekten, die mit einem stark vergrößerten Augenpaar der vorderen Reihe (die Augen sind in 3 Reihen angeordnet) wahrgenommen werden. Sicher haben die Springspinnen die bestentwickelten Augen unter allen Spinnentieren, die sie zu einem Unterscheiden von Formen und auch Farben befähigen. So werden denn auch Beutetiere aus größerer Entfernung behutsam angeschlichen und aus kurzem Abstand zielsicher angesprungen. Ein Fanggewebe wird nicht angelegt, wohl aber weben die Salticiden vor jeder Häutung, zur Überwinterung sowie für die Eikokons Gespinstkammern. Recht eigenartig ist auch der Schlupfwinkel, der von der abgebildeten Springspinne bei kühlem und regnerischem Wetter bezogen wird. Die Tiere heben im Sand eine flache Grube aus, in die sie sich, mit der Bauchseite nach oben, hineinlegen. Danach weben sie die gesamte Höhlenöffnung mit parallel verlaufenden Fäden zu. An diesen Fäden bleiben zahlreiche Sandkörner kleben, so daß die Grube am Ende völlig von Sandkörnchen bedeckt und dadurch vorzüglich getarnt ist.

333. *Hýctia nivóyi*
4–6 mm
Diese lebhaft gezeichnete, nicht sehr häufige Springspinne fällt durch ihre stark entwickelten Vorderbeine auf. Bei seinem Balztanz vor dem Weibchen hebt und senkt das Männchen abwechselnd die Vorderbeine, so daß ihre auffallend gefärbte Unterseite sichtbar wird. Gleichzeitig richtet es mit Hilfe des 2. Beinpaares seinen Vorderkörper empor. Verhält sich das Weibchen ruhig, dann nähert sich das Männchen und wiederholt noch mehrmals seine Werbung, bis es schließlich zur Paarung kommt. *Hýctia* lebt auf sandigem Boden, wo sie sich fast ausschließlich in Grasbüscheln aufhält. Wie die Laufspinne *Tibéllus* (**330**) sind auch diese Tiere nur schwer zu erkennen, wenn sie sich den Halmen anschmiegen.

Familie:
Wolfspinnen *Lycósidae*

334. *Lycósa montícola*
5–6 mm
Schon im zeitigen Frühjahr belebt diese Wolfspinne oft in großen Mengen trockene und sonnenbeschienene Sandflächen in Heidegebieten und auch anderswo. Vor dem sich nähernden Menschen entfliehen sie stets in großer Eile. Wie alle frei umherschweifenden Jäger weben sie keine Fangnetze. Die Beutetiere, namentlich Insekten, werden vielmehr angeschlichen und mit einem Sprung überwältigt. Allerdings ziehen sie wie alle Spinnen ständig einen Sicherheitsfaden nach, der sie beim Erklimmen irgendwelcher Hindernisse vom Herabfallen bewahrt. Die Weibchen weben für ihre Eigelege linsenförmige Kokons, die sie, an den Spinnwarzen festgesponnen, mit sich herumtragen. Auch die ausgeschlüpften Jungspinnen bleiben noch einige Zeit, zumindest bis zur nächsten Häutung, auf dem Rücken des Muttertieres. Knapp 70 Arten von überwiegend dunkel gefärbten Wolfsspinnen, die nur schwer zu bestimmen sind, kommen in Deutschland vor.

335. *Arctósa períta*
6,5–8 mm
Diese hellgraue Wolfspinne mit ihren dunkel geringelten Beinen ist ebenfalls ein Bewohner trockener Heide- und Sandgegenden. Hier baut sie bis 20 cm tiefe Erdröhren, deren Innenwände mit einem feinen Gespinst ausgekleidet sind. In dieser Röhre lauert die Spinne auf vorüberkommende Insekten, die mit einem schnellen Sprung erbeutet werden. Doch sieht man *Arctósa* auch öfter über den Sand rennen, vor allem bei Sonnenschein. Wenn das Weibchen einen Eikokon gesponnen hat, bleibt es mit seinem Gelege in der Erdröhre. Erst im Laufe des Juni kann man das

Muttertier mit den Jungspinnen auf dem Rücken im Freien beobachten.

336. *Alopecósa fabrílis*
10–16 mm
Auch diese gedrungene, kräftige Wolfspinne bewohnt 4–5 cm tiefe, senkrechte Röhren im Sandboden. Die Öffnung der Röhre ist von einem flachen, durch Spinnfäden gesicherten Wall aus Sandkörnchen umgeben. Dicht unterhalb des Eingangs sitzt die Spinne und wartet, bis ein Insekt in die Nähe kommt. Das Beutetier, meist eine Heuschrecke, wird dann mit blitzschnellem Zugriff der Giftklauen (Cheliceren) gepackt. Nur selten läuft diese auffällig große Spinne, deren Beinglieder endwärts merklich verdickt sind, frei umher. Deutlich ist auch auf der Abbildung die Stellung der Augen zu erkennen, das sicherste Merkmal der Wolfspinnen. Die insgesamt 8 Augen sind in 3 Querreihen angeordnet. Die vordere Reihe besteht aus 4 kleinen und jede der beiden hinteren aus 2 merklich größeren Augen.

Familie:
Raubspinnen *Pisáuridae*

337. Raubspinne *Pisáura mirábilis*
12–14 mm
Nahe verwandt mit den Wolfspinnen sind die stattlichen Raubspinnen. Wie diese spinnen sie keine Netze, sondern erjagen ihre Beute. Nur 3 Raubspinnen-Arten leben in Deutschland, von denen die abgebildete Art sich durch eine doppelte Zackenbinde auf dem hellbraunen Hinterleib auszeichnet. Sie besiedelt mit Vorliebe offene, lichtere Waldbestände mit reichlichem Unterwuchs. Auf den Blättern niedriger Sträucher und Kräuter sitzen die Spinnen gerne im Sonnenschein. Anders als bei den Wolfspinnen tragen die Weibchen der Raubspinnen ihren großen runden Eikokon nicht an den Spinnwarzen

angesponnen, sondern zwischen den kräftigen Mundwerkzeugen (Cheliceren) mit sich umher. Kurz vor dem Schlüpfen der Jungspinnen hängt das Muttertier seinen Eikokon unter einem kuppelförmigen Baldachin zusammengesponnener Grashalme auf. Hier bewacht das Weibchen den Kokon, und auch die Jungen verbleiben später noch einige Zeit in dem Gespinst.

Familie:
Trichterspinnen *Agelénidae*

338. Labyrinthspinne *Ageléna labyrínthica*
8–12 mm
Die Trichterspinnen zeichnen sich durch die meist langen Spinnwarzen am Hinterleibsende sowie durch ihre langen Beine aus. Zu dieser Familie gehören außer der abgebildeten Labyrinthspinne auch die Winkelspinnen (Gattung *Tegenária*), von denen einige Arten in Gebäuden leben, sowie die bekannte Wasserspinne (*Argyronéta aquática*) als einzige Wasserbewohnerin unter den einheimischen Spinnen. *Ageléna labyrínthica* webt an sonnigen Orten zwischen trockenen Gräsern und Heidekraut ihre großen, weit ausladenden Trichternetze. Diese horizontalen Netzdecken gehen in der Mitte oder an einer Seite trichterartig in eine lange, gekrümmte Wohnröhre über, die am Boden zwischen Pflanzen endet. Ist ein fliegendes oder springendes Insekt auf der Netzdecke gelandet, so bleibt es zwar nicht kleben, wird aber durch lose und in mehreren Schichten übereinandergespannte Fäden in seiner Bewegung weitgehend gehemmt. Die Spinne eilt sofort aus ihrer Wohnröhre herbei, überwältigt die Beute und kehrt mit dieser unverzüglich in den Schlupfwinkel zurück. Nach der Paarung, die im Netz des Weibchens vor sich geht, bringt das Muttertier seinen Eikokon in einem taschenähnlichen

Gespinst in der Nachbarschaft des Netzes unter. Die Jungspinnen schlüpfen im Oktober, verlassen den Eikokon jedoch nicht vor dem nächsten Frühjahr.

Familie:
Radnetzspinnen, Kreuzspinnen
Aranéidae

339. Heideradspinne *Aráneus adiántus*
6–8 mm
Weit mehr als 2500 Arten von Kreuzspinnen sind insgesamt bekannt, etwa ein halbes Hundert davon aus Deutschland. Vor allem an der Anlage ihrer geometrischen Radnetze kann man die Angehörigen dieser Familie leicht erkennen. Das Netz der Heideradspinne, einer in Moor- und Heidegegenden häufigen Art, ist in sonnigem, niedrigen Gestrüpp, hauptsächlich zwischen Heidekraut ausgespannt. Der Durchmesser seines Fangbereiches beträgt etwa 20–25 cm. Neben dem Netz und mit diesem durch einen Signalfaden verbunden, ist ein tütenförmiger und mit der Öffnung nach unten weisender Schlupfwinkel angelegt. Die Spinne hält sich tagsüber meist im Zentrum des Netzes auf. Ihr Hinterleib, von oben gesehen deutlich lang-oval, zeigt auf dem Rücken eine schmale, blattähnliche Zeichnung, mit weißem, außen schwarz gesäumtem Mittelfeld. Die Erscheinungszeit der Heideradspinne fällt in die Monate Juli/August.

340. Strauchradspinne *Aráneus rédii*
3,5–7 mm
Im Gegensatz zu der vorigen Art ist der Hinterleib der Strauchradspinne, von oben gesehen, deutlich breiter als lang. Außerdem trägt der in seiner Grundfärbung braune Hinterleib einen dichten Überzug aus flaumigen Haaren. Die Strauchradspinne ist in sonnigem, unbebautem Gelände verbreitet und teilweise recht häufig. Hier baut sie ihr senkrechtes Fang-

netz, etwa 40–70 cm über dem Boden und zumeist zwischen Pflanzen mit etwas sparrigem Wuchs. In der Nähe des Netzes findet sich in der Regel noch ein napfförmiger Schlupfwinkel, in den sich die Spinne bei trübem, regnerischem Wetter zurückzieht. Bei warmer, sonniger Witterung dagegen sitzt die Spinne in der Netzmitte und erwartet anfliegende Insekten. Eikokon: (347).

Familie:
Haubennetzspinnen, Kugelspinnen
Theridíidae

341. *Lithyphántes albomaculátus*
5–7 mm
Der Hinterleib der Kugelspinnen, zu denen auch die »berüchtigte« Schwarze Witwe (*Latrodéctus máctans*) gehört, ist keineswegs immer rund, wie es der populäre Name vermuten läßt. Bei einer Reihe tropischer Arten ist der Hinterleib vielmehr in stachelige Fortsätze ausgezogen oder gar fadenförmig dünn. Ein typisches Kennzeichen sämtlicher Kugelspinnen ist dagegen ein Borstenkamm am letzten Fußglied der Hinterbeine. Mit diesem Kamm bürsten die Spinnen – ihren Hinterleib gegen das Beutetier gerichtet – ein stark klebriges Sekret aus ihren Leimdrüsen über das Opfer, das dadurch augenblicklich gefesselt und dann mit einem Giftbiß getötet wird. Auf diese Weise sind selbst verhältnismäßig winzige Kugelspinnen (von etwa 3 mm Körperlänge) in der Lage, große und wehrhafte Insekten, wie etwa eine Honigbiene, zu überwältigen.

Die Netze der Theridiiden werden als sogenannte Haubennetze bezeichnet. Sie bestehen aus einer waagerechten Netzdecke, die mit besonderen Spannfäden an Pflanzen, Wurzeln oder dergleichen verankert ist. Von der Unterseite dieser Netzdecke ziehen einzelne, mit Leimtröpfchen besetzte Fäden senkrecht zum Erdboden. Berührt nun ein vorbeilaufendes Insekt einen solchen Faden, bleibt es kleben, verfängt sich durch sein Zappeln noch an weiteren Fäden, die schließlich allesamt vom Boden abreißen. Da die Fäden straff gespannt waren, verkürzen sie sich jetzt wie Gummiseile und ziehen das gefesselte Beutetier mit in die Höhe. Ein solches Leimrutennetz webt auch der abgebildete *Lithyphántes* vor allem an stark besonnten, sandigen Hängen unter niedrigen Sträuchern, vorstehenden Baumwurzeln und ähnlichem. Ein Schlupfwinkel findet sich meist am Boden. Als Beutetiere kommen in erster Linie Ameisen in Betracht, die ja zumeist in großer Zahl an diesen Plätzen vertreten sind und beim Umherlaufen sich leicht in den Klebfäden verfangen. Was die Zeichnung der Spinne anlangt, so können die hellen Fleckenpaare auf dem dunkelbraunen Hinterleibsrücken teilweise zusammenfließen oder auch fast völlig verschwinden (**341a**).

342. *Therídion sisýphium*
3–4 mm
Die Beine der *Theridion*-Arten sind auffallend dünn, während ihr Hinterleib eine ausgesprochene Kugelform besitzt. Dadurch überwölbt er den hinteren Teil des Vorderkörpers, was auf der Abbildung der folgenden Art gut zu erkennen ist (**343**). *Therídion sisýphium* lebt in Heidegebieten sowie auf ähnlich trockenwarmem Gelände, wo die Spinne sich zwischen Heidekraut und anderen niedrigen Pflanzen ansiedelt. Ihr unregelmäßig gewebtes, dreidimensionales Maschennetz mit eingebauten Klebfäden dient zum Fang fliegender Insekten. Im Zentrum des Netzes legt die Kugelspinne ihren Schlupfwinkel in Form einer nach unten offenen Haube an, in der das Weibchen auch seinen Eikokon unterbringt.

343. *Theridion riparium*
Etwa 3,5 mm
Diese kleine Kugelspinne webt nahe dem Erdboden zwischen oder unter lose liegenden Steinen, an Holzstückchen oder Pflanzenstengeln ein ähnliches Leimrutennetz wie *Lithyphántes* (**341**). Außerdem ernährt sich *Theridion riparium* wie diese fast ausschließlich von Ameisen, die von der Spinne nach dem Fang in ihren Schlupfwinkel (**346**) im Netz gebracht werden. In diesem Schlupfwinkel verbirgt das Weibchen auch seinen Eikokon, den es ständig bewacht. Wenn die Jungen geschlüpft sind, hängen sie dicht neben dem Wohnsitz in einem kompakten Schwarm und werden von dem Muttertier mit hervorgewürgtem Nahrungsbrei gefüttert. Bei Störungen zerstreuen sich die winzigen Jungspinnen über das ganze Nest, versammeln sich aber bald wieder neben dem Schlupfwinkel. Wenn sie später selber Beutetiere überwältigen können, weben sie eigene kleine Fangnetze und siedeln sich in der Nähe des mütterlichen Netzes an. Aus diesem Grunde werden viele *Theridion*-Arten auf verhältnismäßig engem Raum in oftmals großer Stückzahl angetroffen.

344. Eikokon der Sackspinne
Agróeca brúnnea (*Clubiónidae*)
Unter dem Namen Feenlämpchen sind die kleinen weißen, glockenförmigen Eikokons der obengenannten Sackspinne bekannt. Die Kokons sind mit einem Stiel an Zweigen oder Stengeln, häufig in der Spitze eines Heidekrautbusches, befestigt und oft noch mit kleinen Erdkrumen oder ähnlichem getarnt (**344a**). Ein solches »Feenlämpchen« besteht aus 2 Kammern, einer oberen Eikammer und der darunterliegenden, nach unten offenen Häutungskammer für die ausschlüpfenden Jungspinnen. Die Erbauerin dieses Eikokons, *Agróeca*

brúnnea, ist nahe verwandt mit *Agróeca próxima* (331).

345. Eikammer des Flachstreckers
Philódromus fállax (*Philodrómidae*)
Diese sandbewohnende Laufspinne hebt zur Aufnahme ihres Eigeleges eine kleine Grube aus, deren Innenwand mit einem weißen Gespinst ausgekleidet ist. Außerdem wird die Grube von einem flachen Wall zusammengesponnener Sandkörnchen umgeben. Nach der Ablage ihrer Eier überzieht das Weibchen die Kammer mit einem Gewebe, dessen Oberfläche noch mit feinem Sand bedeckt wird. Auf diese Weise ist das Ei-Nest nicht nur hervorragend getarnt, sondern die Eier selber werden vor dem Austrocknen bewahrt. Spinne: (327).

346. Schlupfwinkel der Kugelspinne *Theridion riparium* (*Theridíidae*)
Diese winzige Kugelspinne hängt ihren fingerhutförmigen Schlupfwinkel mitten im Netz auf. An das unten offene Gespinst webt sie außen so viele Sandkörnchen und Pflanzenteile aus der Umgebung, daß der Schlupfwinkel davon völlig bedeckt ist. Die Sandkörner werden von der Spinne am Boden aufgesammelt und einzeln nach oben in das Netz transportiert. Manche *Theridion*-Arten weben in ihre Schlupfwinkel, die in ihrem Aussehen von Art zu Art verschieden sein können, auch die unverdaulichen Reste ihrer Beutetiere mit ein. In den Unterschlupf selber wird gewöhnlich der rundliche weiße Eikokon untergebracht. Spinne: (343).

347. Eikokon der Strauchradspinne
Aráneus rédii (*Aranéidae*)
Besonders im Juni kann man häufig diese runden, moosgrünen Eigespinste entdecken, die meist an die Zweigspitzen von Heidekraut oder an die Spitzen von Grasstengeln angesponnen sind. Diese zierlichen Eikokons zeigen das Vorkommen der Strauch-

radspinne an, deren Netze fast immer in der Nähe zu finden sind. Jeder der Kokons, die im übrigen von den Weibchen nicht bewacht werden, birgt etwa zwischen 60 und 120 Eier. Spinne: (340).

Stamm:
Weichtiere *Mollúsca*

Klasse:
Schnecken oder **Bauchfüßer**
Gastrópoda

Als das markanteste Merkmal der Schnecken kann wohl ihr Gehäuse gelten. Diese spiralig aufgewundene Kalkschale sitzt etwa in der Mitte des Körpers und wird mit fortschreitendem Wachstum des Tieres größer, indem der Durchmesser der einzelnen Windungen oder Umgänge allmählich zunimmt. Mitunter ist die Schale auch zurückgebildet, oder sie fehlt bei manchen Schnecken-Arten völlig. In dem Gehäuse verborgen liegt der Eingeweidesack mit den inneren Organen, überdeckt noch von einer Hautbildung, dem sogenannten Mantel. Dieser Mantel spielt insofern eine große Rolle, als er die Kalkschale abscheidet. Der aus der Schale herausstreckbare Teil des Schneckenkörpers läßt vorne zumeist deutlich den Kopf erkennen, während die Bauchseite zu der völlig glatten Kriechsohle abgeplattet ist. Das Kriechen selber geschieht durch wellenförmige Muskelbewegungen der Lauffläche, bei gleichzeitig starker Schleimabsonderung. Auf diesem Schleimband, das die Reibung mit dem Untergrund herabsetzt, kann sich die Schnecke auch auf rauhen Oberflächen (Baumrinde) gut fortbewegen. Auf der Unterseite des Kopfes liegt die Mundöffnung mit der so bezeichnenden »Reibeisenzunge« oder Radula. Bis zu 700000 feinste Zähnchen können auf einer einzigen Radula Platz finden, mit der das Tier seine Nahrung gleichsam abschabt und zerkleinert. Schließlich trägt der Kopf 4 einstülpbare lange Tentakel oder Fühler, Organe des Geruchs- und Tastsinns. Besonders bemerkenswert verläuft die Fortpflanzung bei den Schnecken. Bei der Mehrzahl der Arten treten nämlich zwittrige Tiere auf, das heißt, daß jede Schnecke sowohl männliche Geschlechtsprodukte (Sperma) als auch weibliche (Eier) hervorbringen kann. Nach einem sehr interessanten Vorspiel begatten sich die Schnecken gegenseitig, wobei jeder der beiden Partner zugleich männliche wie auch weibliche Funktionen ausübt.

Ordnung:
Land-Lungenschnecken
Stylommatóphora

Ihrem Aufenthalt im Wasser entsprechend, atmen die weitaus meisten Schnecken mit Kiemen. Lediglich 2 Gruppen haben »Lungen« für die Aufnahme von Sauerstoff ausgebildet. Neben den Land-Lungenschnecken sind es noch die Wasser-Lungenschnecken (Ordnung *Basommatóphora*). Mit Ausnahme nur ganz weniger Formen, die zum Landleben übergegangen sind, bewohnen die Wasser-Lungenschnecken das Süßwasser sowie teilweise auch Brackwasser. Als Lunge wirkt bei diesen Tieren ein umfangreicher Hohlraum innerhalb ihres Mantels. Er ist mit einem reichlich von Blutgefäßen durchzogenen Gewebe ausgekleidet. Mit der Außenluft steht die Lungenhöhle durch eine verschließbare Öffnung in Verbindung. Besonders gut kann man dieses Atemloch an der rechten Körperseite der gehäuselosen Nacktschnecken erkennen (**354/355**). Die wissenschaftliche Bezeichnung der Land-Lungenschnecken schließlich weist darauf hin, daß bei allen Tieren dieser Gruppe die Augen an der Spitze des oberen (großen) Fühlerpaares sitzen.

Familie:
Cochlicopiden *Cochlicópidae*

348. *Cochlícopa lubricélla*
Gehäusehöhe 4,5–5,5 mm
An trockenen und sandigen Standorten findet sich am Boden zwischen
Gras und Blättern bisweilen in größerer Zahl diese *Cochlícopa*-Art. Das
Gehäuse der Schnecken, die oft lebhaft umherkriechen, ist blaß gelblich
und hat einen weißlichen Mundsaum.
Von den 5 flachen Umgängen der
Schale ist der unterste weitaus breiter
als die übrigen. Eine nahe verwandte
Art, die feuchtigkeitsliebende Glatte
Achatschnecke (*Cochlícopa lúbrica*),
besitzt ein mehr zugespitztes Gehäuse
mit etwas stärker gewölbten Umgängen, das in Form und Größe etwa
einem Getreidekorn entspricht.

Familie:
Pupilliden *Pupíllidae*

349. *Pupílla muscórum*
Gehäusehöhe 3–4 mm
Diese kleine Schnecke ist in Deutschland überall verbreitet und lebt nicht
nur an trockenen Hängen unter Steinen, in Trockenrasen und zwischen
Moos, sondern wird auch in nassen
Wiesen gefunden. Als Nahrung
nimmt sie sich zersetzende Pflanzenstoffe auf. Das rötlichbraune Gehäuse
der Tiere hat eine eiförmig-walzige
Gestalt. Außerdem ist die Schale
verhältnismäßig dick, fein gestreift,
und der Mundsaum trägt ein Zähnchen, das bisweilen aber auch fehlen
kann.

Familie:
Vertiginiden *Vertigínidae*

350. *Columélla áspera*
Gehäusehöhe bis 3 mm
Neben verschiedenen Waldformen
bewohnt die *Columélla*-Schnecke auch
Heidegebiete, doch tritt sie in dem
zuletzt genannten Lebensraum nicht

allzu zahlreich auf. Man findet die
kleinen Schnecken am Waldboden,
im Gebüsch an der Unterseite von
Zweigen und Blättern sowie auf
niedrigen Pflanzen wie Heidelbeere
und anderen. Bei feuchter Witterung
kriechen sie auch oft an den Stämmen
hoch. Ihr nicht sehr starkwandiges
Gehäuse ist kurz-zylindrisch, seine
Spitze konisch abgerundet.

Familie:
Valloniiden *Vallonídae*

351. *Vallónia excéntrica*
Gehäusedurchmesser 1,8–2,3 mm
Im Gegensatz zu der an feuchteren
Standorten fast überall auffindbaren
Vallónia pulchélla, bevorzugt die abgebildete Art mehr trockene Lebensräume. Unterschiede zwischen den
beiden Arten ergeben sich aus dem
Umriß ihrer flachen Gehäuse: Während die Schale von *Vallónia pulchélla*
einen fast kreisrunden Umriß zeigt,
ist der von *Vallónia excéntrica* eiförmig,
mit einer stärkeren Erweiterung des
letzten Gehäuseumgangs. Die Schale
selber ist farblos, meist gelblichweiß.
Die Schnecken halten sich im Gras,
unter Holz und Steinen auf. Häufig
sind sie in Genist, das von Hoch-
wasser angespült wird.

Familie:
Glanzschnecken *Zonítidae*

352. Rillen-Glanzschnecke *Nesovítrea hammónis*
Gehäusedurchmesser 3,5–4,6 mm
Der Rand der Gehäuseöffnung ist bei
erwachsenen Schnecken im allgemeinen mehr oder minder stark verdickt und vielfach mit Zahnbildungen
besetzt, bei Jungtieren dagegen scharf
und oftmals noch weich. Für die Arten der Glanzschnecken trifft dies
nicht zu. Hier läßt der Mundsaum
auch bei ausgewachsenen Tieren
keinerlei Verdickung erkennen. Typisch für die abgebildete Glanzschnek-

ke sind die feinen, radiär verlaufenden Rillen auf der Oberseite ihres flachgewundenen Gehäuses. Die Schale ist hornbraun, nicht selten auch grünlichweiß gefärbt. Außer Laubwäldern bewohnt diese Schnecke auch trockene Kiefernwälder, die auf einem sehr sauren Boden wachsen. Man findet sie unter abgefallenem Laub, in Heidelbeerbüschen und selbst in trockenem Gras.

Familie:
Glasschnecken *Vitrínidae*

353. Glasschnecke *Vitrína pellúcida*
Gehäusedurchmesser 5–6 mm
Bei den Angehörigen dieser Schnecken-Familie ist das Gehäuse dünnwandig und glasig durchscheinend. Auffallend ist auch die sehr breite Mündung der Schale, deren Außenseite beim lebenden Tier teilweise von lappenartigen Fortsätzen des Mantels überdeckt wird. Während die Art *Vitrína pellúcida* auch an recht trockenen Orten vorkommt, bevorzugen die meisten Glasschnecken feuchte und kühlere Lebensstätten unter Fallaub, Moos und insbesondere die Randpartien von Bächen und Quellen. Hier kann man die Tiere sogar mitten im Winter, sofern etwas milderes Wetter herrscht, lebhaft umherkriechen sehen. Die Nahrung der Glasschnecken besteht vermutlich aus verwesenden und welken Pflanzenteilen.

Familie:
Wegschnecken *Ariónidae*

354. Braune Wegschnecke *Aríon subfúscus*
60–70 mm
Bei feuchtem Wetter begegnet man der Braunen Wegschnecke in Mischwäldern und auch in reinen Kiefernforsten nicht selten. Hier kriechen die ocker- bis rotgelben Tiere, namentlich bei Regen, oft an den Baumstämmen

umher. Berührt man die Schnecken, deren Atemloch vor der Mitte des Rücken- oder Mantelschildes mündet (siehe dagegen bei der folgenden Art), so ziehen sie sich halbkugelig zusammen. Dabei sondern sie in großen Mengen ihren zähen, gelben bis orangefarbenen Körperschleim ab, der einmal die Angreifer abwehren soll, zum anderen aber alle landbewohnenden Schnecken vor der drohenden Austrocknung bewahrt. Als Nahrung dienen der Braunen Wegschnecke, über deren Körperseiten eine dunkle, unscharf begrenzte Binde zieht, hauptsächlich Pilze; daneben werden auch Kräuter und Früchte nicht verschmäht. Ihre kalkschaligen, etwa 3 mm großen ovalen Eier setzen die Tiere in mehreren Gelegen in Erdhöhlen, unter Moos oder an ähnlich geschützten Plätzen ab.

Familie:
Egelschnecken *Limácidae*

355. Ackerschnecken *Deróceras reticulátum* und *Deróceras agréste*
Bis 60 mm
Eine weitere Familie sogenannter Land-Nacktschnecken sind die teilweise recht zahlreich auftretenden Egelschnecken. Im Gegensatz zu den Wegschnecken (**354**) liegt bei diesen Tieren das Atemloch stets hinter der Mitte des Rückenschildes. Von dem Rückenschild vollständig überwachsen ist ein kleines Kalkplättchen, das den letzten Rest einer Schale darstellt. Es deutet darauf hin, daß die Nacktschnecken von gehäusetragenden Vorfahren abstammen. Die beiden abgebildeten gelblichweißen bis bräunlichen Ackerschnecken leben sowohl in Wäldern als auch in feuchten oder mehr trockenen Wiesen, in Feldern und Gärten. Sie finden sich hier unter Laub, Steinen, Brettern und ähnlichen am Boden liegenden Dingen und ernähren sich vorwiegend von grünen Blättern. Durch ihren Fraß an Nutz-

pflanzen richten sie in Gärten und auf Feldern erhebliche Schäden an. Die Ackerschnecken sind recht lebhafte Tiere, die bei Störungen meist davonkriechen. Der bei Reizung von den Schnecken ausgeschiedene Schleim hat eine typisch milchweiße, bei *Deróceras reticulátum* sogar ausgesprochen kalkweiße Farbe. Die genannte Art (auf der Abbildung von der Seite gesehen) unterscheidet sich im übrigen von *Deróceras agréste* (auf der Abbildung von oben gesehen) durch die Ausbildung einer netzartigen Zeichnung aus dunkleren Flecken und Linien. Vor allem der Mantelschild ist bei *Deróceras reticulátum* mit dunklen Punkten und Flecken besetzt. Nach der Paarung, bei der sich die beiden Partner spiralig umwinden, setzen die Tiere ihre insgesamt etwa 300 Eier umfassenden Gelege unter Steinen, Holz, Moos oder in feuchter Erde ab.

Familie:
Euconuliden *Euconúlidae*

356. Kreiselschnecke *Eucónulus fúlvus*
Gehäusedurchmesser 2,5–3 mm
Diese kleine Schnecke, der einzige in Deutschland lebende Vertreter der Euconuliden, hält sich häufig am Waldboden unter Laub, Rindenstücken oder morschem Holz auf, wo sie vermodernde Stoffe frißt. Man kann die Tiere indes auch an trockeneren Stellen beobachten, so unter buschiger Vegetation in der Nähe des Strandes und der Dünen. Das kleine braune Gehäuse ist kugelig-konisch geformt; seine Oberseite ist matt, die Unterseite glänzend.

Familie:
Schnirkelschnecken *Helícidae*

357. Heideschnecke *Candídula caperáta*
Gehäusedurchmesser 7,5–10 mm
Sand- und Kalkböden in offenem, trockenem Gelände werden von den meist gesellig auftretenden Heideschnecken als Lebensräume bevorzugt. Niemals findet man diese wärmeliebenden Tiere etwa im Wald. Die abgebildete Art bewohnt vor allem kurzgrasige, trockene Hänge, namentlich im Bereich der Meeresküste. Ihr Gehäuse ist stark gedrückt mit flach-konischen Umgängen und rippenstreifiger Oberfläche. In seiner Färbung herrschen Brauntöne vor, die von helleren Flecken und Querstriemen unterbrochen werden. Zwei andere Vertreter der Heideschnecken, *Helicélla ítala* und *Helicélla óbvia*, sind auf trockenen, grasigen Hängen weit verbreitet. Sie spielen eine besondere Rolle als Zwischenwirte des kleinen Leberegels, der in der Gallenblase und in den Gallengängen der Leber zahlreicher Huftiere schmarotzt.

Gallenbildungen an Pflanzen

Bei Streifzügen in Dünen, Heide und Moor entdeckt man nicht selten einzelne Pflanzen, die deutliche Spuren einer tierischen Tätigkeit erkennen lassen. Einmal sind dies markante Wucherungen und Umbildungen von Blättern und Sprossen unter dem Einfluß des Tieres zu sogenannten Gallen. Zum anderen handelt es sich um Fraßgänge im Inneren des Blattes, die als Minen bezeichnet werden. Beide, Gallen und Minen, sind vielfach so typisch ausgeprägt, daß man ohne Mühe das dazugehörige Tier benennen kann. Ist dies nicht möglich, kann man den Zweig oder das Blatt mitsamt der Galle oder Mine nach Hause nehmen und dort das Erscheinen des Urhebers abwarten, sofern er nicht schon vorher geschlüpft war. So jedenfalls verfährt der Spezialist. Es soll auch nicht unerwähnt bleiben, daß statt des erwarteten Insekts mitunter Schmarotzer zum Vorschein kommen. Schließlich finden sich sehr oft noch sogenannte Einmieter, Insekten oder Milben, die neben dem Erzeuger der Galle hier Schutz und Nahrung finden.

Einige der auffallendsten Veränderungen an Pflanzen, hervorgerufen durch verschiedene Insekten- und Milben-Arten, werden unter den folgenden Nummern behandelt. Es sind hier ausschließlich Gallen, deren Urheber selber teilweise so klein und unscheinbar sind, daß auf ihre Abbildung verzichtet worden ist. Die Überschriften zu den Erklärungen nennen außer dem Pflanzennamen die für den Befall verantwortliche Tier-Art.

358. Quirlgalle auf Wacholder

Gallmücke *Oligótrophus juniperínus*
An den Triebspitzen der Wacholdersträucher bilden sich häufig längliche, nicht scharf zugespitzte Gallen von 10–12 mm Länge. Die schmalen, eng aneinanderliegenden Blätter des inneren Quirls bilden zusammen mit den verbreiterten und verdickten Blättern des Außenquirls eine Kammer für die orangefarbene Larve der Gallmücke. Früher verwendete man diese Gallen (sogenannte Keuchbeeren) als Heilmittel gegen den Keuchhusten.

359. Sproßspitzengalle auf Quecke

Zehrwespe *Tetraméša hyalipénne*
Durch die starke Verkürzung der Sproßspitze sind die Blätter schopfartig gehäuft. Gleichzeitig sind ihre Scheiden verkürzt und verbreitert, und die Galle wird in zunehmendem Maße von stark verkürzten und gespreizten Flächen gekrönt. Erzeuger der ab Juli/August örtlich bisweilen zahlreich auftretenden Gallen sind die Larven von Zehrwespen. Ihre längliche, dickwandige Kammer im Stengelmark erstreckt sich meist über 3–4 Internodien. Sehr ähnlich aussehende Gallen auf der gleichen Gras-Art verursachen auch die Larven von Halmfliegen (**309**).

360. Zweiggallen auf Kriech-Weide

Weidenruten-Blattwespe
Euúra átra
In den meist einseitig ausgebildeten Anschwellungen lebt in der Regel jeweils nur eine einzige Blattwespenlarve. Sie ist zunächst weiß, dann hellgrün mit einem breiten braunen Kopf. Die ältere Larve beißt in die Wandung der spindelförmigen 10–15 mm langen und 5–7 mm breiten Galle ein deutliches Schlupfloch, dessen Rand sich bald bräunlich verfärbt. Anfangs fressen die Larven zwischen Rinde und Splint, später im Mark. Die Gallen erscheinen ab Mai/Juni.

361. Rote Blattgallen auf Kriech-Weide

Blattwespe *Pontánia collactánea*
Vom Frühjahr bis zum Herbst findet man nicht selten diese etwa 7 mm großen, kugeligen Gallen, die auf der Blattunterseite meist neben dem Mittelnerv sitzen. Oberseits sind sie als flaches, gelblich (**362**) oder rötlich verfärbtes Scheibchen zu erkennen. Die glatte bis leicht höckerige Galle ist teilweise oder vollständig hell- bis dunkelrot und wird von einer weißlichgrünen, mitunter auch hellgelben Blattwespenlarve bewohnt.

362. Behaarte Blattgallen auf Kriech-Weide

Blattwespe *Pontánia collactánea*
Vielfach treten an den Blättern der Kriech-Weide auch Kugelgallen auf, deren Oberseite eine leichte Behaarung zeigt. Außerdem ist ihre Färbung stets gelblich. Aus diesen Gallen konnte indessen die gleiche Blattwespe gezüchtet werden wie auch aus den roten Blattgallen (**361**).

363. Rosettengalle auf Kriech-Weide Weidenrosen-Gallmücke

Rhabdóphaga rosária
Durch die Verkürzung der Sproßachse an der Spitze sitzen die Blätter

rosettenartig dicht gedrängt und bilden eine sogenannte »Weidenrose«. Am Grunde sind die Blätter stark verbreitert, die im Innern der Rosette verkürzt und bleich. In der Mitte zwischen den inneren Blättern lebt in einer Gallenkammer die 4–5 mm große Mückenlarve. Sie ist anfangs blaßrot und später dunkler orangerot gefärbt. Die Gallen, die ab Juli zu sehen sind, vertrocknen im Herbst und bleiben den Winter über an der Weide haften.

364. Triebspitzengallen auf Kriech-Weide Gallmücke
Rhabdóphaga jáapi
Im Gegensatz zu der vorigen Galle sind hier die etwa 10–15 mm langen und 4–6 mm breiten Rosetten mehr oder weniger kegel- bis spindelförmig. Außerdem zeigen sie oft eine silbrigweiße Behaarung. Nach dem herbstlichen Blattfall treten die Gallen, die den Winter überdauern, besonders deutlich in Erscheinung. Aus ihnen schlüpft im Frühjahr jeweils eine Mücke.

365. Kleine behaarte Blattgallen auf Kriech-Weide Weiden-Gallmilbe *Acéria tetanóthrix*
Ihren winzigen Bewohnern entsprechend sind die auf zahlreichen Weiden-Arten verbreiteten Milbengallen nicht größer als 0,5–2 mm. Recht schwierig ist es, die Milben selber zu bestimmen oder als Erreger einer bestimmten Galle zu identifizieren. Häufig trifft man nämlich mehrere Milben-Arten in einer einzigen Galle an. Von diesen gibt es nicht nur behaarte, sondern auch solche mit glatter Oberfläche. Der schmale Zugang zu den grünlich oder rötlich gefärbten »Köpfchengallen« liegt in der Regel auf der Unterseite des Blattes.

366. Ovale Blattgallen auf Rosen Gallwespe *Diplolépis spinosíssimae*
Diese recht vielgestaltigen, hauptsächlich aber ovalen Gallen sind auf der Ober- und Unterseite des Blattes zu sehen. Manchmal sitzen einige der 3–5 mm großen Gebilde dicht zusammen oder verwachsen zu buckligen Reihen oder Gruppen. Die gelbgrünen oder roten Einzelgallen sind stets einkammerig und beherbergen jeweils nur 1 Larve. Bei der Reife lösen sie sich nicht von der Unterlage, sondern fallen mitsamt dem Blatt zu Boden.

367. Knospengallen auf Besenginster Gallmücke *Asphondýlia sarothámni*
Die kahlen, fleischigen Gallen, die aus den Seitenknospen hervorgehen, rühren von der obengenannten Gallmücke her. Ihre dottergelbe Larve lebt im Innern der einkammerigen, zugespitzt eiförmigen Galle, die bis zu 12 mm lang werden kann. Die Larven der 2. Generation entwickeln sich dagegen in Gallen an Blütenknospen oder Hülsen (**367a**). Die Galle erscheint als eine rund- bis langovale Auftreibung von 10–12 mm Länge zumeist im unteren Teil der Hülse, die in ihrer Entwicklung mehr oder weniger gehemmt ist. Wenn sich die reifende Hülse allmählich schwärzt, behält die Galle zumeist ihre gelblichgrüne Farbe.

368. Blütenknospengalle auf Besenginster Gallmücke *Jaapiélla sarothámni*
Die blaßrote Larve dieser gallenerzeugenden Mücke lebt in der aufgetriebenen Blütenknospe. Aus dem Blütenkelch ragt gewöhnlich nur der bogig aufwärts gekrümmte Griffel hervor.

369. Blattschopfgallen auf Ginster Gallmücke *Jaapiélla genistícola*
Die Gallenbildungen, die von der

Mücke *Jaapiélla genistícola* erzeugt werden, umfassen überwiegend die Knospen und Blätter der Triebspitzen. Dabei bilden die etwas verdickten und teilweise fast muschelartig verbreiterten Blätter einen rundlichen bis langovalen Blattschopf von durchschnittlich 10 mm Größe. Dieser ist noch dicht mit filzigen weißen Haaren besetzt. Im Inneren der Schopfgallen finden sich eine bis mehrere Larven, die anfangs weiß und später blaßrosa sind. Die Gallen selber kann man von Mai bis in den Winter beobachten.

370. Sproßgalle auf Krähenbeere Gallmilbe *Acéria émpetri*
Durch die Saugtätigkeit der winzigen Gallmilben verkürzen sich die Sproßachsen der Pflanze. Die dort sitzenden Blätter bleiben kleiner und werden außerdem blaß und mißgebildet. Ferner vergrünen die Blüten. In ihrer Form erinnert diese Mißbildung vielfach an einen sogenannten Hexenbesen.

371. Knospengallen auf Bärentraube Gallmilbe *Acéria jáapi*
Das ganze Jahr über kann man diese Gallen beobachten, die aus vergrößerten und mißgebildeten Knospen entstanden sind. Ihr Erreger ist die obengenannte Gallmilben-Art.

372. Blütengallen auf Thymian Gallmilbe *Acéria thomási*
Unter dem Einfluß der Gallmilben bilden sich die Anlagen des Blütenstandes zu rundlichen, knospenartigen Schöpfen aus mehr oder minder vergrünten Blütenknospen um. Besonders auffallend ist die üppige lange und weißliche Behaarung der Schopfgallen, die im übrigen auch an der Spitze von nicht blühenden Trieben aus verkürzten und verbreiterten Blättern entstehen können. Die Milben leben im Inneren der vom Frühjahr an auftretenden Gallen, die vielfach nicht selten sind und teilweise auch den Winter überdauern.

373. Artischockengalle auf Labkraut Gallmücke *Dasynéura galiícola*
Diese artischockenähnlich geformte, halboffene Galle, die eine Dicke bis zu 8 mm erreichen kann, findet sich an der Spitze von Haupt- oder Seitentrieben. Sie besteht aus schräg aufgerichteten, verkürzten Blättern, die am Grunde muschelartig verbreitert und fleischig verdickt sind. Im Inneren der Galle, die anfangs rötlich oder violett gefärbt ist und sich später bräunt, durchlaufen mehrere orangegelbe Mückenlarven ihre Entwicklung

374. Stengelgallen auf Labkraut Gallmücke *Geocrýpta gálii*
Von Mitte April ab sieht man an den oberen Stengelteilen des Labkrautes öfters diese fleischig-saftigen Anschwellungen. Vielfach werden die mehr oder weniger rötlich getönten und bis 10 mm großen Gallen nur noch von dem letzten, verkümmerten Blattquirl überragt. Gewöhnlich treten die Gebilde zu mehreren auf, die untereinander in verschiedener Weise verwachsen. Wenn sie reif sind, reißen die Gallen an ihrer Spitze sternförmig auf. Die Öffnung ist innen behaart. Jede der Gallen wird von einer gelben bis orangefarbenen Larve bewohnt.

375. Kegelförmige Gallen auf Labkraut Gallmilbe *Acéria galióbia*
Die kegel- oder zugespitzt birnförmigen Gallen können sowohl aus Blütenständen hervorgehen wie auch von Blättern gebildet werden. Die fleischige Wandung der bis 15 mm langen und 8 mm breiten Gallen entsendet nach innen zahlreiche unregelmäßige Auswüchse, zwischen denen sich diese Milben aufhalten. Man begegnet diesen Vergallungen vom Frühjahr bis in den Herbst.

376. Stengelgallen auf Beifuß Wickler *Eucósma* species
Die Stengel verschiedener Beifuß-Arten sind häufig über eine Länge bis zu 20 mm spindelförmig aufgetrieben. Oberhalb dieser Verdickung ist die Sproßachse in ihrem Wachstum gehemmt und die Triebspitzen sind oft stark verkümmert. Im Inneren der Galle lebt die gelbliche oder rötlichgelbe Raupe eines Wicklers, zumeist aus der Gattung *Eucósma*. Nur selten wird eine Galle von mehreren Schmetterlingsraupen bewohnt.

377. Artischockenähnliche Gallen auf Beifuß Gallmücke *Boucheélla artemísiae*
An der Spitze von Haupt- oder Seitentrieben finden sich oft eiförmige oder fast kugelige, artischockenähnliche Blattschöpfe. Die Blättchen selber sind verkürzt und verbreitert und umschließen knospenartig die Galle. Das Innere der Galle wird entweder nur von 1 zentralen Kammer eingenommen, oder sie umschließt mehrere kleine, länglich geformte Kammern. Dabei sind einkammerige Gallen etwa 3–4 mm groß, während solche mit mehreren eine Breite bis zu 15mm erreichen. In jeder Kammer entwickelt sich 1 Mückenlarve. Die Gallen treten von Juni an bis in die Wintermonate auf.

378. Stengelgallen auf Habichtskraut Gallwespe *Aulacídea hierácii*
Die rundlichen oder tonnenförmigen Anschwellungen der Stengel sind in mehrere Kammern unterteilt, von denen jede 1 gelblichweiße Wespenlarve beherbergt. Manche der anfangs grünen und später nach Braun sich verfärbenden Gallen können dabei eine Länge bis zu 40 mm erreichen. Die auffallenden Gebilde erscheinen ab Juli und überdauern den Winter. Im Frühjahr schlüpfen aus ihnen die Wespen.

Literaturverzeichnis

Amsel, H. G., Gregor, F. und Reisser, H. (Hrsg.):	Microlepidoptera Palaearctica. Wien. – Von den 15 geplanten Bänden sind bis jetzt 4 erschienen.
Brohmer, P., Ehrmann, P. und Ulmer, G. (Hrsg.):	Tierwelt Mitteleuropas. Leipzig. – Diese Reihe, die schon seit geraumer Zeit erscheint, ist noch nicht abgeschlossen.
Buhr, H.:	Bestimmungstabellen der Gallen an Pflanzen Mittel- und Nordeuropas. Jena 1964–1965. – Umfaßt 2 Bände.
Forster, W. und Wohlfahrt, Th. A.:	Die Schmetterlinge Mitteleuropas. Stuttgart. – Erscheint seit 1954. 4 von insgesamt 5 Bänden sind veröffentlicht.
Freude, H., Harde, K. W. und Lohse, G. A.: (Hrsg.):	Die Käfer Mitteleuropas. Krefeld. – Erscheint seit 1964. Bis jetzt sind 6 der 11 geplanten Bände ausgedruckt.
Gösswald, K.:	Unsere Ameisen, 2 Teile. Stuttgart 1954–1955.
Higgins, L. G. und Riley, N. D.:	Die Tagfalter Europas und Nordwestafrikas. Hamburg und Berlin 1971.
Stresemann, E. (Hrsg.):	Exkursionsfauna, Wirbellose. Berlin 1961–1969. – Zusammen 3 Bände.

Register

Die Ziffern geben die Nummern der Abbildungen im Tafelteil und der Beschreibungen an.